청소년학총서 ②

청소년문화

Youth Culture

(사)청소년과 미래 편
노자은 · 김정민 · 조영미 공저

학지사

청소년학총서 시리즈를 내며

　우리는 그 어느 때보다 미래를 예측하기 힘들 정도로 **빠른** 변화의 시대에 살고 있습니다. 청소년들 역시 이러한 시대의 한가운데를 살고 있으며, 특히 이들은 인간의 발달 단계 중 변화가 **빠른** 시기를 보내고 있는 중이기도 합니다. 이처럼 급변하는 세상 속에서 미래를 준비하는 청소년들과 이들을 둘러싼 환경을 글로써, 이론으로써 다룬다는 것은 쉬운 일이 아닙니다. 더군다나 청소년학의 역사가 그리 길지 않은 것을 감안하면 청소년학의 이론서를 쓰는 것은 더더욱 고민이 되는 일이기도 합니다.

　청소년현장에서 일을 하고 청소년학을 전공하면서 청소년학의 정체성, 청소년학의 현장 기여도 등에 대해 여러 생각과 고민이 있었고, 특히 청소년학을 전공으로 하는 이들을 위한 교재가 안팎으로 좀 더 풍부해야 한다는 생각을 늘 갖고 있었습니다. 이러한 고민은 청소년, 청소년지도사, 청소년현장 등을 좀 더 구체적으로, 제대로 알릴 수 있는 풍부한 고민의 장이 마련되어야 한다는 작은 결론에 이르게 되었습니다. 그래서 나름대로는 야심 찬 계획을 세웠고 청소년학을 전공한 박사님들을 한 분 한 분 만나기 시작했습니다.

　박사님들의 공통적인 견해는 청소년 분야를 두루 아우르면서 각 영역의 이론과 지식을 전달할 수 있는 교재가 필요하다고 하였고, 특정 교재 한 권 정도로 한정 짓지 말자는 것이었습니다. 그래서 우선 현재 대학에서 청소년지도사 양성을 위한 전공 교과목을 중심으로 집필하기로 하였습니다.

　교재를 집필하기 전에 8종 모두 청소년학을 전공한 박사학위 소지자들을 집필진으로 세웠고, 전 집필진이 모여서 워크숍을 개최하고 의견을 공유하였으며, 집필 중

간중간에 모임을 갖고 교재의 통일성을 위해 논의를 하기도 하였습니다. 집필진 나름대로는 기존의 교재들을 조금이라도 보완하기 위하여 애를 쓰기는 하였지만 막상 다 완성된 시점에서 들여다보니 너무 많이 부족하다는 말씀을 전하셨는데, 독자 여러분은 어떻게 보실지 모르겠습니다.

이 교재들은 청소년지도사 2급 자격 검정을 위한 8개 과목, '청소년활동' '청소년 문화' '청소년복지' '청소년문제와 보호' '청소년심리 및 상담' '청소년육성제도론' '청소년지도방법론' '청소년 프로그램 개발과 평가'로 시리즈 형식으로 구성하였습니다. 청소년지도사 2급의 경우, 다른 급수에 비해 많이 배출되었을 뿐 아니라 청소년 활동 현장에서도 2급 청소년지도사들을 많이 볼 수 있습니다. 실제로 여성가족부(2018)에 따르면, 우리나라 청소년지도사는 청소년지도사 양성 계획에 따라 1993년 부터 2018년까지 1급 청소년지도사 1,730명, 2급 청소년지도사 35,425명, 3급 청소년지도사 12,691명 등 총 49,846명의 국가 공인 청소년지도사를 배출한 것으로 보고하고 있습니다.

이와 같이 청소년지도사가 5만 명에 이르고 있으나 기존에 예비 청소년지도사를 포함한 청소년지도사들을 위한 교재는 그리 많다고 볼 수 없으며, 자격 검정을 준비하는 이들이나 대학에서 강의하는 교수님들 역시 관련 교재가 충분하지 않음을 토로하기도 합니다. 이러한 상황 역시 저희 법인에서 더욱 청소년지도사를 위한 교재를 준비해야겠다고 생각하게 된 계기가 된 지점이기도 합니다.

본 법인이 이 교재를 기획하긴 하였지만 신규 법인이다 보니 집필진 여러분에게 큰 힘이 되어 드리지 못한 것 같아 송구스럽기도 합니다. 그럼에도 불구하고 저희 법인에서 용기를 낸 것은 기존에 출판되어 있는 청소년학 교재들이 단권이나 몇몇 교재에 한정하여 출판하는 경우가 많아 시리즈로 구성되는 사례가 많지 않고, 집필진 전원을 청소년학을 전공한 이들로 구성하는 경우 또한 흔치 않아 이 부분을 지원하면 좋겠다는 판단이 들었기 때문입니다.

이 책을 접하는 독자의 입장에서는 전체 교재가 나름의 일관성을 지니게 되어 책을 보는 데 좀 더 수월하지 않을까 하는 기대와, 집필진의 입장에서는 책의 내용에 있어서 최대한 청소년학 전공자의 관점을 유지할 수 있지 않을까 하는 생각을 하게 되었기 때문이기도 합니다.

이러한 고민들을 모으고 논의를 거쳐서 책을 내놓게 되었습니다. 집필진의 말씀처럼 나름의 노력과 고민을 담았으나 여전히 부족함이 눈에 보이고 부끄러운 마음도 없지 않지만, 조금이나마 청소년지도사를 꿈꾸는 후배 청소년지도사들에게 도움이 되기를 바랍니다.

앞으로도 저희 사단법인 청소년과 미래는 청소년들과 청소년지도사들을 위한 다양한 연구와 사업에 매진할 것입니다. 여러분의 많은 관심과 응원 부탁드립니다.

2019년 청소년의 달, 5월에
사단법인 청소년과 미래 대표 진은설

머리말

낯선 세계를 여행할 때 가장 큰 즐거움 중 하나는 그곳의 문화를 관찰하고, 알아가는 과정이라 할 수 있다. 문화는 그 자체로 집단의 정체성을 보여 주기 때문이다. 이것이 청소년을 알고자 하는 당신에게 '청소년문화'가 매력적으로 다가오는 이유이다.

청소년문화는 청소년 삶의 양식 전체를 의미한다. 청소년문화는 가족, 학교, 사회 · 경제적 환경 등 다양한 사회집단 및 환경과 상호작용하며 그 모양을 갖추어 나가는데, 이 과정 가운데 청소년이 주도적으로 자신들의 문화를 형성할 수 있는 기반이 필요하다. 그러나 청소년이라는 세대의 정체성과 존재감에 대한 사회적 인식과 이해 수준은 여전히 낮다. 청소년들이 자신이 가진 역량에 집중하기 위해서는 청소년의 삶을 인정하고 지지하는 사회적 분위기를 형성하는 것이 중요하나, 여전히 우리 사회는 자신과 다른 사람이나 자신과 다른 가치를 인정하고 존중하는 데 있어 인색하다.

청소년을 둘러싼 환경이 청소년 세대는 물론 다양한 사회 집단 및 계층의 참여에 대해 인정하고 존중할 때 청소년은 더욱 주체적으로 문화를 형성할 수 있는 역량을 발휘할 것이다. 이에 기성세대가 문화적 변화에 대해 개방적 사고를 가지고 새로운 문화적 언어로 청소년과 소통하려는 태도를 갖출 필요가 있다.

이 책은 예비 청소년지도자는 물론 실천현장 청소년지도자들의 청소년에 대한 이해를 돕기 위해 제작된 청소년학총서 시리즈 중 하나이다. 청소년학 전공자들이 집필진으로 모여 청소년을 둘러싼 사회적 변화에 대한 진단을 시작으로 교육현장 및 실천현장에서 필요로 하는 이슈들을 도출하고 그에 대한 대안을 논의하는 과정을 거치면서 완성도를 높이고자 하였다. 이러한 과정에서 청소년문화는 그 구성과 내용 면에서 새로운 시도가 가장 많이 허용된 영역이었다. 이에 청소년문화 집필진은 '청소년이 주체가 되는 청소년문화'를 공통 주제어로 잡고 관련 주제들에 대해 청소년의 주체성을 드러낼 수 있는 요소를 밝히고자 하였다. 나아가 이들 고유의 문화로 자리 잡기 위한 방안 또한 고민하였다.

이 책은 총 12장으로 구성되었으며, 1장과 4장, 11장은 노자은, 3장과 5~8장까지는 김정민, 2장, 9장, 10장과 12장은 조영미가 집필하였다. 전체적인 구성을 살펴보면, 먼저 1장부터 3장까지는 문화, 그리고 청소년문화 개념에 대한 이해를 위한 내용을 담았다. 1장은 문화의 개념과 특성을 소개하면서 하위문화로서 청소년문화에 대한 이해의 필요성을 강조하였고, 2장은 청소년문화의 성격과 이에 대한 다양한 시각을 정리하면서 그 개념을 명확히 하고, 이를 토대로 한국청소년문화의 특징을 정리하였다. 3장은 다양한 문화이론을 소개하고 각각의 이론을 통해 청소년문화를 해석함으로써 청소년문화에 대한 철학적 이해를 돕고자 하였다.

다음으로 4장부터 11장까지는 다양한 영역에서 나타나는 청소년문화의 실제에 대해 소개하였다. 대중문화(4장), 사이버문화(5장), 언어문화(6장), 자기표현문화(7장), 소비문화(8장), 여가문화(9장), 성문화(10장), 참여문화(11장) 등 변화하는 사회 환경 속 다양한 영역에서 청소년문화가 어떠한 양상으로 나타나는지 살펴보고, 각각의 영역에 대해 청소년이 주체가 되는 문화 형성을 위해 필요한 방안을 제시하였다. 마지막으로 12장은 같은 맥락에서 청소년문화 관련 정책을 살펴보고 바람직한 청소년문화형성을 위한 정책적 제언을 하였다.

역동적으로 꿈틀대는 청소년문화를 특정 시점에서 분석하고 서술하는 작업은 참으로 어려운 일이었다. 그 다양성과 생생함이 모두 담기지 못했다는 한계는 있으나, 청소년을 문화의 주체로 바라보는 시각을 전제로 하여 청소년문화에 관한 이야기를 풀어나간 이 책이 청소년문화를 이해하는 데 조금이나마 도움이 되길 바란다.

마지막으로 이 책의 출판을 위해 도움을 주신 학지사의 김진환 사장님과 마지막까지 꼼꼼하게 검토해 주신 편집부 선생님들께 감사 인사를 전한다.

2019년 6월
집필진을 대표하여 노자은 드림

차례

제1장

변화의 힘, 문화

학습개요

인간은 사회 속에서, 그리고 자신을 둘러싼 다양한 사회관계 속에서 여러 사람과 상호작용하며 살아간다. 사회는 인간의 삶의 양식에 영향을 미치는 구조이기도 하면서 인간의 상호작용 결과에 의해 변해 가는 체계이기도 하다. 이때 사회구조를 유지하면서도 변화하게 하는 힘, 그것은 문화이다. 문화와 사회구조는 상호작용하며 서로를 유지시키기도, 변화시키기도 한다.

이 장에서는 이와 같은 사회구조와 문화 간 관계를 토대로, 첫째, 문화의 개념에 대해 그 역사적 변천과 함께 구성요소를 확인하고, 둘째, 문화의 특성을 살펴본다. 마지막으로, 하위문화의 개념과 기능에 대해 정리하면서 하위문화로서 청소년문화가 가진 중요성을 확인하고자 한다.

01 세상을 변하게 하는 힘, 문화

사회는 '틀'이다   인간은 사회 속에서, 그리고 자신을 둘러싼 다양한 사회관계 속에서 여러 사람과 상호작용하며 살아간다. 사회는 사회를 구성하는 개인과 집단을 둘러싼 '틀'로써 여러 하위 사회구조 간 안정적이고 일정한 관계 형성이 가능하게 한다. 이러한 틀을 우리는 '사회구조'라고 칭한다. 사회구조는 경제구조, 정치구조, 문화구조, 교육구조, 가족구조 등 다양한 기능을 하는 여러 하위구조를 포함한다. 이러한 하위구조들은 일정한 규칙에 따라 반복적으로 작동하면서 제도, 규범, 집합의식 등을 만들어 내고, 이러한 작동 규칙들을 통해 사회구조가 상대적으로 안정적이고 지속적으로 유지된다. 프랑스 사회학자이자 교육학자인 뒤르켐은 이렇게 유지되는 사회구조가 개인에 외재(外在)하면서 개인의 행위를 강제하는 외적인 힘이라고 보았다(Durkheim, 1894).

사회의 '틀'은 변화하는가   우리는 종종 세상이 변했다는 말을 하기도 하고, 듣기도 한다. 과학기술의 진보, 경제적 요인 또는 정치적 요인으로 인한 사회 갈등 등 여러 요인의 복합적 작용 속에서 사회는 변한다. 이처럼 사회는 사회를 구성하는 하위체계들의 상호작용에 의해 그 '틀'이 변화하기도 한다. 즉, 사회는 인간의 삶의 양식에 영향을 미치는 구조이기도 하면서 인간의 상호작용 결과에 의해 변해 가는 체계이기도 하다. 이때 사회구조를 유지하면서 동시에 변화하게 하는 힘, 그것은 문화이다.

문화와 사회는 상호작용한다   문화는 사회 구성원의 사회의 안정적 재생산을 위해 여러 기능을 수행한다. 의식주를 포함하여 일련의 생활양식을 제공함으로써 사회 구성원으로 하여금 사회생활에 적응하게 하고, 가치, 규범, 신앙 등 관념체계를 통해 사회가 요구하는 자아와 인성을 형성하게 한다. 인간이 자신이 속한 사회에서 적절한 것으로 간주되고 있는 표준에 일치하게끔 개인의 행위 유형이 의식적으로 또는 무의식적으로 형성되어 가는 과정을 '문화화(culturalization, enculturation)'라고 한다. 유사한 용어인 '사회화(socialization)'는 인간이 살아가면서 사회적 상호작용을 통해 사회적 규범, 규칙, 행동양식들을 습득하는 과정을 의미한다. 이렇게 개인은 문화를 내면화하며, 이러한 문화는 사회를 구성하는 안정된 행동양식으로 제도화된다. 즉, 개인과 사회 간의 윤활유 역할을 하는 것이 문화이다(Baldwin et al., 2004).

미국의 사회학자인 탈콧 파슨스(Talcott Parsons)는 사회생활이 지속될 수 있는 힘, 즉 사회구조의 규칙성, 지속성, 예측성, 상대적 안정성과 같이 사회질서가 유지되는 힘은 사회의 가치, 규범, 상징과 같은 문화로부터 기인한다고 보았다. 때문에 파슨스는 문화를 사회구조가 제대로 기능하게 하는 가장 중요한 요소로 본 것이다(Parsons, 1952).

한편 문화는 사회로부터 형성된 결과물로써 사회구조를 유지하기 위한 기능만을 하지는 않는다. 문화는 사회구조에 의해 형성될 뿐 아니라 사회구조를 형성할 수도 있다(Baldwin et al., 2004). 문화는 다양한 사회구조가 서로 적응하고 변화하는 가운데 새로운 형태가 되기도 하며, 끊임없이 사회적인 의미를 만들어 낸다. '10대 문화' '대중문화' '교통문화' '조직문화' '지역문화' 등 수많은 하위구조가 각각의 정체성을 가지고 있고, 이러한 하위구조들이 상호작용하며 변화해 간다. '수직적 조직문화에서 수평적 조직문화로의 변화' '졸업식문화의 변화' '차례문화의 변화' 등 사회의 변화는 다양한 영역에서 관찰되고 있다. 이처럼 문화와 사회구조는 상호작용하며 서로를 유지하게 하기도 하고 변화시키기도 한다.

02 문화의 개념

표준국어대사전에서는 '문화(文化, Culture)'를 "자연 상태에서 벗어나 일정한 목적 또는 생활 이상을 실현하고자 사회 구성원에 의하여 습득, 공유, 전달되는 행동양식이나 생활양식의 과정 및 그 과정에서 이룩하여 낸 물질적·정신적 소득을 통틀어 이르는 말"로, "의식주를 비롯하여 언어, 풍습, 종교, 학문, 예술, 제도 따위를 모두 포함한다."라고 설명하고 있다. 이처럼 문화란 기본적으로 인간이 만들어 낸 모든 것을 비롯한 삶 전체를 통칭하며 일반적으로 사회 구성원 간 공유하고 있는, 학습에 의해 사회적으로 전승된 지식, 언어, 가치관, 규범을 일컫는다. 문화의 개념은 이처럼 집단의 행위 양식에 초점을 두고 있다. 협의적 개념의 문화는 특수 집단의 사람들이 일반 대중과 차별해서 추종하여 즐기는 생활의 멋이며, 광의적 개념의 문화는 삶의 전반적 방식을 의미한다. 즉, 문화란 특정 집단의 구성원이 만들어 내는 생활양식을 총괄하는 총체적 삶의 유형이라고 볼 수 있다(조혜영 외, 2015).

문화(kulture, culture) 개념은 18세기 말부터 19세기에 걸쳐 발전·심화되어 왔다. 문화는 초기 토지를 경작하고 가축을 돌본다는 본래의 의미로부터 능력의 육성이나 정신의 수양과 같은 비유적 의미로 파생되었다. 이후로 '육성' '수양'의 의미가 독립적 개념으로 발전하였고, 점차 정신 형성이나 교육과정, 나아가 결과까지 의미하게 되었다(권재일, 2013). 이러한 변화과정을 거쳐 현대 사회에서 사용되는 '문화'라는 용어는 미디어, 광고, 영화, 팝 음악 등의 대중문화는 물론이고 의식주, 운동, 취미활동, 요리나 쇼핑과 같은 일상적인 활동까지 포괄하는 것으로 받아들여지고 있어 매우 다양한 의미를 지닌다.

1) 문화 개념의 역사적·사회적 변화

문화 분석가이자 문학 비평가인 레이먼드 윌리엄스(Raymond Williams)는 문화를 세 가지 측면에서 정의하였다. 그의 정의를 기준으로 문화 개념의 역사적·사회적 변화를 살펴보고자 한다.

(1) 예술과 예술 활동으로서의 문화

예술적 측면에서의 문화란 음악, 문학, 회화, 조각, 연극, 영화 등의 예술과 예술적 활동을 가리키며, 이러한 의미의 문화는 '교양 있는' 사람들이 참여하는 '세련된 활동'을 뜻한다(Williams, 2015). 예술과 예술적 활동으로 정의되는 문화의 개념은 16세기 초반에 등장하였는데, 당시 '문화적'이라는 표현은 유럽 일부 국가의 특정

계급이나 소수의 사람에 한정하여 사용하였다.

　이러한 문화의 개념이 변화한 것은 20세기에 들어서면서 노동자 계급이나 하류층의 '대중문화(popular culture)'가 탄생하면서부터이다. 문화가 대중문화의 개념을 포함하게 되면서 '대중'문화는 '고급'문화와 첨예한 갈등 관계에 위치하였으며 종종 순수 예술의 반대 개념으로 사용되었다. 현대 사회에서 공연이나 전시를 보는 행위를 '문화생활' '문화활동'으로 표현하는데 이는 문화가 예술과 예술적 활동이라는 특정 분야를 가리키는 고전적 개념의 속성을 여전히 지니고 있음을 의미한다. 그러나 현대 사회에서는 예술을 향유하는 주체의 범위가 확장됨으로 인해 대중문화와 고급문화 간 경계가 점차 사라지고 있다는 점에서 과거 문화 개념을 둘러싼 양상과의 차이를 확인할 수 있다.

(2) 상징적 삶의 방식으로서의 문화

　문화는 상징적 특징을 지니는 삶의 방식이다. 이는 앞서 유럽 중심적 사고에서 벗어난, 인류학적 관점에 입각한 정의로 볼 수 있다. 19세기 영국 문화인류학자인 에드워드 버넷 타일러(Edward Burnett Tylor)는 문화란 "지식, 믿음, 예술, 도덕, 법, 관습, 그리고 사회 구성원으로서 인간이 획득한 기타 능력과 습관을 포함한 복합적 전체"(Tylor, 1871)라고 정의하였다.

　문화에 대한 이러한 정의는 사회 구성원으로서 인간이 문화를 창조하고 학습하는 과정을 강조한다. 타일러가 이처럼 일반적인 문화(culture-in-general)에 관심을 가졌다면, 이후 미국 문화인류학자인 프란츠 보아스(Franz Boas)는 모든 인간 집단이 나름대로의 문화를 가진다는 관점을 제시하면서 하위문화 연구의 필요성을 강조하였다(권재일, 2013).

(3) 과정과 발전으로서의 문화

　문화란 과정과 발전을 의미한다. 문화라는 용어는 15세기에 "곡물을 경작하다" "동물을 사육하다" 등 경작(cultivation)의 의미로 처음 사용된 이후, 16세기에 들어서면서 점차 인간의 정신이나 마음과 같은 개인의 능력 계발 전반을 의미하게 되었다(Williams, 2014). 이때 문화는 주로 '정신문화'를 의미하였으며, 18세기 계몽주의

표 1-1 문화 개념의 역사적·사회적 변화

구분	내용
예술과 예술 활동으로서의 문화	• 음악, 문학, 회화, 조각, 연극, 영화 등의 예술과 예술적 활동 • '교양 있는' 사람들이 참여하는 '세련된 활동'
상징적 삶의 방식으로서의 문화	• 지식, 믿음, 예술, 도덕, 법, 관습, 그리고 사회 구성원으로서 인간이 획득한 기타 능력과 습관을 포함한 복합적 전체 • 사회 구성원으로서 인간이 문화를 창조하고 학습하는 과정을 강조
과정과 발전으로서의 문화	• '경작'의 의미에서 '인간의 정신이나 마음'과 같은 개인의 능력 계발 전반을 가리키게 됨 • 이후 사회적·역사적 발전 과정 전반을 포함하는 광의적 개념으로 확대됨 • 특정 국가, 집단, 계층, 시대의 구성원들에 의해 공유되는 의미, 가치, 생활양식 그 자체는 물론 이러한 것들을 생산하는 실천을 포함

의 등장과 함께 '문화인'이란 문화적 진화 또는 계몽의 수준이 높은 사람으로서 '미개인' '야만인'과 구별되었다(정태석 외, 2014).

이러한 정의를 지닌 문화는 당시 유럽의 자의식을 표현하는 '문명화'에 가까운 개념으로 볼 수 있다(권재일, 2013). 그러나 앞서 살펴보았듯이 대중문화의 등장과 문화에 대한 인류학적 관점으로의 접근을 통해 문화는 정신적 측면을 넘어 사회적·역사적 발전 과정 전반을 포함하는 광의의 개념으로 확대되어 왔으며, 특정 국가, 집단, 계층, 시대의 구성원에 의해 공유되는 의미, 가치, 생활양식 그 자체는 물론 이러한 것들을 생산하는 실천 또한 의미하게 되었다(〈표 1-1〉 참조).

2) 문화의 구성요소

(1) 문화 체계(cultural system)

한 사회는 가족, 정치, 경제, 종교, 예술, 언어, 자연환경 등 다양한 요소로 구성된 하나의 통합된 전체, 즉 '체계'이다. 체계는 '각각의 것이 일정한 원리에 따라 계통적으로 결합된 조직'을 의미한다. 한 사회를 구성하는 가족, 정치, 경제, 종교, 예술, 언어, 자연환경 등의 요소들은 일정한 원리에 따라 사회라는 구조 안에서 서로 연관되어 있고, 상호 영향을 미친다. 한 사회의 여러 문화는 이처럼 상호 연관되어 문화 체계를 이루면서 동시에 각각 다양한 요소로 구성된 하나의 체계로 존재한다. 문화를 구성하는 요소들은 상호 의존 관계에 있으며 한 요소가 변하면 다른 요소에도 영향을 주어 변하게 된다. 따라서 문화 체계라는 개념은 문화의 역동성을 이해하기 쉽게 해 준다.

(2) 문화 특질(cultural trait)

특질이란 '특별한 기질이나 성질'로 비교 대상 간에 구별이 가능하게 하는 단위를 의미한다. 따라서 문화 특질은 한 문화를 맥락이나 의미, 현상 등을 기준으로 하여 기본적 단위로 쪼갰을 때 더 이상 쪼개지지 않는 가장 작고 기본적인 요소를 의미한다. 예를 들어, 관혼상제(冠婚喪祭)를 그 내용을 기준으로 쪼갰을 때 결혼은 하나의 문화 특질이 된다. 이 중 결혼을 예복, 결혼식 유형, 결혼식에 참여하는 사람들, 결혼식에 제공되는 음식 등 서로 다른 의미의 구성 요소들로 쪼개면 이 또한 각각 하나의 문화 특질이 된다. 즉, 문화는 사용되는 맥락이나 이해의 범위에 따라서 더 이상 쪼개질 수 없는 문화 특질이 되기도 하고, 또 다른 맥락에서는 다시 여러 부분으로 나누어질 수 있다.

(3) 문화 복합(cultural complex)

앞서 결혼은 예복, 결혼식 유형, 결혼식에 참여하는 사람들, 결혼식에 제공되는 음식 등의 문화 특질들로 구성되어 있기도 하지만 결혼 자체가 문화 특질로 간주될 수 있음을 확인하였다. 현대 사회에서 결혼이라는 문화 특질은 사회의 다른 문화 특질들과 관련을 맺으면서 문화 복합을 형성하고 있다. 예를 들어, 사회적 가치관이라는 문화 특질과 결합하여 결혼에 대한 태도가 형성되고, 사회·경제적 지위라는 문화 특질과 연결되어 결혼 정보 사업이 생겨나게 되었다. 이 밖에도 작은 결혼식문화 또한 결혼과 관련된 문화 복합으로 볼 수 있다. 이처럼 문화 특질들의 조화로운 구성이 문화 복합이 된다. 문화 특질과 문화 복합을 구분하기 어려운 경우가 대부분이나, 문화 복합이라는 개념은 문화 특질과 함께 이러한 특질들의 복합으로 구성된 문화체계를 기술하는 데 유용하게 활용된다.

03 문화의 특성

1) 문화의 공유성

문화는 사회 구성원에 의해 공유되고 있다. 즉, 문화는 집단 구성원에게 공통적으로 나타나며 인정되는 경향으로 사회에서 공유되는 규칙, 행위 등으로 나타난다. 문화의 이러한 속성은 문화를 구성원 개개인이 지니는 취향이나 버릇, 기질이 아닌 다른 집단과 구별될 만한 공통적 성향으로 만든다. 우리가 실제로 하는 행동의 대부분은 우리가 소속되어 있는 집단의 행동양식을 따르고 있다. 이런 의미에서 우리는 "문화는 집단 구성원에 의해서 공유된(shared) 것"이라고 할 수 있다.

직장에서 상사나 동료와의 상호작용 방식, 학교에서 교사를 만났을 때 사용하는 언어, 회의에 참여했을 때의 태도 등은 그 사회에서 공유된 규칙에 따라 선택된다. 특정 장소나 상황에 처했을 때 상대방의 행위나 태도를 어느 정도 예측할 수 있는 것은 사회 구성원이 문화를 공유하고 있기 때문이다. 이러한 공유된 패턴이나 규칙에 위배되는 언어를 사용하거나 행위를 보였을 때 사회적 제재가 가해지기도 한다.

2) 문화의 다양성

문화는 집단 구성원이 공유하는 가치관이나 생활양식 등을 의미한다는 점에서 보편성을 가지지만 이러한 보편적 문화들도 시대에 따라, 지역에 따라 차이를 보인다. 예를 들어, 아프리카의 춤문화와 아시아의 춤문화가 다르고, 기성세대의 결혼문화와 청년세대의 결혼문화는 서로 다른 양상으로 나타난다. 문화는 그것의 옳고 그름이나 서열을 가르는 절대적 기준이 존재하지 않는다. 즉, 특정 문화는 그 사회의 사회적 맥락을 고려하여 상대적으로 이해되어야 한다. 이처럼 문화가 가진 다양성이라는 속성은 정체성과 연관되기 때문이다.

각 국가가 가진 문화의 다양성에 초점을 맞추면 경제논리에 의해 '제3세계'로 분류된 국가들이 새로운 측면에서의 정체성을 가지게 된다. 유네스코(United Nations

Educational Scientific and Cultural Organization: UNESCO)는 문화다양성 개념을 문화 정체성과 함께 각 국가의 정체성을 정당화하는 내재적 힘으로 규정하고 있다. 문화의 다양성은 특정문화에 대해 얼마나 이해하고자 하는지, 실제로 얼마나 이해하고 있는지에 따라 주목받을 수도, 그렇지 않을 수도 있다.

3) 문화의 학습성

사회 구성원은 비공식적이고 일상적인 활동이나 생활을 통해 사회에서 공유되는 규칙들을 학습한다. 이러한 과정을 사회화(socialization) 또는 문화화(문화전계, enculturation)라고 일컫는데, 한 사회에 태어난 개인이 그 사회의 문화를 내면화하는 과정, 즉 일종의 문화적 학습과정이라고 볼 수 있다. 이처럼 문화는 유전적 특질에 의해 본능으로 결정되는 것이 아니라 사회를 살아가며 후천적으로 습득되는 것이다. 이러한 학습과정은 공식적이고 의도적일 수도 있고 비공식적으로 일어날 수도 있다.

학습되는 문화의 예로, 인간은 태어난 사회의 언어를 가지고 태어나는 것이 아니라 후천적으로 언어를 배워 익힌다. 이처럼 무언가가 문화적인 것으로 간주되기 위해서는 '학습된(learned)' 것이어야만 한다.

4) 문화의 축적성

문화는 한 세대를 거쳐 다음 세대로 전해 내려가면서, 즉 시간이 지남에 따라 각 세대에서 만들어진 여러 지식이 추가되고 저장되어 가며 팽창해 왔다. 과학기술과 정보통신기술의 발달로 인해 저장 매체를 통한 지식 정보의 축적이 용이해지면서 문화적 지식 축적 또한 용이해졌다. 특별한 이변이 없는 한 문화는 계속 유지되는데, 구성원에 의해 학습되고 사회적으로 축적되기 때문이다. 즉, 문화는 세대를 통해 전승되고 그 과정에서 축적, 변화, 발전한다.

5) 문화의 체계성·총체성

문화는 지식, 신앙, 예술, 도덕, 법, 관습 등 수많은 부분으로 구성된 하나의 전체 (a whole)로 인간의 삶을 포괄한다. 문화를 구성하는 하위 요소들은 각각 독립적으로 존재하며 기능하는 것이 아니라 상호 긴밀한 관계를 형성하면서 전체를 유지한다. 예를 들어, 최근 전 세계적으로 이슈가 되고 있는 저출산 고령화 현상은 노동 가능 인구 규모를 점차 감소시킴으로써 산업구조와 같은 경제 체계와 복지, 의료와 같은 사회적 체계의 변화를 일으킨다.

문화를 구성하고 있는 하위 요소 중 한 영역의 변화는 다른 영역들의 변화를 야기하며 나아가 전체의 변화로 이어진다. 이처럼 문화의 다양한 요소는 서로 밀접하게 연결되어 하나의 전체를 이루면서 균형 상태(equilibrium)를 유지하기 위해 기능한다.

6) 문화의 변동성

문화는 인간이 이루어 낸 생활양식의 총체로, 역사적으로 축적되어 오는 과정에서 정체하지 않고 항상 변화해 왔다. 서로 다른 문화가 지속적으로 접촉하면서 한쪽 또는 양쪽 모두 본래의 모습과는 달라지는 현상을 '문화접변' 또는 '문화변용 (acculturation)'이라고 한다. 문화는 지역 간·사회 간·민족 간 교류를 통해 직간접적으로 각각의 문화요소가 서로 전파되면서 변화한다. 예를 들어, 우리나라의 천주교 장례문화는 초기 유입 당시 종교적 목적과 함께 유교의 전통 장례문화를 수용한 결과이다.

문화 간 전파가 발생하는 이유로는 문화실조(cultural deprivation)와 문화지체 (cultural lag) 등이 원인이 된다. 문화실조는 개인이 소속된 사회의 가치관이 규정하는 인간의 바람직한 발달을 도모하는 데 필요한 문화적 환경이 결핍된 상태로, 예를 들어 여유 시간이 많이 생겼으나 무엇을 할지 몰라 제대로 된 여가문화를 형성하지 못하는 상태를 들 수 있다. 이에 비해 문화지체는 급속도로 변화하는 기술과 양적인 누적으로 인한 물질문화의 변화와 발달의 속도를 비물질 문화가 따르지 못하는 상

표 1-2 문화의 특성

구분	내용
공유성	문화는 집단 구성원들에게 공통적으로 나타나며 인정되는 경향으로, 사회에서 공유되는 규칙, 행위 등으로 나타남
다양성	문화는 시대, 지역 등 특정 사회적 맥락에 따라 여러 가지 형태로 나타남
학습성	문화는 유전적 특질에 의해 본능으로 결정되는 것이 아닌, 사회를 살아가며 후천적으로 습득됨
축적성	문화는 시간이 지남에 따라 여러 지식들이 추가되고 저장되어 가며 팽창함
체계성 · 총체성	문화는 지식, 신앙, 예술, 도덕, 법, 관습 등 수많은 부분들로 구성된 하나의 전체로 인간의 삶을 포괄함
변동성	문화는 시간이 흐름에 따라 정체하지 않고 항상 변화함

태로, 스마트폰 기술이 발전하고 상용화된 반면 세대 간 스마트폰 활용에 있어 격차가 발생하고 있는 현상을 예로 들 수 있다. 이와 같이 사회적 부조화 문제를 해결하기 위해 다른 사회의 문화를 필요로 할 때 문화 간 전파가 발생한다.

지금까지 살펴본 문화의 특성을 정리하면 〈표 1-2〉와 같다.

04 하위문화로서 청소년문화

1) 하위문화 개념 및 기능

문화란 일반적으로 한 사회의 구성원이 공통적으로 가지고 있는 생활 방식을 의미한다. 그러나 하나의 사회가 단지 하나의 문화만을 가지고 있는 것은 아니다. 또한 모든 구성원이 동일한 문화를 공유하는 것도 아니다. 한 사회는 다양한 집단으로 구성되며, 집단에 따라 각각 자기끼리만 공유하는 문화가 따로 존재할 수 있다.

즉, 사회 내에는 다양한 규모와 성격을 지닌 집단들이 존재하고, 이러한 집단 간 관계는 다양해서 서로 갈등적이기도, 공존 관계이기도 하며, 한 집단이 다른 집단을 포함하는 관계로 나타나기도 한다. 이러한 집단은 각각 나름대로의 문화를 가진다. 한 사회의 구성원 대부분이 공유하는 문화를 전체문화 또는 주류문화라고 할 때 특정한 집단의 구성원만이 공유하고 있는 문화들이 '하위문화'가 된다. 예를 들면, 한 사회의 구성원이 대부분 공유하는 문화 안에는 지역문화, 세대문화, 계층문화 등이 있다. 이러한 하위문화들은 각각 또 다른 하위문화들로 구성되는데, 지역문화는 농촌문화, 도시문화 등으로 구분할 수 있고, 세대문화의 하위문화로는 노인문화, 청소년문화 등이 있다.

하위문화는 모문화(parent culture)와 구별되는 독특한 생활양식으로 내용과 구조상 모문화와 조화를 이룰 수도, 그렇지 않을 수도 있다. 중요한 것은 하위문화는 지배문화에 의해 생산되는 것이 아니라 피지배문화에 의해 생산된다는 것이다. 기존 주류 지배세력의 가치관과 다르다는 이유로 하위문화가 비행과 연결되기도 하나 모든 하위문화가 반문화적 성격을 가지는 것은 아니다. 최근에는 다양성에 대한 인식이 증가하며 여러 영역에서의 하위문화들이 구조적으로 형성되고 이에 대한 사회 구성원의 이해 수준이 높아지고 있다. 특히 기대수명의 증가로 인해 삶의 방식에 대한 관심이 증가하고, 더불어 매체의 발달로 인해 문화, 여가 측면에서의 관련 정보들이 세대의 경계를 초월하여 공유되면서 다양한 유형의 삶의 방식들, 즉 다양한 사회집단이 가지는 하위문화들이 생산 및 확산되고 있다.

하위문화는 첫째, 해당 문화를 공유하는 사람들이 자신들이 속한 집단의 정체성 표현을 통해 구성원 간 소속감이나 연대 의식을 강화시켜 주고, 둘째, 집단 구성원은 하위문화를 형성하고 유지하면서 주류문화의 틀 안에서 채워질 수 없는 욕구를 충족한다. 셋째, 전체 문화에 다양성을 부여하여 문화의 획일화를 방지하고, 문화의 창조와 변화에 기여하며, 넷째, 사회 구성원은 자신들의 의견, 희망, 신념을 표현하고 행동할 수 있는 표현의 자유를 얻는다.

반면 하위문화를 공유하는 사람들 간 결속력이 지나치게 강화되면 전체 사회의 통념을 저해할 수 있다. 지역이나 세대 등 서로 다른 집단의 정체성을 앞세움으로써 화합이나 통합과 같은 사회 발전적 방향보다는 반목과 대립, 갈등의 양상으로 번져 지역 간 갈등, 세대 갈등 등 사회의 통합을 저해하는 문제로 나타나게 된다.

2) 청소년집단과 사회집단 간 상호작용

청소년문화는 독자적 특성을 나타내지만 실제로 청소년의 삶은 여러 사회집단 및 사회·경제적 배경과 연관되어 다양한 양상으로 나타난다. 다양한 삶의 방식은 다양한 문화 생성으로 이어진다. 이와 같은 과정에 영향을 미치는 주요 집단으로는 가족, 학교, 그리고 계층이나 지역적 특성과 같은 사회·경제적 배경에 따라 구분되는 집단들이 있다(조혜영 외, 2015).

(1) 가족

가족은 청소년의 삶에 영향을 미치는 가장 밀접한 집단이다. 가족은 인간이 태어나 가장 처음 맞게 되는 사회 집단으로, 사회화를 준비시키는 집단이다. 청소년은 가족 내에서 부모와 형제 등과 직접 교류하고 영향을 받는다. 경제 구조상 농경사회에서 산업사회로 접어들면서 가족 해체가 증가하고 구성원 간 유대감이 감소하게 되었다. 최근에는 다양한 가족 형태가 증가하면서 청소년은 전통 사회의 대가족에서와는 다른 사회관계를 경험하게 되었다. 청소년기는 부모에 대한 의존성이 감소하는 시기로, 부모로부터 감정적으로 독립하고 싶어 하면서도 동시에 경제적 측면에서 부모에 의존하는 모순을 보이기도 한다.

이 시기에 가족 내 부모-자녀 간 의사소통 방식과 같은 가족 구성원 간 상호작용 방식은 청소년의 사회적 성향에 영향을 미친다(조혜영 외, 2015). 애정적인 반응을 기본으로 자녀와 대화하려 하고, 자녀의 독립심을 격려하며, 훈육 시 논리적 설명을 이용하는 부모의 상호작용 태도는 청소년 자녀로 하여금 책임감과 자신감을 갖게 하고 사회성 또한 형성하게 한다. 반면 엄격한 통제와 설정된 규칙을 따르도록 강요하고, 훈육 시 체벌을 사용하거나 논리적 설명을 사용하지 않는 부모의 태도로 인해 자녀는 의존적 또는 복종적 성향을 보이거나 반항적 성격을 보이게 된다. 더불어 사회성이 제대로 형성되지 않아 대인관계의 어려움을 겪게 되기도 한다. 이처럼 청소년 자녀가 성장하는 과정에서 부모의 반응, 다시 말해 자녀의 자율성 추구 경향이 증가하는 과정에서 부모의 양육태도는 청소년의 정서적·사회적 발달을 결정짓는 중요한 요인이다.

(2) 학교

학교는 우리나라 대부분의 청소년이 가장 많은 시간을 보내는 공간으로 청소년의 사회화에 주요한 영향을 미치는 환경으로 작용한다. 문화는 집단 구성원의 준거이자 사회적 규범이라 할 수 있는데 학교는 대다수 청소년이 생활하는 주된 생활공간으로 학생들의 가치체계 형성에 있어 중요한 영향을 미친다.

학교는 교사와 학생이라는 두 집단이 주요 구성원으로 구성되는 공간으로 교사-교사 간 관계에서 나타나는 교사문화, 교사-학생 간 관계에 기인한 수업문화, 학생들 사이에서 나타나는 학생문화와 같이 다양한 문화가 공존하는 체계이다. 학교에서는 개인적 차이보다는 보편성이 강조되기 때문에 개인의 적응 속도와 개인차 반영이 어렵다는 집단적 특성을 보이는데, 교사문화, 수업문화, 학생문화와 같은 학교 내 하위문화들이 이러한 특성 형성에 영향을 미친다. 이를 자세히 살펴보면 다음과 같다.

첫째, 교사문화가 가진 위계성은 학생들의 수업문화에 영향을 미친다. 교사 간 위계는 교장-교감-일반교사의 단선형적 위계질서로 대표되며 이러한 질서는 교사들의 공적 관계만이 아닌 교내 일상적 생활에서도 강조된다. 이처럼 교사들이 체화하고 있는 위계적 문화양식은 교육과정에서도 지배적 이데올로기에 근간한 태도로 나타날 가능성이 높다.

둘째, 학교의 수업문화는 획일적이고 통제적인 특성을 보인다. 교사집단은 사회 구성원으로부터 교육의 책무를 일임받은 주체로 사회가 요구하는 규범들을 성장세대인 학생들에게 전수시켜야 한다. 그 결과는 '지식'의 형태로 나타나게 되며 이것이 교육의 효과성 및 효율성이 된다. 이에 교사들은 시간엄수, 규율엄수, 주의집중 등 통제기제를 활용하여 효과적이고 효율적으로 교육하고자 한다. 학생은 교육의 객체로 이러한 통제적 환경에서 교육받게 되고 결과중심의 평가를 받는다. 이처럼 수업문화는 학생들의 소질이나 적성을 계발하기 위한 경험주의적 교육보다는 사회적 요구와 학교교육의 목표에 따라 획일적인 특성을 보이기 쉽다.

셋째, 학생문화는 "학생 청소년들이 학교 공간에서 이루고 있는 삶의 양식들"이자 "학생으로서 기대되는 행동지침이자 지표"이다. 학생이라는 사회적 지위를 가진 청소년은 이러한 지위를 강화시키는 학교라는 공간에서 문화를 형성한다. 이들은 교육이 목적인 공간에서 기성세대와의 교류를 경험하는데, 이때 주도권은 기성세대에 있기 때문에 학교 안에서는 자유로움과 해방보다는 통제가 강조된다. 즉, 학생문화 형성 과정에는 청소년을 학교라는 공간과 학생이라는 사회적 지위에 제한하려는 사회적 규범이 개입된다. 이에 학생문화는 청소년문화에 비해 제한적 성격을 가진다.

(3) 사회 · 경제적 배경

청소년의 삶에 영향을 미치는 사회 · 경제적 배경으로는 가족의 사회 · 경제적 지위와 같은 사회계층, 거주하는 지역의 특성 등이 있다. 브론펜브레너(Bronfenbrenner, 1977)는 이러한 요인들을 '외체계(exosystem)'로 개념화하면서 청소년이 이러한 외체계의 의사결정에 직접 참여하지 않을지라도 이러한 의사결정이 청소년의 삶에 직간접적으로 영향을 미친다고 보았다.

가족의 사회 · 경제적 지위를 살펴보자. 부모의 직장세계와 직장상황은 청소년이 살아가는 조건에 강력한 영향을 준다. 부모가 어떤 일을 하는지, 어디서 근무를 하는지, 여가를 얼마나 가지는지에 대한 의사결정에 청소년은 참여하지 않으나 이러한 결정들은 청소년의 삶에 직접적으로 영향을 미친다(한상철, 2008). 또한 가정의 경제수준은 직접적 배경변인으로 청소년 자녀의 경험, 나아가 삶의 질 수준을 결정짓는다. 부모의 사회적 계급, 문화적 활동이나 취향은 청소년 자녀의 교육적 성취도에 영향을 미치고 계급의 재생산으로 이어진다(장미혜, 2002).

더불어 청소년의 발달에 있어 지역사회 환경 또한 중요하다. 지역사회의 빈곤 수준과 같은 사회 · 경제적 환경은 개인의 행태와 삶의 질에 영향을 미치는 '동네효과'로 작용한다. 청소년은 외부 활동이 적은 인구로 지역사회 환경에 보다 많이 의존한다. 즉, 지역사회는 단순한 개인 생활의 공간을 넘어 청소년의 가치관 형성과 같은 발달에 광범위한 영향을 미치는 환경적 요인이다(홍승애 · 이재연, 2014). 지역사회 환경은 구성원의 신뢰, 사회적 네트워크, 규범과 같은 사회자본 수준을 결정짓기 때문에(곽현근, 2008) 청소년의 문화 형성에 있어서의 지역사회 영향력은 중요하게 고려될 필요가 있다.

3) 하위문화로서 청소년문화, 그 중요성

청소년문화는 세대문화의 관점에서 하위문화로 구분된다. 세대문화는 공통의 체험을 기반으로 하여 의식이나 생활양식이 비슷한 일정 범위의 연령층이 공유하고 있는 문화라는 점에서 청소년문화는 한 사회의 청소년 집단이 독자적으로 공유하는 문화이다. 청소년문화는 미래지향적이고, 변화지향적이며, 저항적이고, 충동적이고, 모방적인 특성을 가진다. 때로 사회의 지배적인 문화에 반대하고 적극적으로 도전하는 반문화적 성격을 보이기도 하며, 최근에는 특히 새로운 문화요소에 대한 수용이 빨라 현대 사회의 주요 소비계층으로 부각되고 있다.

이러한 청소년문화에 대해 미숙한 문화로 보는 입장이 있는 한편, 비행문화로 규정짓기도 하고 새로운 대안문화로 해석하기도 한다. 즉, 청소년문화가 가진 독특성에 대한 관점과 해석은 다양하다. 그러나 앞서 살펴보았듯이 청소년문화는 단독적으로 형성되고 발전해 가는 것이 아니라 가족, 학교, 사회 · 경제적 환경 등 다양한 사회 집단 및 환경과 상호작용하며 그 모양을 갖추어 간다. 이러한 상호작용을 통해 세대 간 핵심적 문화요소가 크게 변화하지는 않으나 세대가 거듭되며 새로운 문화요소가 생성되어 문화가 변화하게 되는 것이다. 문화가 발전하지 않고 그대로 머물러 있다면 사회의 발전 또한 불가능하다. 즉, 청소년문화는 한 사회의 생동적 발전을 위해 필요한 자극이 될 수 있다(한상철, 2008). 여기에 청소년문화의 중요성이 있다.

사회적 변화와 더불어 청소년문화의 중요성을 살펴보면 다음과 같다.

첫째, 인구구조 변동으로 인한 청소년세대의 사회적 지위가 변화하고 있다(김형주, 2016). 2020년 우리나라 9~24세 청소년 인구는 약 865만 명으로, 우리나라 총인구의 16.7% 정도를 차지한다. 청소년 인구는 그 수가 약 1,421만 명으로 가장 많았던 1982년 이후로 계속 감소해 왔고, 2030년에 699만 명, 2040년에 650만 명 수준으로 감소할 것으로 전망되고 있다. 저출산 및 고령화로 인해 이처럼 학령기 인구가 급감하면서 청소년은 향후 경제활동인구로 그 존재와 역할이 더욱 중요해지고 있다. 실제로 청소년 세대의 노동시장 진입이 빨라지면서 청소년의 경제적 역량 형성과 사회 진출에 대한 사회적 관심 또한 증가하고 있다. 이에 이들의 가족가치관, 소비양상, 사회에 대한 태도 등 사회 구성원으로서 청소년 삶의 양상이 어떠한지 파악

제
1
장 변화의 힘, 문화

하고 사회적 변화에 따른 지원책을 마련하는 것은 국가적으로 중요한 정책적 과제라고 할 수 있다.

둘째, 첨단기술의 영향력이 증가하는 시대에서 청소년세대의 사회 주도성이 변화하고 있다. 인터넷, 스마트폰 등 매체가 발달하고 콘텐츠 생산 및 소비 등과 관련된 첨단 기술들이 급속도로 발전하고 있다. 이러한 변화는 기존의 사회 체계를 작동해 왔던 방식을 변화시키고, 그렇게 변화한 사회를 살아가는 새로운 세대, 즉 청소년의 가치관 형성에 영향을 미친다. 청소년은 '본 디지털 세대(born-digital generation)'로 과학기술에 대한 빠른 적응력으로 이를 활용한 문화영역, 특히 대중문화의 주 이용자가 되고 있다. 물론 스마트폰이나 인터넷 과의존과 같은 문제 양상을 보이기도 하지만 이러한 청소년세대의 매체 이용 양상이 안정화된다면 사회 제반에 대한 주도적 참여가 가능하다. 변화하는 사회 작동 기제에 익숙한 청소년은 기성세대보다 정치적 변화를 위한 참여가 일상적으로 가능하게 되고 시민 활동 등 다양한 형태의 사회 참여 기회가 증가하면서 시민으로서의 청소년 지위를 가지게 될 것이다.

청소년문화는 청소년 삶의 양식 전체를 의미한다. 이러한 청소년문화를 청소년이 주도적으로 형성해야 함은 너무나 당연하다. 이를 위해 무엇보다도 청소년이라는 세대의 정체성과 존재감에 대해 인정하는 사회적 인식의 변화가 필요하다. 청소년의 삶을 인정하고 지지하는 사회적 분위기가 형성되었을 때 청소년은 자신이 가진 역량에 집중하게 될 것이다. 더불어 다양한 가치에 대해 인정하고 존중하는 환경이 조성되어야 한다. 청소년세대의 참여는 물론 다양한 사회 집단 및 계층의 참여에 대해 인정하는 주변 환경은 이들로 하여금 주체적 문화를 형성할 수 있게 하는 중요한 맥락으로 작용할 것이다. 이를 위해 문화적 변화에 대한 개방적 사고를 지니고 새로운 문화적 언어로 이들과 소통하려는 의지를 가지는 주류집단의 태도가 요구된다.

30

요약

1. 인간은 사회 속에서, 그리고 자신을 둘러싼 다양한 사회관계 속에서 여러 사람과 상호작용하며 살아간다. 사회는 인간의 삶의 양식에 영향을 미치는 구조이기도 하면서 인간의 상호작용 결과에 의해 변해 가는 체계이기도 하다. 이때 문화와 사회구조는 상호작용하며 서로를 유지시키기도, 변화시키기도 한다.

2. 문화란 일반적으로 한 사회의 구성원들이 공통적으로 가지고 있는 생활 방식을 의미한다. 문화는 예술과 예술활동, 상징적 삶의 방식, 과정과 발전의 의미를 가진다.

3. 한 사회 내 여러 문화는 상호 연관되어 문화 체계를 이루고 있다. 이에 한 요소가 변화하면 다른 요소에도 영향을 주어 변화를 일으킨다. 한 문화를 맥락이나 의미, 현상 등을 기준으로 쪼갠 가장 기본적 단위를 문화 특질이라고 한다. 문화 특질은 다른 문화 특질과 관련을 맺으면서 문화 복합을 형성한다.

4. 문화는 사회 구성원에 의해 공유되고 있고 시대나 지역 등에 따라 다양성을 지닌다. 사회 구성원은 비공식적이고 일상적인 활동이나 생활을 통해 문화를 학습하며, 이렇게 학습된 문화는 세대를 통해 전승되고, 그 과정에서 축적, 변화, 발전한다. 문화의 다양한 요소는 서로 밀접하게 연결되어 하나의 전체를 이루면서 균형 상태(equilibrium)를 유지하기 위해 기능한다. 더불어 문화접변 또는 문화변용 등의 작용을 통해 정체하지 않고 변화한다.

5. 한 사회는 다양한 집단으로 구성되며 집단에 따라 각각 자기끼리만 공유하는 문화가 존재한다. 한 사회의 구성원 대부분이 공유하는 문화를 전체문화 또는 주류문화라고 할 때 특정한 집단의 구성원만이 공유하고 있는 문화들이 '하위문화'가 된다.

6. 하위문화는 모문화(parent culture)와 구별되는 독특한 생활양식으로 내용과 구조상 모문화와 조화를 이룰 수도, 그렇지 않을 수도 있다. 중요한 것은, 하위문화는 지배문화에 의해 생산되는 것이 아니라 피지배문화에 의해 생산된다는 것이다.

7. 하위문화로서 청소년문화는 독자적 특성을 나타내지만 하위문화로서 여러 사회집단 및 사회·경제적 배경과 연관되어 다양한 양상으로 나타난다. 청소년문화는 한 사회의 생동적 발전을 가능하게 하는 중요한 자극이다.

8. 인구구조 변동, 첨단기술의 영향력이 증가한 현대 사회의 변화 가운데 청소년세대의 사회적 지위가 변화하고 있다. 이에 사회 구성원으로서 청소년 삶의 양상이 어떠한지 파악하고 사회적 변화에 따른 지원책을 마련하는 것은 국가적으로 중요한 정책적 과제로 대두되고 있다.

9. 청소년문화는 청소년이 가지는 총체적 삶의 양식으로 청소년이 주도적으로 형성해야 한다. 이를 위해 청소년 세대의 정체성과 존재감에 대해 인정하는 사회적 인식의 변화, 다양한 가치에 대해 인정하고 존중하는 환경, 문화적 변화에 대한 개방적 사고를 지니고 새로운 문화적 언어로 이들과 소통하려는 주류사회의 의지가 요구된다.

참고문헌

곽현근(2008). 지역사회 사회자본에 미치는 동네효과에 관한 연구. 지방정부연구, 11(4), 59-86.

권재일(2013). 다문화사회의 이해. 유네스코아시아 · 태평양국제이해교육원 엮음. 다문화 사회란 무엇인가?. 경기: 동녘.

김형주(2016). 인구구조와 경제적 변동성을 통해 본 청소년 세대의 미래 전망. 청소년문화포럼, 46, 133-141.

박성희(1994). 청소년지도 프로그램 개발의 기초. 한국청소년개발원 편. 프로그램의 개발과 운영.

장미혜(2002). 사회계급의 문화적 재생산: 대학 간 위계서열에 따른 부모의 계급구성의 차이. 한국사회학, 36(4), 223-251.

정태석 · 유팔무 · 지주형 · 신경아 · 엄한진 · 정영철 · 신광영 · 조효래 · 김정훈 · 박준식 · 공제욱 · 노중기 · 장세훈 · 강이수 · 김해식 · 김호기 · 강정구 · 최태룡 · 구도완(2014). 사회학: 비판적 사회읽기. 비판사회학회 엮음. 파주: 한울 아카데미.

조혜영 · 김민 · 방은령 · 길은배 · 서우석 · 김옥태 · 이창호 · 장근영 · 양계민 · 최순종 · 김기헌(2015). 청소년문화론. 경기: 교육과학사.

한상철(2008). 청소년학: 청소년 이해와 지도. 서울: 학지사.

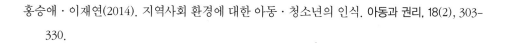

홍승애 · 이재연(2014). 지역사회 환경에 대한 아동 · 청소년의 인식. 아동과 권리, 18(2), 303-330.

Baldwin, E. · Baldwin, E. · Longhurst, B. · McCracken, S. · Ogborn, M. · Smith, G. (2008). 문화코드, 어떻게 읽을 것인가? [*Introducing Cultural Studies*. Pearson Education Ltd.]. (조애리 · 강문순 · 김진옥 · 박종성 · 유정화 · 윤교찬 · 최인환 · 한애경 공역). 파주: 한울 아카데미. (원저는 2004년에 출판).

Bronfenbrenner, U. (1977). Toward an experimental ecology of human development. *American Psychologist, 32,* 513-531.

Durkheim, E. (2001). 사회학적 방법의 규칙들 [Les Règles de la méthode sociologique]. (윤병철 역). 서울: 새물결. (원저는 1892년에 출판).

Parsons, T. (1952). *The Social System.* London: Routledge & Kegan Paul Ltd.

Tylor, E. B. (1871). *Primitive Culture: Researches into the Development Mythology, Philosophy, Religion, Art and Custom.* London: John Murray.

Williams, R. (2014). *Keywords: A Vocabulary of Culture and Society* (3rd edition.). NY: Oxford University Press.

제2장

>>>>>>>>>>><<<<<<<

청소년문화 읽기

학습개요

　　문화에 대한 정의가 다양하듯 청소년문화에 대한 정의 또한 다양하다. 청소년문화는 청소년기의 젊은 세대들이 나름의 행동방식과 생활양식을 모태로 하여 형성된 독특한 문화이다. 청소년문화는 "오늘날 청소년들이 살아가는 삶의 총체적인 유형"이라고도 할 수 있다. 즉, 청소년문화는 현재 청소년들이 공유하고 있는 생활양식이자 삶의 방식이며, 기성문화와는 다른 청소년기에 그들만이 가질 수 있는 능동적이고 창의적인 것이다.

　　청소년문화는 청소년이 서로 공감대를 형성하여 일상생활에서 공유하고 있는 그들의 특정한 가치관과 사고방식, 인간관계방식, 언어, 몸짓, 취향 및 스타일, 여가시간 보내기, 친구관계 등을 말한다. 청소년집단이 공유하는 과정에서 나타나는 결과로 청소년들에 의해서 개발된 의미체계와 표현양식인 것이다.

　　이 장에서는 청소년문화의 개념, 청소년문화의 성격과 관점, 청소년문화의 구성요소, 청소년문화에 대한 시대적 개념과 한국청소년문화의 특징에 대해서 살펴본다.

01 청소년문화의 개념

　문화에 대한 정의가 다양하듯 청소년문화에 대한 정의 또한 다양하다. 청소년문화라는 용어를 처음으로 도입한 학자는 파슨스(Talcott Parsons)이다(조혜영, 2016). 그는 청소년문화를 나이와 성별에 따른 특정 역할에 의해 구조화된 독특한 세계라고 하였다. 그러나 가장 보편적인 차원에서 볼 때, 문화는 우리의 생활양식으로 정의할 수 있다. 청소년문화는 청소년기의 젊은 세대들이 나름의 행동방식과 생활양식을 모태로 하여 형성된 독특한 문화인 것이다. 같은 의미로서, 청소년문화는 "오늘날 청소년들이 살아가는 삶의 총체적인 유형"이라고 할 수 있다. 즉, 청소년문화는 현재 청소년들이 공유하고 있는 생활양식이자 삶의 방식이며, 기성문화와는 다른, 청소년기에 그들만이 가질 수 있는 능동적이고 창의적인 것이다.

　그러나 여기에서의 '오늘날'은 측정할 수 있는 시간으로서의 오늘의 개념이라기보다는 '요즈음' '최근'과 같이 말하는 사람이 주관적으로 규정한 기간이다. 오늘날 청소년들은 기존과는 전혀 다른 문화조건 속에서 그들의 삶을 영위하고 있다. 디지털 네트워크의 변화로 인해 전 세계와 동시적이고 양방향적인 의사소통이 가능한 사회를 선도하고 있고 이를 통해 변화를 이루어 가고 있다. 특히 서로를 지지하고 소통하는 데 온라인 대화체가 하나의 사회적 도구가 되고 온라인 매체가 주요한 플랫폼으로 사용되고 있다(Mason & Ide, 2014). 이러한 통신기술의 발전은 청소년문화의 지형을 바꿔 놓고 있다. 따라서 청소년들이 가진 문화의 특수성과 중요성을 깨닫고 그 문화를 발전시켜 나가는 것이 중요하다.

　법적으로는 '청소년'을 만 9세 이상 만 24세 이하의 연령으로 규정하고 있다. 연령집단이나 생애단계에서 역사적 경험을 공유하는 사람들을 청소년이라고 할 때, 특정 사건에 대해 동일하게 반응하여 동일한 정체성이 체화된 집단으로 "공통된 의미지평(common horizon of meaning)"(오찬호, 2009)을 공유하는 연령층을 청소년이라고 할 수 있다. 그러나 이 연령 집단이 가지고 있는 공통적인 생활양식을 찾아낸다는 것은 현실적으로 불가능할 수도 있다. 왜냐하면 비슷한 연령이라고 하더라도 그들의 사회문화적 배경과 공유된 시대경험 및 하위범주가 다양하게 존재하며 개별적인 주체의 행위나 특징이 다르게 나타날 수 있기 때문이다. "사회가 자신의 정체성을 만들어 내고 유지하는 전반적인 실천 중 하나"(서동진, 2000)로 청소년을 정의한다면 청소년문화 역시 한 사회의 정체성을 드러내는 방식으로 규정될 수 있다. 따라서 청소년 또한 주관적인 판단에 따라서 자신의 정체성을 드러내는 방식을 선택할 수밖에 없을 것이다.

청소년들이 가지는 '총체적인 유형'을 정의하는 것 또한 쉽지 않다. 그러나 한 집단 구성원이 가지는 삶의 유형은 행동양식, 가치관과 사고방식, 인간관계의 방식과 언어, 몸짓, 취향과 스타일 등으로 나타난다. 따라서 청소년들의 행동이나 의상, 언어 등으로 나타나는 외부적인 표현양식뿐만 아니라 이념이나 가치관, 인간관계 등 내적인 측면에서의 청소년들에게 나타난 특징을 이해하고 발전시키는 것이 필요하다. 이렇게 볼 때 청소년문화란 청소년이 서로가 공감대를 형성하여 일상생활에서 공유하고 있는 그들의 특정한 가치관과 사고방식, 인간관계방식, 언어, 몸짓, 취향과 스타일, 여가시간 보내기, 친구관계 등을 말한다. 따라서 청소년집단이 공유하는 과정에서 나타나는 결과로 청소년들에 의해서 개발된 의미체계와 표현양식이다.

따라서 청소년문화는 그 자체로도 매우 중요한 의미를 갖는다. 청소년문화를 통하여 자기들만의 독자적인 생활과 세계를 체험하게 되고, 이를 통해 자신이 누구인지를 발견할 수 있다. 그리고 자신이 가진 생각이나 잠재능력을 자유롭게 표현하는 가운데 스스로 문화를 창조할 수도 있다. 즉, 청소년문화는 청소년 자신을 바람직한 삶의 방향으로 유도할 뿐만 아니라 성인주도의 문화에 새로운 자극을 주며 그 사회가 앞으로 지향해야 할 방향에 가장 민감한 반응을 보인다는 점에서 그 중요성이 대단히 크다고 할 수 있다(권이종 · 김천기 · 이상오, 2010).

특히, 최근 들어 청소년들은 디지털문화를 기반으로 하여 새로운 문화를 주도하고 있다. 따라서 향후 청소년문화에 지속적인 관심을 가짐과 동시에 창조적이고 사회변화를 이끌어 내는 측면에서 청소년을 변화의 주체로서 해석할 필요가 있다.

02 청소년문화의 성격과 관점

청소년문화는 청소년이라는 특정 인구집단과 세대가 향유하는 행동방식 및 가치관 그리고 생활양식 모두를 일컫는다. 그러나 이러한 정의는 이론적 측면에서의 시각에 머물러 있어 실제로는 청소년문화에 대한 독립적인 해석보다는 성인세대에 종속되어 있거나 보호와 육성의 대상으로 파악하고 있다. 그러나 현재는 이전과 달리 청소년에 의해 새로운 문화가 형성되기도 하고 청소년들이 그 문화를 주도하기도 한다. 따라서 청소년문화를 새로운 사회변화를 유도하는 현실 사회의 문제에 대한 대안을 만들어 내는 대안문화라는 입장에서 바라보기도 한다.

청소년문화를 이해하기 위해서는 청소년문화의 관점을 이해하는 다양한 노력이 이루어져야 하며 사회발전을 위해 청소년문화를 다양하고 대안적인 활력소로 받아들이는 시각을 정립하는 것이 필요하다. 이러한 측면에서 청소년문화는 미숙한 문화, 비행문화, 하위문화, 대항(반)문화, 새로운 문화 등으로 성격이 규정되어 왔다(박진규, 2002). 청소년문화에 대한 시각과 성격 그리고 바라보는 관점을 살펴보면 다음과 같다.

1) 청소년문화는 미숙한 문화이다

전통적으로 청소년문화는 미숙한 문화로 여겨졌다. 이러한 입장은 청소년문화를 성인의 시각에서 바라보며 과도기나 준비의 단계로 문화를 해석하는 입장이다. 이미 고대부터 모든 시대의 성인들이 젊은이들에 대한 생활양식을 걱정하고 개탄하듯 시대적으로 청소년이 모자라고 미숙한 존재라는 시각을 가지고 있다.

이러한 관점은 성인기를 완성된 시기로 규정하여 청소년기는 아직 성숙되지 못한 시기라는 입장을 견지한다. 따라서 이들이 가진 문화는 사회적 성숙을 이루지 못한 청소년들의 공유된 생활양식이므로 미성숙한 문화로 바라본다. 이를 반영하듯 우리나라의 1990년대와 2000년대 초반의 청소년 연구들에서도 청소년문화를 미숙한 문화로 바라보고 있다.

2) 청소년문화는 비행문화, 일탈문화이다

계급 및 계층적 갈등과 대립 구조 속에서 일정 정도 신마르크스주의에 경도된 이 관점은 시기적으로 1960년대 들어와 사회학자들이 청소년비행에 관심을 가지면서 청소년문화를 비행문화의 관점에서 접근하고 분석하기 시작했다(최윤진, 1998).

이러한 시각은 청소년들을 규범에서 벗어난 일탈적 시각으로 바라본다. 청소년들은 공부나 일보다는 놀기를 좋아하고 어른 몰래 나쁜 짓하기를 즐긴다는 것이다(정재민, 2007). 또한 사회적 규범을 깨뜨리며 규범적 질서에 따르지 않아 심각한 문제의 시각으로 바라보기도 한다. 이러한 입장은 청소년들은 성인의 감독하에 있어야 한다고 믿으며 가출, 청소년폭력, 유해환경, 학업중도탈락, 이성교제, 약물, 성범죄, 성매매 등 청소년문제 현상들을 다루는 주요한 관점이다.

3) 청소년문화는 하위문화이다

하위문화란 사회 전체의 지배적인 주류문화 중 하나의 부분을 이루는 문화라는 사회를 이루는 단위적 요소들, 이를테면 계급, 성, 세대 등으로 구분되는 커다란 범주에 속하면서 각기 다른 속성에 의해 구별되는 다양한 소집단의 독특한 정체성을 반영한다. 하위문화는 지배문화, 전체문화의 범주에 속하기에 속성상 지배문화, 전체문화의 속성으로부터 자유롭다고는 할 수 없지만, 그러나 다양한 집단이 각기 다른 방식으로 문화를 수용하고 해석·실천함으로써 하위문화 간에는 서로 이질적이고 독특한 특징을 가진 문화 형태와 내용들을 창출한다. 따라서 전체집단에 대한 하위집단의 욕구(demands)와 요구(needs)가 반영된다(김민, 2010). 주류문화와는 차별성을 보이며 청소년들이 표출하는 독특한 행위나 표현양상으로 대변된다. 이러한 연구들은 대중음악(엄소희, 1995), 패션(이주연·이수인, 2000), 비보잉(민현주, 2011), 엽기문화(정철상, 2008)를 다룬 연구가 있으며, 이 외에도 다문화 가정과 청소년이나 북한이탈 청소년들의 생활과 문화를 살펴보는 연구들이 있다.

4) 청소년문화는 저항문화, 대항문화이다

청소년들은 기성세대와 다른 문화적 경험을 해 왔고, 다른 가치관과 역사관을 가지고 있어서 쉽게 기성세대의 문화를 수용하지 못하고 자신들의 문화를 대안으로 내세우면서 개혁과 변화를 요구한다. 기성세대의 문화가 주류문화라고 한다면 청소년 대항문화는 기성세대의 문화를 거부하고 다른 삶의 방식을 추구한다는 것을 보여 주는 것이다.

대항문화란 용어는 1969년 미국 캘리포니아 대학교 역사학 교수 테오도르 로스자크(Theodore Roszak)가 『대항문화 만들기(The making of a Counter Culture)』라는 저서에서 처음 사용하였다. 새로운 사회, 정치, 교육, 문화와 인간관계의 변화에 주목하면서 거대한 기계의 부속품으로 전락하는 획일적인 인간성을 거부하고 비인간적인 현대문명의 위기에 맞서 꿈, 환상, 에토스, 유토피아 등을 시대정신으로 간주하여 광범위한 사회운동의 대안으로서 대항문화를 제시하였다(이영란 · 김민, 2017; Roszak, 1969). 이 입장의 기본적인 논거는 어느 시대 어느 사회의 청소년이든 이들은 기성세대의 문화를 일단 거부하고 자신들의 세대문화를 형성하고 독점적으로 공유하려는 성향을 갖고 있다는 것이다. 이러한 경향이 집단적으로 그리고 사회적으로 뚜렷하게 표출되는 것을 대항문화라고 말한다(김민, 2010). 이것은 고유의 다름을 내세우면서 직접적인 참여와 발전을 통해서 변화를 꾀하는 것이다. 이러한 성향이 가장 뚜렷하게 표출되었던 것이 1960년대 세계를 휩쓴 '젊은이들의 돌풍'이었다. 그들은 기존의 사회체제와 그것을 유지시키는 이념과 가치관을 전면적으로 부정함으로써 부모세대의 모든 것을 송두리째 무너뜨리려고 했다. 이것은 기성문화에 대한 대항과 반대의 표현방식으로 나타난 것이다(정재민, 2007).

5) 청소년문화는 다양하고 새로운 문화, 대안문화이다

다양하고 새로운 청소년문화는 미숙한 문화, 비행문화, 하위문화, 대항문화(반문화)적 성격을 부분적으로 함축하면서도 한 걸음 더 나아가 통합적이며 공통적 면모로서의 새로운 삶의 양식과 이미지 및 문화적 의미의 창출을 통해 새로운 청소년문화를 조성하는 것이다(최윤진, 1999). 이를 청소년 대안문화라고 부르기도 한다. 대안문화는 대안(代案)적인 문화이다. 다양한 사회, 문화, 정치의 흐름 속에서 기존의 것을 대신할 수 있는 다른 안(案)을 제시하는 대안의 의미로 상업적이거나 세속적인 목적과는 다른 독립적인 사회문화현상을 말한다(이영란 · 김민, 2017).

청소년 대안문화는 정보사회 편입 과정 중 사회참여문화라는 차원에서 청소년들의 문화적 역량에 주목한다. 따라서 대항문화와는 달리 주류문화와 반드시 갈등관계에 있는 것은 아니다. 반면 사회의 변화에 따른 청소년들의 문화적 변화에 주목하고 지역, 환경, 공동체, 국가 차원의 문제에 이르는 다양한 현안에 대한 해결책을 공동으로 모색하는 경향성을 가진다.

문화는 사회와 인간을 반영한다. 사회의 영속성을 위해서 존재하는 문화는 사회 내에서 세대와 세대 사이에 전승되어 가고 있다. 그러나 현재는 기존 사회와의 연속성이 강하다기보다는 전혀 다른 패러다임으로 규정되어 현격하게 빠르고 폭넓으며 다르고 새롭다. 즉, 문화적 다양성의 입장에서 볼 때 청소년문화는 청소년들이 각 영역에서 만들고 이루는 삶, 그 자체가 모여 청소년문화를 만들어 낸다는 것이다. 2000년 이후에 등장하는 글로벌 시민문화, 인권, 환경, 반전반핵, 독립예술, 지역문화운동 등이 대안문화의 한 형태라고 할 수 있다.

03 청소년문화의 구성요소

문화는 많은 요소로 구성된다. 이러한 구성요소 중 가장 중요하게 꼽히는 것은 가치, 규범, 상징, 언어, 이데올로기 등이다.

1) 가치

가치(value)란 옳고 그름, 선과 악, 바람직한가 혹은 바람직하지 않은가의 문제에 대해 보통 사람이 가지고 있는 평가 기준이나 신념체계 그리고 행동을 지배하는 중요한 감정의 체계를 말한다. 사회에는 그 구성원 사이에 공유된 가치가 있다. 그것은 인간의 행동과 사고의 방향성을 잡아 줄 수 있는 보이지 않는 체계이다. 따라서 사회집단과 각 영역에 따라 어떤 가치관을 갖고 있는가를 측정하기란 매우 어려운 일이지만, 학자들은 문화에 대한 가치구조를 이론화하고 있다.

2) 규범

규범은 선, 악, 미, 추, 진, 위, 유용, 무용 등에 대해 가치평가를 할 경우, 규준(척도)으로 삼는 것을 말한다. 규범은 팀 구성원에게 수용되고 기대되는 행동방식이나 규칙을 말하며 팀 구성원들이 목표를 달성하는 데 필수적이라고 생각하는 행동들을 정의할 수 있도록 한다. 즉, 규범에 따라 사람들은 특정한 상황에서 해야 할 일, 또는 해서는 안 될 일이 무엇인지에 대한 기준을 안내받고 상대방이 나의 말과 행동에 대해서 어떻게 반응할 것인지를 예측할 수도 있다.

따라서 규범은 사회성을 가진다. 가치가 추상적인 수준에서 행동의 방향을 설정해 준다면 규범은 구체적인 지침을 제공해 준다. 또한 가치에는 벌칙이 따르지 않는 반면, 규범을 위반할 때는 일정한 사회적 제제가 가해진다(박진규, 2015).

3) 상징

어원적으로 상징(symbols)이란 '짝을 맞추다'라는 뜻을 가진 희랍어 동사 'Symballein'에서 유래한 것이다. 이는 표상(表象), 증표(證票), 신표(信標) 등의 의미를 지니는 것으로, 본래 헤어지기 전에 두 사람이 상호 맹세의 표시로 동전을 나누어 가지고 떠나 훗날 다시 만날 때 그 짝을 맞추어 봄으로써 결합과 신임의 증표로 삼았던 데에서 유래한다(송연호, 2008). 따라서 상징이란 본래의 것, 그 자체를 드러내기 위해 결합된 어떤 것으로, 무엇을 나타내는 대상물이나 몸짓, 소리, 색깔 또는 디자인을 말하는 것이다. 문화에서의 상징은 각 집단이나 동시대를 살아가는 사람들의 유형, 무형의 요소로 정체성을 표현한다.

청소년이 즐겨 입는 의상, 그들 사이에 상호작용하며 의사소통 수단으로 사용하는 언어, 몸짓이나 댄스 등이 문화의 상징적 표시에 속한다.

4) 언어

언어란 다양하게 정의되어 있다. 언어는 사람들의 머릿속에 있는 생각을 다른 사람에게 나타내는 체계, 사물, 행동, 생각이다. 그리고 상태는 나타내는 체계, 사람들이 가지고 있는 생각을 다른 사람에게 전달하는 데 사용하는 방법이나 언어 공동체 내에서 이해할 수 있는 말의 집합 등으로 정의한다.

상징으로서의 언어는 단순한 의사소통 이상의 기능을 수행한다. 비록 언어가 인간 사회의 산물이기는 하지만 일단 하나의 언어체계로 정형화되면 이는 사회 구성원의 생각과 행동에 영향을 미치는 관념화 기능을 수행한다. 즉, 언어를 통해서 개인의 욕구에 필요한 다양한 환경요소를 서로 결합시킬 수 있다. 사회 구성원이 어떤 언어를 사용하느냐에 따라서 대상 세계를 인식하는 방법과 이를 해석하는 관점도 달라진다(박진규, 2015). 청소년들이 처한 삶의 조건 속에서 형성하며 공유하는 언어문화는 은어, 유행어, 인터넷 신조어, 새로운 표기법 등으로 그들 안에 내재하는 인식을 반영한다고 볼 수 있다.

5) 이데올로기

이데올로기란 인간의 사고 특성의 일반적 태도, 특히 사회를 구성하는 특정 조직인의 구체적인 체계를 지원하는 이념이나 가치를 말한다(박진규, 2015). 이데올로기는 역사적으로 긍정적 또는 부정적으로 사용되었다. 긍정적 의미로는 여러 가지 관념, 사상, 종교의 사고를 합리적으로 탐구하고 분석하는 작업으로 사용되었으며, 부정적으로는 비현실적이며 현실을 왜곡하는 일종의 허위의식으로 사용되었다. 그러나 신념체계로서의 이데올로기는 문화의 근본문제에 대한 방향 지시적 역할을 담당한다. 자본주의 혹은 사회주의에 대한 확고한 신념체계, 현세주의 혹은 내세주의에 대한 신념 체계 등은 우리의 일상생활에서 행동의 준거가 되는 중요한 이데올로기이다. 청소년들은 현 사회상과 지배 이데올로기에 대한 사회적 구성체로서의 이념이나 가치 등을 통해 자신들을 표현하고 있다.

04 청소년문화에 대한 시대적 개념

문화는 시대상을 반영한다. 따라서 청소년문화도 시대에 따라 사회적 상황에 맞게 그 상징적 개념이 변화되었다.

1980년대부터 청소년들은 한국 대중문화 시장의 새로운 소비자 집단으로 등장한다. 상대적으로 소득이 높아진 대도시 중심의 중산층 형성은 청소년들을 소비력을 갖춘 소비계층으로 급부상시킨다. 이후 1990년대부터 청소년을 대표하는 다양한 키워드가 등장하기 시작했다. 이는 신세대, N 세대, X 세대, P 세대, PDG 세대, M 세대, 보보스, V 세대, G 세대 등이다.

1) 신세대

1980년대 이후 사회문화적 변화 가운데 성장하면서 새로운 감정과 감각을 지닌 세대를 신세대로 불렀다. 신세대는 지루한 건 못 참고 동시에 여러 감각을 사용하고 일을 할 수 있는 능력을 가진 세대였다. 이문세의 〈별이 빛나는 밤에〉를 들으면서 영어 단어를 외우고 시험공부를 하는 것이 그 대표적인 예이다. 이들의 문화가 관심의 대상으로 떠오른 것은 그들의 감성과 문화적 감각이 기성세대의 문화와는 큰 차이를 보여 주고 있고 그것이 가장 중요한 변수로 작용했기 때문이다.

2) N 세대

1990년대 중반 이후부터는 정보통신의 혁명이 시작되었다. PC통신이라는 것이 일상화되면서 컴퓨터가 가정의 필수품으로 자리 잡았다. 이러한 시대적 변화와 함께 나타난 세대가 N 세대(Net Generation)이다. 돈 탭스콧(Don Tapscott)은 1997년 그의 저서에서 N 세대를 디지털 기술, 특히 인터넷을 아무런 불편 없이 자유자재로 활용하면서 인터넷이 구성하는 가상공간을 생활의 중요한 무대로 자연스럽게 인식하는 디지털적인 삶을 영위하는 세대라고 하였다. 인터넷 생활이 보편화되면서 양방향적인 소통이 등장하게 되었다. 주위의 모든 공간은 컴퓨터가 설치되어 있고 인터넷을 일상생활에서 활용하게 되었다. N 세대는 TV가 문화의 중심이던 시대를 넘어서 컴퓨터와 이메일(e-mail)이 더 익숙한 세대이다. 단순한 관람자나 청취자이기보다는 적극적 이용자가 되기를 선호한다. 이들은 강한 독립심을 바탕으로 자율성, 능동성, 감정개방, 자기주장을 통해 자기개발과 혁신을 추구하고, 다양성에 대해 수용하는 자세를 가진다. 이러한 N 세대는 Network(네트워크), InNovation(자기변신), No-say(분명한 자기주장), ENjoy(낙천성) 등으로 특징짓는다.

이러한 가운데 인터넷에 익숙하지 않은 기성세대는 문화전계(enculturation)의 현상을 경험한다. 이 시기부터 세대 간의 문화적 간극이 나타나게 된다. 그리고 이때부터 국경의 의미는 사라지고 부모보다 더 똑똑한 신인류가 도래하게 되었다.

3) X세대, W세대

2000년대의 청소년 세대는 세대별 특징이 매우 짧게 나타나는 특징이 있다. 2000년대 문민정부의 시대를 맞아 정치적·경제적으로 풍요로운 시기에 성장한 세대를 일컫는다. 이 중 X세대는 뜻대로 행동하고 그래서 어디로 튈지 모르는 럭비공 같은 세대로 불렸다. X세대의 용어는 캐나다 작가 더글러스 커플랜드(Douglas Coupland)의 소설에서 유래되었는데 '이해하기 힘들다'는 의미를 가지고 있다. 구속이나 관념의 틀에서 얽매이지 않고 자유롭게 생각하고 뜻대로 행동하는 세대이다. 자기중심적이고 소비에 민감하며 컴퓨터와 인터넷 사용이 가능한 세대를 대표한다.

이어서 W 세대, P 세대, M 세대, PDS 세대까지 청소년의 다양한 문화적 특성을 보인다. 2002년 월드컵을 계기로 사회에 대한 적극적인 참여와 공동체 의식이 극대화되었다. '붉은 악마' '촛불시위' 등으로 이 시대의 청소년들을 월드컵의 W를 사용하여 W 세대로 호칭하였다.

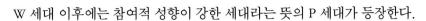

4) P 세대, PDG 세대: 디지털 세대, 포스트디지털 세대

W 세대 이후에는 참여적 성향이 강한 세대라는 뜻의 P 세대가 등장한다.

P 세대의 키워드는 참여(Participation)와 열정(Passion)에 있고 이 두 키워드는 P 세대를 '패러다임을 변화시키는 세대(Paradigm-shifter)'로 명명하게 되었다(제일기획 마케팅 보고서, 2003). P 세대의 보고서에 따르면, P 세대는 다섯 가지의 핵심적인 특징(CHIEF)을 갖고 있는 것으로 나타났다. 첫째, 도전(Challenge), 즉 고정관념을 거부하고 새로움과 변화를 추구하는 자유로운 사고방식을 가지고 있다. 둘째, 관계(Human network)이다. 자신이 갖고 있는 정보를 공유, 전파하는 것을 즐거워하고 같은 의식과 취미를 갖고 있는 집단끼리 뭉치기를 좋아하며 인간관계를 중시한다. 셋째, 개인(Individual)이다. 싫고 좋음에 대한 자신의 의견을 솔직하게 표현하는 세대로 사회발전을 위해서는 다양한 의견이 존재해야 한다고 믿는 등 개성과 다양성을 존중하는 세대이다. 넷째, 경험(Experience)이다. 한 분야의 전문가가 되는 것보다 다양한 분야를 경험하기를 원하고, 상품을 구입할 경우에도 본인이 직접 확인한 후 구매하는 등 직접적인 경험과 체험을 중시한다. 마지막으로, 감성(Fun/Feel)이다. 무슨 일이든지 재미와 즐거움을 추구하고 행동 자체에 엔터테인먼트 요소가 많이 가미되어 있다. 즉, 느낌과 감성을 중시하고 선과 악보다는 호(好), 불호(不好)를 더 선호하는 세대이다.

2005년에는 PDG 세대(Post Digital Generation)가 처음으로 호명된다. 제일기획의 보고서에 따르면, 13세 이상 24세 이하의 청소년을 PDG 세대로 정의하고 무의식적 디지털 환경과 문화 속에서 성장하고 디지털 기기와 매체를 활용하여 감정과 욕구를 적극적으로 표출하는 특징을 가진 세대라고 표현한다. 이 세대는 디지털의 차가운 환경에서 자랐지만 앞선 디지털 세대와는 달리 기기는 빠른 속도로 발전하고 있으나 인간적이고 아날로그적인 감성을 잃지 않으면서 주체적이고 낙천적인 성격을 가졌다. 이 세대의 핵심 키워드는 'HEARTS'이다. 인간관계를 위한 디지털(Human relationship), 표현하기 위한 디지털(Expressionism), 시각적(Anti-literality), 낙천적(Relaxed mind-set) 삶의 양식, 트렌드의 주체적 수용태도(Trend-independence), 즉시성(Speed)이 PDG를 읽는 핵심 코드이다.

04 청소년문화에 대한 시대적 개념

5) M 세대

2006년에는 M 세대에 대한 논의가 진행된다. 인터넷과 휴대폰에 몰입하는 M 세대의 시간전략은 '멀티태스킹(multi-tasking)'이다. 음악을 틀어놓고 인터넷 서핑도 하면서 친구와 휴대폰 통화도 거뜬히 해낸다. 미국의 시사주간지 『Times』는 멀티태스킹에 중독된 M 세대의 등장을 기사로 싣기도 하였다.

또 다른 의미로는 모바일세대(Mobile Generation)이라는 뜻으로 쓰이기도 하고 밀레니엄세대(Millennium Generation)라고 사용하기도 한다. 휴대전화를 다양한 용도로 사용하며 '나 자신'을 중시하고 '나 홀로'를 좋아하는 세대이다. 맞춤형 콘텐츠를 좋아하고 기다리는 것을 싫어하며 빠르고 쉽고 편리한 것을 추구하기도 한다. M 세대는 모바일(mobile)과 네티즌(netizen)의 합성어로 모티즌이라고 불리기도 하는데 휴대폰을 이용해 무선 인터넷을 하며 모바일 라이프를 영위하는 사람들을 뜻한다. 이러한 M 세대의 특징은 청소년층에서부터 시작하였으나 현재에는 다양한 연령층으로 빠르게 분산되고 있다.

6) 보보스 세대

최근에는 청소년을 보보스(Bourgeois Bohermian: BOBOS) 세대로 일컫기도 한다. 보보스는 2000년에 미국의 저널리스트인 데이빗 브룩스(David Brooks)가 『보보스(Bobos in Paradise)』란 책을 통해서 처음 규정한 개념으로, 부르주아(Bourgeois)의 경제적 기반에 보헤미안(Bohemian)적 사고방식을 가진 인간을 말한다. 보보스는 옷차림으로는 정장을 즐겨 입고 기업을 스스로 차리기보다는 대기업에서 샐러리맨으로 안정적인 자리를 유지하면서도, 처신과 관계가 자유분방한 예술가 유형의 지식인 집단을 일컫는다. 이들은 절대로 낭비나 사치는 하지 않지만 취미생활을 즐기거나 생활에 필요하다고 판단되면 아무리 비싸도 구매하는 성향이 있다. 이러한 보보스는 현재는 10대에서부터 40대까지 전 연령층에 넓게 나타나는 특징을 보인다.

7) V 세대, G 세대

V세대는 용감하고(Valiant), 다양하며(Various), 생기발랄(Vivid)한 2010년대 젊은 이들을 일컫는다. 이들은 개성이 있고 자신감이 강하며 한국경제의 도약기를 거치면서 경제적으로 풍요로운 유년기를 향유하였고, 디지털 기기에 능하며 글로벌 환경에도 잘 적응하는 세대를 말한다. 이어서 그린(Green)과 글로벌(Global)을 대표하는 세대로 건강하고 적극적이며 지구화된 젊은 세대를 말하는 G 세대도 등장하였다. 이들은 환경운동, 반핵평화포럼 등에서 활동하며 주장을 당당하고 적극적으로 하며 긍정적인 젊은이의 건강한 세계관을 보여 주는 세대이다.

05 한국청소년문화의 특징

1) '개인'과 '지금-여기'를 중심으로 문화를 주도하는 성향

사회변화에 따라 사회중심이나 공동체적 가치관이 약화되면서 청소년문화도 기존의 집단중심적 사고성향이나 혹은 사회중심적 가치관을 지향하기보다는 오히려 자기중심적인 사고를 확장하고 있다. 반면 개인의 발전과 자아실현을 위해서 끊임없이 노력하기도 한다. 그리고 사회적 지위나 목적, 미래지향적 가치관, 생활양식을 추구하여 현재를 유보하는 근검절약, 인내, 성실의 가치보다는 지금-여기의 삶과 즐거움을 추구하고 있다. 따라서 미래를 위해 현재의 삶을 유보하는 것이 아니라 지금의 삶에 관심을 가진다.

문화에서도 이러한 현상은 오롯이 드러난다. 청소년문화는 개인 창조자들에 의해서 스스로 콘텐츠가 생성되고 블로그나 유튜브 등에서 1인 미디어 시대를 개척하고 있다. 인터넷이 급속도로 발달하면서 그간 문화소비자와 문화생산자의 구분이 사라지고 청소년 1인이 가진 역할이 매우 중요해지고 있다. 특히 청소년들은 자신들의 눈높이로 만들어 낸 다양한 1인 채널을 구독하고 그들을 모방한다. 이를 통해서 청소년의 직업관, 가치관, 인생관 등을 살펴볼 수 있다.

이제는 청소년이 더 이상 문화소비자가 아닌 문화생산자로서 또는 생산자이자 소비자로서의 역할을 하는 프로슈머(prosumer)로서의 역할과 기능을 수행하고 있음을 보여 준다. 이를 그동안 구별되거나 소외되었던 개개인이 사회적 객체에서 능동적 주체로 변화되고 있음을 보여 주는 청신호로 생각할 수 있다. 그러나 한편으로는 이러한 문화로 인해 건강한 자기결정권이 도태되고 무분별한 정보를 무비판적으로 받아들이는 부작용도 있다.

2) 영상세대: 문화적 생비자로서의 청소년문화

청소년은 영상 및 매체와 뗄 수 없는 환경에서 살고 있다. 이러한 환경은 청소년을 주 소비자에서 자신들만의 코드와 상징으로 문화를 생산하는 프로슈머로 변화시킨다.

인터넷 환경 속에서 자연스럽게 성장하였고, 영상매체로부터 문화적 세례를 받은 청소년들은 기존의 활자세대인 기성세대와는 다른 특징을 보인다. 심각하거나 따분한 것을 싫어하고, 재미있고, 즉각적이며, 감성적인 반응을 추구한다. 활자세대가 갖는 논리적이고 서사적인 과정은 생략된 채, 즉각적이고 분절적이며 파편적이다(김민, 2010). 또 다른 측면으로는 일방적이며, 수동적이고, 획일적인 수용자로서가 아닌 생산자이자 소비자로서의 역할을 한다. 청소년은 문화생산에 필요한 도구를 갖추고 있고 그 문화를 함께 공유하며 전파시킬 충분한 영향력을 행사하고 있다. 그리고 생산된 문화를 통해 사회정치적 의식을 가진 적극적 사회참여자로서 문화를 생산한다.

3) 문화형성을 위한 자율권 부여와 여건 조성 미흡

루스 베네딕트(Ruth Benedict, 1934)는 문화는 다양성과 통합성을 가지고 있다고 설명하고 있다. 다양성의 관점에서는 문화란 그 사회와 시대의 반영이자, 사회 구성원의 의식과 행동을 반영하고 있기 때문에 각자 다른 색채(色彩)와 색감(色感)을 지니고 있다고 본다. 문화란 인간의 연령대, 자연환경, 인간의 활동 등 다양한 관심사들로 이루어진 커다란 스펙트럼을 갖고 있다. 통합성의 관점에서 볼 때, 사회와 개인은 적대적인 관계가 아니라 상호 의존적이므로 문화도 사회와 개인을 분리해서 설명할 수 없다(강영배, 2018). 이는 사회 구성원 각자가 스스로 가지고 있는 문화를 존중할 필요가 있음을 시사한다. 그러나 우리는 청소년들의 문화를 기성세대의 문화와 구별 지어 미숙하고 문제가 있으며 하위문화적인 시각으로 바라보기도 한다.

그러나 현재 문화에 대한 시각은 탈중심, 탈절대, 탈경계의 관점을 가지고 있고 상호 보완적인 관점에서 그 자율성을 부여할 필요가 있다. 그리고 현재는 청소년들에 의해 새로운 문화가 만들어지고 그 문화가 사회를 주도하기도 한다. 따라서 문화역동(animation culture)의 시대를 살아가는 우리 모두에게 청소년문화를 이해하고자 하는 노력과, 이러한 문화를 만들어 가는 청소년들에게 자율성을 부여하고 이에 대한 여건을 조성해 줄 필요가 있다.

청소년은 인내심이 부족하고, 즉각적이며, 공동체 의식이 결여되어 있고, 개인주의화되고 있다는 비판이 제기되기도 한다. 그러나 풍부한 감수성과 창의성, 독립성과 탄력적 사고, 사회참여와 변화를 만들어 내고 있다는 시각도 있다.

또한 하위문화의 한 부분으로 청소년문화를 한정짓기에는 사회적으로 청소년의 문화적 영향력이 매우 커졌다. 우리가 견지해야 할 청소년문화에 대한 접근은 문제의 시각이 아닌 문제에 대처하는 대안문화적 시각과 편의성을 표현하는 수단으로서의 문화, 그리고 총체적 협력 과정을 통해서 사회변화를 시도하는 문화로서 청소년문화를 바라보는 시각이다.

요약

1. 청소년문화란 청소년이 서로가 공감대를 형성하여 일상생활에서 공유하고 있는 그들의 특정한 가치관과 사고방식, 인간관계 방식, 언어, 몸짓, 취향과 스타일, 여가시간 보내기, 친구관계 등을 말한다. 그리고 청소년집단이 공유하는 과정에서 나타나는 결과로 청소년들에 의해서 개발된 의미체계와 표현양식이다.

2. 청소년문화를 이해하기 위해서는 청소년문화의 성격과 관점을 이해하는 것이 필요하다.

3. 청소년문화는 미숙한 문화, 비행문화, 하위문화, 대항(반)문화, 새로운 문화 등의 성격으로 규정되어 왔다.

4. 청소년문화의 구성요소는 가치, 규범, 상징, 언어, 이데올로기이다.

5. 문화는 시대상을 반영한다. 따라서 청소년문화도 시대에 따라 사회적 상황에 맞게 그 상징적 개념이 변화되었다.

6. 1990년대부터 청소년을 대표하는 다양한 키워드가 등장하기 시작했으며 신세대, N 세대, X 세대, P 세대, PDG 세대, M 세대, 보보스, V 세대, G 세대 등으로 청소년을 개념화하고 있다.

7. 한국청소년문화의 특징은 개인과 지금–여기를 중심으로 문화를 주도하는 성향, 영상세대 문화적 프로슈머로서의 청소년 문화, 문화형성을 위한 자율권 부여와 여건 조성 미흡 등으로 볼 수 있다. 또한 풍부한 감수성과 창의성, 독립성과 탄력적 사고, 사회참여와 변화를 만들어 내는 측면도 있다.

8. 우리는 문제의 시각이 아닌 문제에 대처하는 대안 문화적 시각과 편의성을 표현하는 수단으로서의 문화, 그리고 총체적 협력 과정을 통해서 사회변화를 시도하는 문화로서 청소년문화를 문화를 바라볼 필요가 있다.

강영배(2018). 급식체를 통해 본 청소년의 언어문화. 청소년문화포럼, 53, 201-206.

권이종 · 김천기 · 이상오(2010). 청소년문화론. 경기: 공동체.

김민(2010). 청소년문화. 경기: 양서원.

노용오(2005). 청소년문화. 서울: 구상.

민현주(2011). 청소년 하위문화로서 비보잉의 세계지역화와 무용문화의 방향 및 과제(2). 대한무용학회논문집, 67, 127-142.

박진규(2002). 청소년문화. 서울: 학지사.

박진규(2015). 청소년문화. 서울: 학지사.

서동진(2000). 낯익은 다름으로부터 낯선 다름으로: 청소년을 읽는 새로운 언어를 찾아서. 당대비평, 10, 350-363.

송연호(2008). 지역적 특성에 따른 상징조형물의 접근과 해석: 지역이미지를 나타내는 유형적, 무형적 상징조형물을 중심으로. 한국일러스트레이션학회, 16, 51-62.

엄소희(1995). 청소년 하위문화에 나타난 대중음식과 복식에 대한 연구. 한국복식학회, 26, 101-121.

오찬호(2009). 공포에 대한 동년배 세대의 상이한 반응: 2008년 촛불시위에서 20대를 이해하는 몇 가지 가설. 한국청소년연구, 20(2), 357-381.

이주연 · 이수인(2000). 한국 청소년 하위문화에 나타난 TV스타패션에 관한 연구: 1990-1999년 헤어스타일을 중심으로. 한국미용학회지, 6(3), 769-784.

이영란 · 김민(2017). 유럽 청소년 · 청년 대항문화와 대안문화의 기원과 전개양상에 관한 연구. 청소년문화포럼, 53, 93-119.

정재민(2007). 청소년 문화의 새로운 이해. 청소년문화포럼, 15, 114-133.

정철상(2008). 청소년의 엽기문화 연구. 청소년학연구, 15(2), 121-145.

제일기획 마케팅 보고서 (2003). P세대 보고서: 대한민국 변화의 태풍-그들을 말한다. Cheil Communication, 6월호.

조혜영(2016). 청소년문화연구 동향 분석과 발전과제. 청소년문화포럼 47, 109-142.

최윤진(1998). 청소년문화연구의 동향과 과제. 청소년학연구, 5(2), 63-80.

최윤진(1999). 청소년문화. 한국청소년학회 편. 청소년학총론. 경기: 양서원.

Don Tapscott (1999). N 세대의 무서운 아이들(*Growing up Digital: The Rise of the Net generation*). (유영만 · 허윤나 역). 물푸레. (원저는 1997년에 출판).

Mason, D. M., & Ide, B. (2014). Adapting qualitative research strategies to technology savvy adolescents. *Nurse researcher*, *21*(5), 40-45.

Roszak, T. (1969). *The Making of Counter Culture Reflection on the Technocratic Society and its Youthful Opposition*. New York: Anchor Books.

Ruth Benedict (2008). 문화의 패턴(*Patterns of Culture*). (이종인 역). 경기: 연암서가. 2008. (원저는 1934년에 출판).

제3장

문화이론

당신이 하나의 방에 들어갔다. 그곳에는 흰색의 다양한 물건과 가구가 놓여 있다. 문득 당신은 그곳을 온통 노란색으로 바꿔 보고 싶다는 생각이 들었다. 가구와 벽지를 비롯해 즐비하게 놓인 여러 물건도 노란색으로 바꿔 보고 싶었다. 당신이 단 하나의 행동을 취했을 때 순식간에 모든 것이 노란색으로 바뀌었다. 당신이 했던 단 하나의 행동은, 바로 노란색 렌즈로 만들어진 안경을 쓴 것뿐이다. 그런데 순식간에 가구, 벽지 등 모든 것이 노란색으로 바뀌어 있었다.

동일한 상황 및 현상을 두고 그것을 어떠한 렌즈, 즉 어떠한 시각으로 바라보느냐에 따라 문제 인식, 해결과정, 이에 대한 평가까지도 모두 달라진다. 마찬가지로 동일한 청소년문화를 보더라도 매우 다양한 시각과 틀이 작동한다.

어떠한 시각을 갖고 있느냐에 따라 청소년문화는 다른 모양으로 이해될 것이다. 그 시각은 학문적 · 이론적 관점을 말한다. 이 장에서는 대표적 시각인 구조 기능론, 갈등론, 체계론, 교환론, 포스트모더니즘을 소개할 것이다. 물론 각각의 이론은 매우 깊고 장황하며, 같은 이론 안에도 여러 학자가 다양한 해석을 하였으므로 그 모든 것을 세세하게 다루기는 어렵다. 그러므로 이 장에서는 각 이론에서 취하는 가장 일반적인 입장을 소개하고자 한다.

당신은 어떠한 렌즈를 사용하게 될 것인가?

01 구조 기능론 시각

구조 기능론의 시각은 언어학에서부터 출발하여 이미 다양한 분야를 설명함에 있어서 사용되는 이론이다. 구조 기능론에서 매우 중요시되는 것 중 하나는 각 문화와 그 문화에서의 현상, 콘텐츠가 어떠한 의미를 표현 및 전달함에 있어서 의미가 이미 구조화되어 있는지에 관한 것이다. 즉, 그 의미가 이미 확정되어 있는지 혹은 그렇지 않은지에 대한 것이다. 구조주의에서는 의미가 확정되어 작용한다는 주장을 한다. 그러나 후기구조주의 또는 포스트모더니즘 이론가들은 의미의 확정은 불가능한 것이라고 역설한다.

1) 구조 기능론 소개

구조 기능론이라고도 하는 기능론은 1960년대까지 사회학계의 지배적 이론으로 통용되었다. 대표적 학자로서는 콩트(Comte), 뒤르켐(Durkheim), 말리노프스키(Malinowski), 레드클리프 브라운(Radcliffe-Brown), 파슨스(Parsons) 등이 있다.

구조 기능론의 기본적 내용은 다음과 같다. 부분과 전체 관계를 강조하는 형태 심리학이 그 근원이었으며, 부분들은 독립적으로 존재하는 것이 아니라 상호 의존적이며 전체로 조직화된다. 그러므로 사회란 상호 관련적이며 상호 의존적인 부분들로 이루어진 하나의 체계이다. 이때 체계란 하나의 전체를 의미하며, 이 전체는 또한 부분들과 상호 관련되어 있다고 가정한다.

각각의 기능이 모여 서로 의존하며 상호작용함으로써 전체 구조를 형성시키고 안정시키는데, 이때 사회의 구성 요소들이 얼마나 각각의 제 기능을 잘 수행하느냐에 따라 사회유지 및 사회발전의 정도가 결정된다. 즉, 사회에는 다양한 하부 구조가 존재한다. 예를 들면 종교, 교육, 정치, 경제, 문화 등 다양한 요소가 사회를 이루고 있다. 이러한 요소들은 서로 영향을 주고받으며 의존하기도 하면서 전체를 유지한다. 이들은 한 가지 이상의 여러 기능을 수행함으로써 결국 전체가 기본 구조를 유지하는 것을 목표로 두고 있다.

2) 구조 기능론 기본적 가정

구조 기능론에서는 다음과 같은 기본적 가정을 갖고 있다.

첫째, 체제 존속을 위하여 부분 체계가 존재한다. 모든 사회에는 체계의 존속을 위하여 수행되어야 하는 기능적 요건이 있다. 이를 수행하기 위해 부분 체계들이 존재하는 것이다.

둘째, 전체로서의 사회는 균형 상태를 유지하는 경향, 즉 동적 균형 상태를 유지하고자 하는 경향이 있다.

셋째, 인간은 수동적 존재이다. 구조 기능론에서는 여러 사회 제도나 기능들이 결국 사회를 유지하기 위한 것이므로 인간 역시 사회의 기능적 요구물이며, 인간은 사회를 유지하고 존속하기 위해 재생산의 기능이 매우 중요하다.

이와 같이 구조 기능론에서는 사회 전체가 매우 중요한 것이며, 하부 체계들의 기능이 잘 수행되면 전체 사회가 안정적으로 유지되므로 각각의 구조는 이를 지향한다.

3) 구조 기능론 적용

구조 기능론적인 시각으로 본다면 사회의 존속과 유지에 있어서 유익한 가치와 규범들을 구성원들에게 전달하여 규범화한다. 이것이 사회화이며, 구성원이 재생산의 기능이나 각 위치에 맞는 기능들을 수행하지 않을 경우 결국 사회가 불안정한 모습이 되어 사회문제가 발생하게 된다.

'가족'을 예를 들어 보자. 가족은 모든 사회의 기능적 요구물이며 사회를 위한 기능을 수행하는 하부 체계이다. 이 가족 안에서 사회가 가장 필요로 하는 구성원의 재생산 기능, 자녀의 사회화 기능, 인성의 초기 발달 및 안정화 기능이 요구되어 왔다. 하부 체계인 가족 구성원, 즉 성인 남성(남편 혹은 아버지), 성인 여성(아내 혹은 어머니), 자녀 역시 각각의 기능을 수행하여야 하며, 그럴 때 가족이 안정적으로 유지될 수 있다고 보았다. 특히 성역할 체계를 가진 핵가족의 형태를 정상가족으로 전제하였는데, 만약 각 성역할의 체계가 흔들리면 이들을 '문제'가족으로 구분 짓는다.

4) 구조 기능론 평가

구조 기능론 시각은 어떻게 보면 우리 자신도 모르게 가지고 있는 의식과 매우 흡사할 수 있다. 마치 우리나라의 전통 및 규범과도 상당 부분 같은 모습이기 때문이다. 그러나 시간이 흐르고 현대 사회를 설명함에 있어서 이 이론이 그다지 환영받지 못하는 것은 아마도 다음과 같은 비판들을 받기 때문일 것이다.

첫째, 하부 유기체의 안정을 통한 상위 전체 사회의 질서와 안정만을 추구하는 지배적 입장을 고수하고, 지나치게 기능 중심으로 모든 분야를 분석하고자 하는 태도는 다양한 사회를 바라보는 것에 매우 한계점이 있다.

둘째, 이론의 정치적 보수성과 성차별과 같은 현실적인 한계점이 존재한다. 사회질서 및 존속, 안정화와 통합이 매우 강조됨으로써 지나친 보수성을 드러내는 것이다.

셋째, 각각의 기능이 작동되고 있음에도 불구하고 발생하는 사회적 문제나 범죄들에 대하여 설명할 수 없다는 것이다. 구조 기능론 시각에 따르면 각각의 기능이 충실하게 수행되고 있다면 사회는 매우 안정적이고 평화로워야 한다. 그러나 여기저기서 발생하는 수많은 문제를 '각각의 기능 및 역할이 수행되지 않아서'라고 단정하기에는 정신적인 것을 비롯하여 사랑, 희생 등 비가시적인 것까지 매우 많은 점이 간과된 것이다.

5) 구조 기능론적 시각으로 본 청소년문화

청소년문화를 구조 기능론적 시각으로 바라본다면 청소년문화가 존재하는 이유역시 전체 사회가 존속되고 안정되기 위해서이다. 그러므로 청소년문화가 나아가야 할 방향은 어디까지나 사회가 원하는 인재로 자라나고, 사회를 유지하기 위해서 발전되어야 하는 것이다. 만약 사회의 질서 유지 및 안정을 깨뜨리고 갈등을 초래하는 문화라면 이 시각에서만큼은 청소년문화가 매우 몹쓸 문화, 비행문화, 위험한 문화로 평가될 것이다.

현실적으로 보자면 현대 사회 내 청소년문화는 기존의 사회가 규정한 기능에 대하여 순응하면서, 사회의 요구대로 사회화되는 기능을 하고 있는 것으로 보기는 어렵다. 오히려 어느 때는 기존의 사회와 현 질서에 대하여 문제를 제기하고 당당하게 소리를 내며, 자신의 자유와 개성을 마음껏 펼치는 기능을 하고 있다. 예를 들어, 1인 시위나 촛불집회 혹은 코스프레 문화를 활용하여 사회 비판적 메시지를 전달하는 등 구조 기능론자들이 바람직하게 생각하는 사회화에 오히려 반하는 문화를 펼치고 있다.

그렇다면 청소년문화로 인해 정말 사회의 불안정·불균형을 초래함으로써 사회 문제가 발생하고, 사회가 존속되기 어려운 상황에 처해지는가? 오히려 청소년문화가 주체적으로 움직이면서 사회 속에 소수자, 사회적 약자로 평가되던 계층에 대중이 눈을 돌리기 시작했고, 다른 사회 구성원으로 하여금 청소년의 위치와 목소리를 들을 수 있게끔 주목시키는 것에 성공하였다. 물론, 청소년문화라는 타이틀을 걸고 사회의 모든 것에 있어서 순응하지 않고 거부하며 반항하는 것만이 청소년문화의 캐릭터인 마냥 인식되게 해서는 안 된다. 그러나 분명한 것은 무조건적인 순응과 순종만이 청소년문화의 기능 및 역할이 아니다.

구조 기능론적인 시각에 한정되어 청소년문화를 바라볼 때 발생할 수 있는 여러 한계를 망각해서는 안 되며 구조기능론 자체가 갖고 있는 한계점으로 인해 청소년 문화 역시 그 굴레에서만 평가되는 일은 없어야 할 것이다.

02 갈등론 시각

구조 기능론에 대하여 이의 및 반문을 제기하며 등장한 것이 바로 갈등론이다. 갈등론 시각에 따르면 사회가 안정적으로 유지되고 존속되는 것은 각각의 기능과 역할이 충실하게 수행되어서가 아니라 지배 계층에 의한 강압으로 인한 것이다.

1) 갈등론 소개

사회는 모든 구성원의 합의에 의해 통합을 이루고 있는 안정된 구조라기보다는 구성원의 이해가 상충되는 불안정한 구조로 파악한다. 그래서 모든 사회관계에는 이해갈등이 만연해 있으며 사회 체계는 구조적으로 갈등을 불러일으킬 뿐만 아니라 갈등을 피할 수 없는 것을 정상적인 현상으로 간주한다. 그리고 그 갈등은 끊임없이 표출되며 전개되고 있고 이러한 것이 진행되는 것을 현 사회라고 보았다.

대표적인 학자로서는 다렌도르프(Dahrendorf), 밀즈(Mills), 코저(Coser) 등이 있다. 물론 갈등론자들 안에서도 갈등을 바라보는 시각과 그 정의가 상이하기는 하지만, 일반적으로 갈등론에서 보는 갈등은 사회 변화의 원동력이라고 본다. 사회 질서 내에 존재하는 갈등으로 인해 오히려 사회적 이익이 다양하게 나온다. 즉, 경쟁과 갈등을 오히려 사회의 변화를 촉진하는 기제로 보고, 더 나아가 매우 필수적인 부분으로 생각한다.

2) 갈등론 기본적 가정

갈등론의 기본적 가정은 다음과 같다.

첫째, 인간은 자신의 욕망과 이익을 추구하는 존재이다. 앞서 살펴본 구조 기능론자들은 인간을 매우 수동적인 존재로 보았으며 그로 인해 인간은 자신에게 맡겨지는 역할과 기능에 충실하게 순응하는 것을 당연시하였다. 그러나 갈등론자들은 인간의 본성을 악하게 봄으로써 남들이 가진 것은 그것이 어떠한 것이든(물질적인 것이든 비물질적인 것이든) 자신도 똑같이 갖고 싶어 하는 본성을 갖고 있다고 본다. 또한 인간을 매우 욕망스럽고 탐욕스러운 존재로 보며 타인이나 사회 전체에 대하여 배려보다는 자신의 이익을 추구하는 것에 더 많은 관심을 갖고 있는 존재로 보았다. 이렇게 인간을 악하고 탐욕스러운 존재로 보는 입장은 프로이트(Freud)나 짐멜(Simmel)과 같은 심리학자들과 일관되지만, 그들은 이러한 인간의 본성이 자연적으로 주어진 것이라고 전제하는 반면, 갈등론자들은 이러한 인간의 습성은 사회화된 결과라고 바라본다.

둘째, 인간에게 발생하는 문제는 자본주의와 같은 경쟁에 바탕을 둔 사회 제도의 산물 또는 이러한 제도를 유지하기 위한 사회화의 산물이다. 물론 때때로 협력도 존재한다. 하지만 이러한 협력은 암묵적인 갈등 관계에 있다가 외부로부터 또 다른 적이 등장했을 때 기존의 관계에서 일어나는 것과 같은 형태의 협력을 말한다.

3) 갈등론의 적용

갈등론에 있어서 주요한 단어들의 개념을 살펴보면, '갈등'은 "희소자원이나 양립 불가능한 목표, 그리고 상이한 수단 등을 둘러싼 개인 및 집단들 간의 대립"이라 정의한다. 예를 들어, 수입이 한정되어 있는데 그 수입을 누가 얼마나 사용할 것인가라고 본다면 한정되어 있는 수입으로 인해 갈등이 발생하게 된다는 것이다. 또 다른 예로, 청소년 자신이 진학을 희망하는 학과와 부모가 희망하는 학과가 다를 경우 갈등이 발생하게 된다. 이렇게 자원이 한정되어 있거나 희소한 경우, 또한 양립 불가능한 목표가 있을 경우 구성원 간 갈등이 발생하게 된다.

또한 이들이 주요하게 사용하는 단어 중 하나인 '권력'은 "타인을 통제할 수 있는 개인의 능력"이라 정의한다. 권력 자체가 부정적인 것은 아니며, 사회 질서에 있어서 이 권력 관계는 반드시 파괴적인 성격이 아니라 적절한 조건하에서라면 현재의 질서를 지켜 주고 유지시켜 주는 역할을 하기도 한다. 그러나 사회는 구조적으로 계급 사회이며 자본주의 사회에서는 이 계급이 매우 불리하게 작동할 뿐만 아니라 일방적인 권력을 갖게 함으로써 문제가 발생한다고 보는 것이다.

마지막으로 '협상'은 "갈등을 처리하는 방식의 하나"로 정의한다. 자신이 원하는 바가 타인의 협력 없이는 불가능하거나 구성원 간의 관계가 민주적이고 평등할 때 이러한 협상을 통하여 갈등이 처리된다. 그러나 상대방의 도움 없이도 자신이 원하는 바를 충족할 수 있거나 구성원 간의 관계가 권위적인 경우에는 일방적 강압이나 강요를 통해 갈등이 처리된다고 보았다.

4) 갈등론 평가

갈등론자들은 사회의 문제가 결국 자본주의 내에서 발생한 지배구조로 인해 불평등이 초래되고, 이러한 계급은 변하지 않고 재생산됨으로써 사회는 영원히 불평등하고 불안정적인 구조가 된다고 주장한다. 그러나 이러한 사회 구조를 강력하게 비판하며 문제점을 꼬집는 그들에게도 역시 한계점과 비판점은 존재한다.

첫째, 모든 사회 문제의 원인을 자본주의라고만 보는 것은 지나치다. 자본주의로 인해 불평등한 계급이 발생하고, 계급은 또 다시 재생산되며 그로 인해 끊임없는 사회 갈등이 존재한다면 우리가 지금 누리고 있는 풍요롭고 편리한 생활들은 무엇으로 설명할 수 있는가? 또한 자본주의에서만 계급이 발생하는 것이 아니라 그들이 이상적으로 제시한 사회주의 안에서도 계급은 현실적으로 더욱 두드러지게 나타난다.

둘째, 경험적·역사적 입증이 매우 약하다는 점이다. 모든 문제의 원인이 경제 구조에 있다면 갈등론자들이 제시한 사회주의에 입각한 경제구조를 갖춘 나라에서 발생하는 갈등과 그것들을 해결하지 못함으로써 더욱 심각하게 파생되는 다양한 문제들은 무엇으로 해석할 것인가? 이렇게 이 시각에서 주장하는 이론적인 것과 현실의 결과 입증은 매우 불일치하다.

5) 갈등론적 시각으로 본 청소년문화

일차적으로 갈등론적 시각을 전제로 한다면 현대 사회에 있어서 청소년이 지배계급, 즉 자본주의 사회에 있어서 지배 계층에 해당될 가능성이 아주 희박하지만은 않다. 게임을 비롯한 온라인 산업이 발달함에 따라 청소년은 더 이상 소비자의 입장에만 서는 것이 아니라 생산자의 역할을 하기도 한다. 따라서 어떠한 지배 계층에게 자본을 제공받기만 하는 존재가 아닌, 청소년도 지배 계층의 일원으로 자리 잡을 가능성이 점점 확인되고 있다. 예를 들어, 페이스북 창시자 마크 주커버그(Mark Elliot Zuckerberg) 역시 청소년 시기부터 생산자의 역할을 이루어냈다. 그로 인해 전세계의 시장은 매우 달라졌다. 갈등론적 구조 내에서 설명한다면, 청소년문화가 피지배 계층에만 해당되는 수동적 존재들의 문화가 아니라 지배 계층에 해당되는 주체적 문화가 될 수 있다는 것이다.

한편, 청소년의 문화를 '갈등'이라는 키워드로 접근해 본다면 사회 불평등이나 지배 계층에 대한 대항 혹은 반항 등이 문화의 내용이 되기도 한다. 문화를 넘어서 하나의 사회적 운동(movement)이 되었던 역사를 보자. 그릇된 사회에 대항하고 항변하는 것이 문화가 되고 사회에 큰 영향을 미쳤다. 그 대표적 예가 3 · 1 독립운동과 광주학생운동이다. 역사 속의 청소년은 마냥 사회에서 요구하는 대로, 주어지는 대로만 임했던 수동적인 존재가 아니었다. 당시 청소년들은 민족의 독립과 식민지교육 체제를 반대하는 의식을 문화화하였고, 이는 더 나아가 운동이 되었으며 결국 사회를 바꾸는 것에 막대한 영향을 미쳤다. 이러한 차원에서 본다면 청소년문화의 갈등적 성격은 사회의 변화와 문제 해결을 위한 밑거름이 될 수 있다.

그러나 청소년문화를 모두 일관된 경제 및 계급 구조 내에서 해석할 수는 없다. 청소년이 갖고 있는 무한한 가능성과 꿈, 희망, 그리고 그들의 가치관 등은 단지 경제적인 것과 사회 구조적인 것 안에서만 평가될 수 없기 때문이다. 또한 청소년문화 문제점의 원인을 단지 경제 및 계급 구조라는 외부 틀에서만 찾게 되는 시각은 개개인의 책임회피적 태도일 수 있다. 청소년문화는 단순히 사회 구조 혹은 경제 구조라는 잣대로 평가되기에는 간과할 수 있는 것들과 설명되지 않는 것들이 많다. 청소년문화가 갈등적인 요소를 담고 있다면 이는 단지 경제 구조의 문제로 치부되기보다는 청소년 개인, 가정, 지역 사회, 심리, 교육, 제도 등 다양한 측면에서 검토되어야 할 것이다. 또한 갈등적 내용을 담는 문화가 있다고 한다면 그 자체로서 청소년 문화로 인정되어야 할 것이다.

03 체계론 시각

1) 체계론 소개

우리 사회에는 이미 다양한 체계가 존재한다. 이들은 각각 다양한 과정과 모습으로 형성되었을 것이다. 모든 체계는 일정한 범주를 유지하려는 성질이 있는데 그 특성이 바로 '항상성(homeostasis)'이다. 만약 기존의 체계 밖에서 새로운 성질의 정보가 체계 안으로 들어오려고 한다면 기존 체계를 유지하고 있는 항상성이 그 범주를 확장 및 조율할 수 있도록 에너지의 작용을 요구한다. 체계는 '변형성'이라는 또 다른 성질을 통해 변화를 필요로 하는 작용에 관여하게 된다. 즉, 환경의 요구에 반응하고 적응하기 위하여 어떤 체계가 스스로를 변형시키는 특성을 가지는 것이다.

이러한 변형성과 함께 중요하게 다뤄지는 것이 가치관이다. 가치관은 체계의 변화를 완성하는 가장 중요한 요소이며 변형성의 관여를 통해 체계가 변화하게 되는 경우, 기존의 체계는 새롭게 진입한 정보를 수용하는 새로운 체계를 낳기 위하여 새로운 구조와 목표, 최종적으로는 체계를 이끌어 나갈 새로운 가치관도 설정하게 된다. 이러한 가치관은 체계가 유지되기 위한 조화와 균형 및 질서의 형태로 설정하게 되며, 이렇게 설정된 새로운 가치관은 체계에서 어떠한 일정한 방향을 지시하게 된다. 새로운 체계로의 변화 과정에서 가치관이 가야 할 방향을 지시하는 성질을 재방향성이라고 한다. 기존의 체계가 그에 알맞은 가치관을 갖고 있었기에 유지가 가능하였듯이 새로운 체계 역시 그에 알맞은 가치관이 있어야 한다(변윤언, 2006; Kathleen & Bernanrd, 2000).

기존 문화가 갖고 있는 항상성은 이미 그보다 훨씬 더 앞서 존재했던 기존의 문화가 항상성의 틀을 깨고 변형성과 재방향성의 과정을 거쳐서 나온 새로운 구조와 가치관이 내재해 있는 것이다. 체계를 유지하려는 항상성과 새로운 체계의 구조 및 목표를 설정하는 재방향성 사이에는 문화적 적응의 시공간적 간격이 존재하게 된다는 결과가 자연스럽게 나온다. 그리고 이러한 간격을 잇고 있는 것이 변형성이라는 특성의 에너지이고, 이것은 일정한 방향을 따라 재방향성을 형성하고 새로운 체계로 진입하게 되는 것이다. 이와 같은 내용을 그림으로 정리하면 [그림 3-1]과 같다.

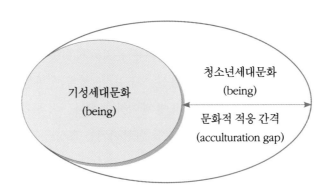

[그림 3-1] 체계 이론에서 본 세대문화 간의 관계

* 출처: 변윤언(2006).

2) 체계론 기본적 가정

체계론의 기본적 가정은 다음과 같다.

첫째, 인간은 환경의 모든 요소와 지속적으로 상호 교환하는 존재이며 개인과 환경은 서로 영향을 미친다.

둘째, 체계 내 구성원 간의 상호작용은 각 구성원의 역할과 성격을 합친 것 이상의 효과를 산출하게 된다.

셋째, 체계를 구성하고 있는 각 부분은 상호 관련성이 있으며 서로 의존한다.

넷째, 체계가 다른 경로와 과정을 거치더라도 동일한 결과를 가져올 수 있다. 이를 '등결과성'이라 하는데, 예를 들어 '결혼 생활 만족'이라는 결과를 위하여 경제적인 풍요로움이라는 경로가 아니더라도, 정서적 지지나 친밀감 형성이라는 경로를 통해서 결혼 생활 만족이라는 결과를 달성할 수 있다.

다섯째, 체계가 환경의 변화 조건에 맞추어 원하는 방향으로 융통성 있게 수정해 나가는 과정을 적응성이라고 한다. 또한 체계의 형태나 구조를 바꾸려고 노력하면 할수록 그에 저항하여 변화하지 않고 남아 있으려는 경향, 즉 항상성을 갖고 있다. 그러나 변화가 필요한 상황이 오면 어느 정도의 형태 안정성을 발휘하여 상황에 적응한다.

3) 체계론 적용-커뮤니케이션의 기능

루만(Luhmann)은 현대 사회의 특징 중 하나로 기능이 분화된 사회라 하며, 이러한 분화는 갈수록 가속화되면서 초복합 사회가 형성될 것이라 하였다(Luhmann, 1999: 조태윤, 2017 재인용). 그러므로 사회통합과 합의에 의한 사회질서가 정립되는 것은 불가능한 것으로 주장한다. 그에 따르면 문화는 하나의 체계로서 자기 준거에 따른 자기생산성을 특성으로 지닌다. 체계가 생존을 토대로 하여 자율적으로 어떠한 사회구조에도 의존하지 않은 채 오로지 내부의 자기 준거적 폐쇄성을 근거로 함으로써 자신의 고유성을 유지 및 보존하는 것이 문화 체계의 목적이다.

루만은 문화의 체계가 정체성을 잃지 않고 보존되면서도 문화 구조를 통해 각기 다른 문화 간의 연계가 이루어지도록 하는 기능을 커뮤니케이션이라 보았다. 하나의 문화 체계가 이러한 커뮤니케이션 기능을 통하여 또 다른 문화 체계가 가지고 있는 수많은 의미의 가능성 가운데 자기 생산에 기여할 수 있는 몇 가지 의미를 제한적으로 선택하면서 복잡한 세계에 적응해 나간다. 커뮤니케이션의 기능은 하나의 문화 체계가 다양하게 분화된 현대 사회에서 일어나는 복잡한 문제를 해결하면서 체계에 적응하게 하고, 동시에 자기 고유의 정체성을 보존하면서도 또 다른 환경의 가능성과 소통할 수 있도록 하는 역할이다(조태윤, 2017).

자신 고유의 속성뿐만 아니라 다른 체계와의 또 다른 속성과 통합하는 이 과정에서 커뮤니케이션의 역할은 빛을 발한다. 커뮤니케이션의 목적은 단순히 정보를 전달하거나 소통을 하는 것이 아니라 차이를 유지하는 것이다. 다시 말해서 하나의 정보가 선택되고, 동일한 통지 방법에 따라 상대방에게 정보가 전달되었더라도 실제로 그 정보의 수신자는 그 의도 및 의미와 다른 방식으로 이해할 수도 있으며, 혹은 아예 거부하거나 배제할 수도 있다. 이는 환경에서의 정보가 원래 있는 그대로 상대 체계에 전달되는 것이 아니라 체계 내부의 고유한 자기준거에 따라 재조명되어 흡수되기 때문이다. 그러므로 체계의 속성에 따라 차이가 유발되며, 때로는 그 차이에 따라 갈등이 유발되기도 한다. 그러나 체계가 지속적으로 그 기능을 작동할 수 있게 하는 원동력이 되기도 한다. 하나의 문화 체계는 또 다른 문화 체계에 대부분 무관심하고 평정 상태를 유지하지만, 특별한 문화적 위기와 갈등의 발생은 체계 내부에

교란을 일으키고, 체계의 관심과 흥미도 유발할 수 있다. 그 흥미가 유발될 때 체계는 또 다시 자기생산을 유지하기 위해 그 기능을 작동시키게 되므로 문화적 갈등과 위기는 오히려 문화의 다양성을 유지하고 역동적으로 문화의 질서를 재조정할 수 있는 기회가 되는 것이다(조태윤, 2017). 하나의 문화 체계는 고유한 문화정체성을 보존하기 위해 다른 문화와의 연계가 가능하며, 그 과정에서 다양한 통합과 또 다른 분화는 지속적인 문화의 다양성을 보장해 줄 것이다.

4) 체계론 평가

체계론은 전체성과 상호 의존성에 근거하여 사회적 현상을 분석하는 유용한 틀로 활용된다. 그러나 체계 자체의 속성에 초점을 맞춘 나머지 상대적으로 체계라 볼 수 없는 소수자 및 권력이 약한 집단의 문제에 민감하지 못할 수 있다. 또한 개인의 정신적 · 심리적 요소들이 간과되어 비가시화된 분야들은 다루지 못한다는 점이 지적된다.

5) 체계론적 시각으로 본 청소년문화

체계론적 맥락에서 청소년문화를 본다면 청소년문화 역시 기존에 내려져 오는 항상성을 지니고 있는 기성세대 문화와 만나면서 기존 문화의 변형성과 재방향성으로 인해 탄생된 하나의 체계로 볼 수 있다. 이를 토대로 본다면 청소년문화란, 청소년 세대를 형성하게 하는 체계가 구조와 목표, 가치관 등을 두고 유지해 나가려는 성질의 문화적 자아의 정체성 찾기라고 말할 수 있다. 이는 어느 날 갑자기 만들어지고 유지되는 것이 아니라, 기성세대가 이미 유지해 온 문화적 항상성에 청소년 세대가 담을 새로운 목표, 구조 등의 변형과 가치관의 새로운 방향 지시를 통해 새로운 체계의 문화적 항상성이 발생하고 청소년문화라는 정체성을 확보하게 되는 것이다.

청소년문화는 어느 날 갑자기 도깨비 방망이에 의해 뚝딱하고 만들어진 것이 아니다. 기존의 문화에 또 하나의 체계가 새로운 방향을 지시하고 알맞은 가치관이 함게 작용하여 새로운 체계, 즉 청소년문화가 만들어진 것이다. 이 역시 또 다른 체계와의 통합과정이 계속해서 일어나며 확장될 것이지만, 분명한 것은 청소년문화가 만들어진 그 체계는 그 자체로서 존재한다는 것이다.

청소년문화가 또 다른 문화를 생산할 수 있는 준거적 체계로 존재한다는 것은 매우 의미가 있다. 그러므로 청소년문화가 어떠한 모습으로 변형되어 왔고, 그에 작동하는 가치관과 재방향성은 무엇인지를 바르게 정립하는 것은 추후 다양한 체계를 예측하게 함으로써 그 과정에서 발생할 수 있는 갈등과 충격 등을 최소화할 수 있을 것이다.

04 교환론 시각

1) 교환론 소개

교환론은 공리주의에 기초한 이론으로서 1960년대부터 시작되어 점차 1970년대에 자원의 개념이 정교해지면서 더욱 활발하게 적용되기 시작하였다. 교환론의 개념 틀은 인간의 행동이 그 비용에 따라 결정된다는 기초 경제학과 행동주의가 결합된 것에 뿌리를 두고 있다. 대표적인 학자 중 한 사람인 터너(Turner)는 인간을 최대의 이익은 아니더라도 언제나 타인과의 거래에서 어떠한 이익을 추구하며, 완전한 합리적 존재가 아니라 할지라도 사회적 거래로 유발되는 비용과 이익을 계산하는 존재로 보았다. 그러므로 자신에게 가능한 대안을 인지하고 있으며, 이것은 현재의 비용과 이익을 평가하는 기초로 사용된다고 주장하였다. 또한 물질적 목표를 추구하더라도 그와 동시에 감정이나 서비스, 상징과 같은 비물질적 자원도 추구한다고 보았다.

교환론은 경제학에서 빌려 온 개념인 '자원'을 사용하는데, 자원이란 "사회적 관계에서 교환되는 이익"(유계숙·최연실·성미애, 2012)을 의미한다. 그리고 이 자원은 대인간 행동을 통하여 전달되는 물질적이거나 상징적인 모든 것이다(Foa & Foa, 1974). 이 자원의 종류는 매우 다양한데 단지 물질적인 것뿐만이 아니라 비물질적인 것 역시 자원으로 사용된다. 또한 이 자원들은 자원을 소유하고 있는 사람과 교환의 상대, 즉 수혜자 간의 관계 특성에 따라서 자원의 가치 평가가 달라질 수도 있고 그렇지 않을 수도 있다. 또한 자원 자체의 속성이 매우 구체적일 수도, 상징적일 수도 있다. 이와 같은 속성을 기준으로 자원은 서비스, 물품, 금전, 정보, 지위, 애정 등 여섯 가지로 구분된다.

2) 교환론 기본적 가정

교환론이 전제로 하는 주요 가정들은 다음과 같다.

첫째, 인간은 합리적인 존재다. 그러므로 인간은 자신이 소유한 정보와 미래에 대한 예측 능력 범위 안에서 가장 많은 이익을 가져다줄 수 있는 선택을 한다.

둘째, 인간은 문화적 기대가 지시하는 대로만 행동하지 않으며, 스스로 선택하고 결정하는 존재이다.

셋째, 보상을 얻기 위해서는 반드시 비용이 지불되어야 한다. 자신이 원하는 보상을 얻기 위해서는 다른 목적을 위해서 사용할 수도 있는 시간과 노력의 제공이라는 대가를 지불해야만 한다. 즉, 비용이 발생한다.

넷째, 과거에 보상되지 않은 사회적 행위가 반복되는 경우는 없다. 물론 경우에 따라서 선택할 수 있는 좋은 대안이 없거나 그나마 비용을 최소화할 수 있을 것이라 기대되는 경우에는 예외적으로 그 행위를 반복할 수 있다.

다섯째, 이익을 가져다주는 다른 대안들이 전혀 없다고 생각되는 경우에는 불이익을 최소화하는 대안을 선택하게 된다. 즉, 자신이 생각하기에 그다지 만족스러운 대안이 없는데 그래도 선택해야 한다면 그중에서 가장 비용이 적게 드는 대안을 선택하는 것이다.

3) 교환론 적용

교환론을 적용하여 청소년을 바라보는 시각과 청소년의 관계 형성 및 유지를 설명할 수 있다. 국내에서는 김현주, 이여봉과 이선이(2005)의 연구를 시작으로 교환론을 청소년에게 적용함으로써 부모와의 관계를 비롯한 사회적 관계를 분석하였다. 교환론적 시각은 기존에 단지 발달적 특성으로 접근하여 청소년의 정체성과 그 관계를 정의했던 기존의 시각과는 다르게 청소년도 성인과 마찬가지로 자원을 소유하고 그 자원을 합리적으로 교환할 수 있는 주체적 존재로 접근하였다. 미숙하고 일방적으로 보호와 지원을 받기만 하는 존재로 설명되던 청소년을 주체성과 합리성을 갖춘 존재로 바라본 시각의 전환은 현대 청소년의 정체성을 확립하는 것에 적합하다.

예를 들어 보자. 청소년 자녀가 있다. 과거에는 청소년 자녀라면 부모에게 일방적으로 다양한 자원을 제공받기만 하는 존재로 인식되었다. 기존의 시각으로는 경제적·정서적으로 제공받고, 보호받는 존재로 설명되었다. 특히 앞에서 살펴본 대로 기능론적 시각에서 청소년은 미성년자 자녀로서 부모에게 순응하고 복종하는 것이 그들에게 알맞은 기능 및 역할로 정의된다. 그러나 지금의 청소년은 사뭇 다르다. 또한 부모는 계속 주기만 하는 존재인가? 물론 물질적인 자원만을 기준으로 본다면 일반적으로 그럴 것이다. 그러나 자녀가 부모에게 존경과 인정, 사랑을 표하고, 때로는 학업 성적이나 부모가 원하는 그 무언가를 해냈을 때 부모는 표현할 수 없을 만큼의 기쁨과 보람을 느끼게 된다. 이러한 기쁨과 보람은 경제적인 가치로 따질 수 없지만, 부모에게 매우 높은 가치로 평가되는 자원이 된다.

4) 교환론 평가

교환론에 대한 평가는 다음과 같다.

첫째, '인간이 정말 합리적인가'라는 교환론의 기본 전제에 대하여 근본적인 의문을 제기한다. 인간이 정말 어느 때든지 합리적으로 선택할 수 있는 존재냐는 것이다.

둘째, 가치를 평가하는 것에 있어서 개인차가 있으므로 특정한 보상과 비용의 개념을 모든 사람에게 일률적으로 적용하기 어렵다.

셋째, 이타주의나 희생과 같이 자신의 이익이 아닌 상대방의 이익을 위해 작동하는 인간의 심리적 요인이 간과되었다는 지적이 따른다.

그럼에도 불구하고 교환론은 계속 발전하고 메커니즘의 한계점들을 보완함으로써 인간 행동과 관계 형성 및 유지 등을 설명하고자 하는 시도가 이어지고 있다.

5) 교환론적 시각으로 본 청소년문화

교환론적 시각으로 청소년을 바라본다면 청소년은 합리적이며, 물론 속성은 다를지라도 성인 못지않은 자원을 소유하고 있는 존재이다. 또한 자신의 보상과 이익을 고려할 줄 알고 추구할 수 있다고 보았다. 이렇게 주체적이고 적극적인 존재라면 그들의 문화 역시 단지 사회화의 결과물이나 성인들이 가꾸어 놓은 구조에 순응하면서 발생하는 것이 아님을 알 수 있다.

교환론으로 바라본 청소년문화는 그야말로 청소년들이 갖고 있는 자원들을 극대화하며 활용할 수 있는 장이라 볼 수 있다. 현대 사회의 특성인 산업화와 온라인 및 사이버 공간의 확장으로 인하여 청소년이 소유할 수 있는 자원은 과거에 비해 더욱 풍성해졌다. 그리고 자원을 소유한 주체자로서 그 자원을 교환하는 행위 자체가 문화가 될 수 있다.

또 이러한 교환 행위가 문화로 됨으로써 청소년이 소유하고 있는 자원의 종류는 더욱 늘어날 수 있고 그 가치 역시 높게 평가될 수 있다. 또한 청소년문화가 형성되고 유지되며, 혹은 변형되는 것 역시 교환론적 시각으로 해석할 수 있다. 청소년문화는 청소년 내에서뿐만 아니라 다른 사회적 관계 혹은 사회 구조와의 관계에 있어서도 보상과 비용을 발생시킨다. 보상이 비용보다 크게 발생하는 청소년문화라면 현 사회 내에서 존속되고 유지될 수 있지만, 비용이 계속적으로 더욱 크게 발생될 경우 사회 내에서 지속될 가능성은 낮아진다. 또한 기존의 문화가 사라지고 새로운 문화가 계속해서 형성되는 현상도 교환론적 시각으로 설명할 수 있는데, 이는 비용이 많이 발생하지 않더라도 더 나은 대안이 될 수 있는 문화가 새롭게 형성되고 이를 더 합리적이라고 판단한다면 기존의 문화는 사라지게 되는 것으로 해석할 수 있다.

그러나 청소년문화를 하나의 원리, 즉 보상과 비용의 발생 및 교환적 원리시각으로만 바라본다면 청소년문화가 가지고 있는 특수성들을 모두 설명하기에는 한계점이 있을 수 있다.

05 포스트모더니즘 시각

1) 포스트모더니즘 소개

포스트모더니즘은 1960년대부터 예술, 건축 분야에서 매우 각광을 받았으며 1980년대에 들어 문학과 철학, 사회과학 등의 학술분야뿐만 아니라 현대에는 대중에게까지 영향을 미치고 있다.

푸코(Foucault)에 의해 사상적 토대가 마련된 포스트모더니즘은 모더니즘에 대항한다. 푸코는 진리란 그 자체로 존재하는 것이 아니라 담론에 의해 규정되는 하나의 지식으로 보았다. 그래서 어느 특정 담론이 한 특정 사태와 상황을 정상으로 규정하면 여타의 사태와 상황은 모두 비정상이 되어 버린다(박진규, 2007). 표준화되어 있는 모더니즘의 기능에 대항하려는 감성인 동시에 모더니즘의 반란이 규범화되어 버린 것에 대한 또 하나의 반란이다. 할 포스터(Hal Foster)는 "모더니즘을 해체하면서 기존 질서에 반항하려는 저항적 포스트모더니즘과, 모더니즘을 거부하면서도 기존 질서를 유지하려는 반동적 포스트모더니즘"을 구분하고 있다. 포스터는 저항적 포스트모더니즘은 모더니즘뿐 아니라 반동적 포스트모더니즘까지도 공격한다고 말한다(Storey, 1999). 그렇기에 포스트모더니즘을 무엇이라 정의하는 그 자체 역시 이 논리를 반박하는 것이 될 수 있다.

포스트모던은 '탈이성'과 '탈합리'라는 말이 대표되는데 무합리, 무논리, 비구상이 함께 들어선다. 모던 시대에는 주목받지 못하고 무시되어 왔던 것들, 예를 들어 여성페미니즘, 성소수자, 소수민족 등이 포스트모던 시대에는 그 자체로서의 가치와 의미가 인정되고 공유된다(권이종 · 김천기 · 이상오, 2010). 또한 모던 시대에는 이분화된 패러다임이 결속되어 있었지만 이러한 이분법적 사고가 해체되고 이탈되어야 하는 것을 주장한다. 모든 것은 가치가 있고 의미가 있으며, 존중되어야 한다.

2) 포스트모더니즘 기본적 가정

포스트모더니즘을 이해하는 입장과 그것을 설명하는 학자들은 저마다 다른 의견들을 주장한다. 그러므로 포스트모더니즘을 확실하게 정의하기란 여간 어려운 것이 아니다. 그러나 포스트모더니즘을 설명함에 있어서 일반적으로 합의된 공통점은 전통과의 단절, 반리얼리즘, 전위적 실험, 비역사성, 비정치성이라는 것이다. 일관성과 획일성, 통합성을 거부하며 사회 내의 권위와 질서를 해체한다. 결국 포스트모더니즘에서는 참인 것, 옳은 것, 그른 것, 절대적 진리는 존재하지 않는다. 다만 그 자체로서의 의미와 가치가 존재함을 인정한다. 포스트모더니즘은 여전히 정립 중이고 발전 중이다.

3) 포스트모더니즘 적용

포스트모더니즘이 현대 사회의 예술과 문화뿐만 아니라 다양한 사회의 현상과 흐름을 읽는 주요 시각이 되고 있는 것은 분명 사실일 것이다. 현대 사회는 매우 급변하며, 모든 면에 있어서 매우 다양하다. 이러한 급변성과 다양성이 대표되는 현대 사회에서는 시기적으로 가장 적합한 시각일 수 있다.

4) 포스트모더니즘 평가

현대 사회의 특성상 포스트모더니즘 시각은 시대적·시기적으로 매우 유용한 틀이다. 그럼에도 불구하고 이 시각에도 한계점은 존재한다. 우리 사회에는 개별성이나 감성만 존재하는 것은 아니다. 사회에는 보이지 않지만 반드시 지켜져야 하는 기준이 있고 규범이 있다. 그 경계가 허물어졌을 때 자유와 개성이 의미 있는 것으로 받아들여진다는 만족감은 있겠지만, 경계와 규범의 부재가 인간 사회에서 마냥 행복만을 주는 것은 아니다. 더구나 현대 사회가 조직과 체계로 이루어져 있는 것을 생각할 때 권위와 질서의 부재는 조직과 체계가 효율적으로 작동하는 것에 있어서 장애물이 될 수 있다. 또한 앞서 언급하였듯이 자신들의 논리를 자신들이 오히려 반박하게 되는 굴레도 해결하기 어렵다. 뿐만 아니라 각 분야에서의 특수성, 윤리, 도덕 등이 간과되었다는 것과 이 시각에서 강조하는 해체주의가 주체성도 해체하여 주체마저 사라졌다는 점 역시 한계점이라 볼 수 있다.

5) 포스트모더니즘적 시각으로 본 청소년문화

만약 지금 모던 시대에 대한 저항의식을 갖고 있고, 또는 획일적인 사회화를 암묵적으로 강요당하고 있다고 생각한다면 이러한 시각만큼 반가운 시각이 없다. 청소년문화를 반문화라고 정의한다면 이와도 같은 맥락일 것이다. 분명 청소년문화는 기존의 기성세대 문화와는 다르다. 청소년문화라는 그 자체로서의 의미와 가치가 존재한다. 청소년문화를 옳은 문화 혹은 옳지 않은 문화로 평가하기 앞서 그 자체로서의 의미와 가치가 존중받아야 하는 것이다. 그러나 기준의 부재는 자유를 줌과 동시에 두려움을 주기도 한다. 뚜렷한 기준이 주어졌을 때 그것이 자율성과 창의성을 막는 방해물이 되기도 하지만 한편으로는 방향과 목적을 제시해 줌으로써 안정성을 주기도 한다. 청소년문화에 대하여 의미와 가치를 부여함으로써 존중됨과 동시에 더욱 넓은 사회와 그들 앞에 존재하는 미래를 위해 기준을 제시해 주는 것 역시 또 다른 문화를 창출하고, 공유할 수 있는 장을 열어 주는 방법이 될 것이다.

요약

1. 구조 기능론 시각에서는 청소년문화 역시 사회를 존속 및 유지하기 위한 하부 구조 중 하나이다. 그러므로 청소년문화의 목표는 안정적인 사회 유지를 위한 것이며, 사회에서 요구하는 청소년의 역할과 기능을 다할 때 청소년문화의 가치가 높게 평가된다.

2. 갈등론적 시각에서는 청소년의 문화가 지배 계층에 의해서 불평등하고 차별을 받을 수 있다. 청소년문화 중 갈등을 야기하는 듯한 문화는 무조건 부정적인 것이 아니라 사회 불평등과 차별을 행사하는 지배 계층 및 성인에 관한 문제를 해결하고 사회 변화를 유도하는 것이 될 수 있다.

3. 체계론적 시각에서 청소년문화는 어느 날 갑자기 만들어진 것이 아니라 기존의 문화에 또 하나의 체계가 새로운 방향을 지시하고 알맞은 가치관이 함께 작용하여 새로운 체계, 즉 청소년문화가 만들어진 것이다.

4. 교환론적 시각에서 청소년은 합리적이고 보상과 이익을 고려할 줄 아는 존재로 보며, 문화를 통해 개인적인 보상뿐만 아니라 자신이 소속되어 있는 사회의 이익을 추구하며 발생시킬 수 있다.

5. 포스트모더니즘적 시각에서 청소년문화는 그 자체로서의 의미와 가치가 존재한다. 청소년문화를 옳은 문화 혹은 옳지 않은 문화로 평가하기 앞서 문화는 그 자체로서의 의미와 가치가 존중되어야 한다.

참고문헌

권이종 · 김천기 · 이상오(2010). 청소년 문화론. 경기: 공동체.

김현주 · 이선이 · 이여봉(2005). 어머니와 자녀 간 자원교환척도 개발. 한국조사연구학회 추계 학술대회 발표논문집, 115-240.

박진규(2007). 청소년문화에 대한 포스트모더니즘 접근. 한국청소년시설환경학회, 1, 16-24.

변윤언(2006). 청소년 문화의 정체성과 지향성에 관한 연구. 청소년문화포럼, 13, 1-22.

유계숙 · 최연실 · 성미애(2003). 가족학이론: 관점과 쟁점. 서울: 도서출판 하우.

조정문 · 장상희(2001). 가족사회학. 경기: 아카넷.

조태윤(2017). 니클라스 루만의 체계이론적 관점에서 본 다문화 교육의 방향. 다문화사회연구, 10(1), 195-220.

Foa, U. G. (1973). International and Economic Resources *Science*, 171, 345-351. reprinted in 1993. pp. 1-30. in Foa U. G. Converse, Jr., J., Trnblom, K. Y., and Foa, E. B. (Eds.). *Resource Theory: Explorations and Applications,* San Diego, CA: Academic Press, Inc.

Foa, U. G., & Foa, E. B. (1974). *Societal Structures of the Mind.* Springfield, IL: Thomas.

Kathleen M. G., & Bernanrd, J. B. (2000). 의사소통과 가족관계 [*Family Communication*]. (이재연 · 최영희 공역). 파주: 형설출판사.

Luhmann, N. (1999). *Die Gesellschaft der Gesellschaft 2.* Frankfurt am Main: Suhrkamp.

Storey, J. (1999). *Cultural Consumption and Everyday Life.* Oxford University Press Inc.

Turner, J. C. (2005). Explaining the nature of power: A three-process theory. *European Journal of social Psychology, 35,* 1-22.

대중문화의 새로운 주체, 청소년

학습개요

　새로운 성장세대에 대한 관심은 전(前) 세대와의 차이가 확연히 드러나는 '문화'에서 시작된다고 보아도 과언이 아니다. 과학기술의 적응력이 빠른 성장세대인 10~20대가 우리나라 대중문화의 중심이 되고 있다. 이들은 여러 매체를 통해 대중문화를 일방적으로 또는 적극적으로 수용하면서 자신들만의 하위문화를 창출하고 있다. 청소년들의 이러한 대중문화 수용 현상은 대중문화에 대한 사회적 관점에 따라 이를 무비판적 수용이나 모방 양상으로 볼 수도, 문화적 주체성으로 볼 수도 있다.

　이 장에서는 대중문화의 개념과 특징, 기능에 대해 살펴보고 청소년의 대중문화 수용 양상과 함께 대중문화를 주체적으로 소비하고 나아가 생산자로 자리매김하기 위해 필요한 자원이 무엇인지 살펴보기로 한다.

01 대중문화와 삶

19세기 초 유럽에서 최초의 매스커뮤니케이션(mass communication)인 신문이 등 장한 이후 유럽과 미국에서 영화(1895년), 라디오(1920년), TV방송(1935년)이 시작되 었다. 이와 같은 대중매체의 발달을 통해 대중에게 정보와 지식이 확산되면서 대중 문화가 서서히 형성되기 시작하였다. 이에 대중문화는 '대량문화' '대중매체화된 문 화'라고 볼 수 있다.

한국 사회에는 1980년대 문화에 대한 지적 관심이 대두되었다. 1883년『한성순 보』, 1896년『독립신문』이 창간되면서 대중이 여러 정보와 지식을 접할 수 있게 되 었다. 1990년대에 들어서면서 국내에서 대중문화가 본격적으로 공론화되고 이에 대한 연구가 시작되면서 그동안 소수에게 지배되어 왔던 고급문화 대신 대중문화가 대중에게 확산되고 침투하기 시작했다. 현대 사회의 대중문화는 10대, 20대 초반의 세대가 주도권을 가지게 되면서 대중문화는 곧 '청(소)년 문화'를 의미하게 되었다.

우리가 살아가는 일상은 대중문화와 긴밀히 융합되어 있다. 대중문화를 통해 문 화로부터 소외되어 있던 대중이 다양한 문화를 즐길 수 있게 되었다. 이로써 새로운 성장세대에 대한 관심은 전(前) 세대와의 차이가 확연히 드러나는 '문화'에서 시작 된다고 보아도 과언이 아니다.

02 대중문화의 개념 및 특징

1) 대중문화의 개념

대중문화는 매스 컬처(mass culture)와 파퓰러 컬처(popular culture)의 두 가지 개 념으로 구분된다. 먼저 매스 컬처는 불특정 다수에 의해 향유되는 문화를 의미한다. 이 개념에서 대중(mass)은 고립되고 분산된, 주체성을 가지지 못하는 특성을 가지는 비합리적이고 열등한 집단으로, 이들의 문화인 대중문화는 열등한 집단의 저속한 문화이다. 즉, 매스 컬처는 대중문화 자체를 폄하하는 개념으로, 교양있고 세련된 집단과 대중, 그리고 고급문화와 대중문화를 구분하는 일부 계급적 속성을 포함한다. 다음으로 파퓰러 컬처는 다수에 의해 일반적으로 동의되면서 인기가 있는 문화를 가리킨다. 이 개념은 대중문화를 다수의 사람이 향유하는 대중적 문화로 봄으로써 '대중적인 향유와 취향에 대한 지지'의 의미를 포함한다. 파퓰러 컬처의 개념은 대중문화의 영향과 기능을 학문적 관점으로 바라볼 수 있는 여지를 제공한다.

오늘날의 대중문화는 매스 컬처인가? 파퓰러 컬처인가? 대중문화라는 개념을 이해하는 데 있어 프랑스 사회학자 부르디외(Bourdieu, 1995)가 제시한 '아비투스(habitus)'는 유용한 도구가 된다. 아비투스는 "일정 방식의 행동과 인식, 감지와 판단의 성향체계"로, 개인의 역사 속에서 개인들에 의해 내면화되고 체화되며 일상적 실천들을 구조화하는 메커니즘을 의미한다. 아비투스는 개인이 속해 있는 계층이나 계급 내에서 형성되어 개인의 취향을 결정하는 데 영향을 미친다. 즉, 개인은 사회화를 통한 계급의 아비투스를 내면화하고 그것을 취향이라는 명목으로 표출하면서 개인과 개인 간 연결과 동시에 구별의 기준으로 사용한다. 부르디외가 말하는 '계급'은 그들이 가진 사회적 · 경제적 · 문화적 · 상징적 자본의 양에 따른 구분이다. 이 중 문화적 자본(cultural capital)은 경제적 자본과 함께 사회계급을 매우 확연히 구별해 주는 기준이 된다. 예를 들어, 정통적 예술작품을 아는가 모르는가의 문제로 교육수준이나 경제수준을 가늠할 수 있다. 즉, 문화는 '문화 권력'으로서 서로 다른 집단 간 서열을 매기고 서로 대립하게 하는 지배력을 가지게 된다.

앞서 언급했듯이 매스 컬처는 계급성에 초점이 맞추어져 있다. 이 개념에서의 대중문화는 고급문화 이외의 범주에 있는 잔여 문화적 양식으로 저급성과 상업성을 띠며, 건강한 문화를 저해하고, 지배계급의 이데올로기를 확산시키는 주요 도구를 의미한다. 과연 오늘날의 대중문화는 매스 컬처인가? 현 사회의 대중문화를 일부 계층이 가지고 있는 특정 지배력에 의해 구별되고 규정되는 문화라 할 수 있는가?

반면 파퓰러 컬처는 집단의 삶 자체에 초점을 맞추고 있다. 즉, 이 관점에서의 대중문화는 대중의 삶을 반영하는 거울이자 그들의 삶 자체를 의미한다. 이에 파퓰러 컬처는 문화상대주의 관점에서 오늘날 대중의 삶을 그대로 이해하고 수용할 수 있는 관점이라고 볼 수 있다. 현대 사회의 문화·예술 영역에서 유행하고 있는 크로스오버(cross-over) 음악이나 퓨전문화(fusion culture) 등의 방식은 이를 향유하는 집단의 가치와 태도를 반영하면서 고급문화와 대중문화의 경계선을 무너뜨리고 있다. 즉, 대중문화를 파퓰러 컬처 개념으로 이해할 때 대중문화를 향유하는 다양한 계층을 그 주체로 바라볼 수 있게 되며, 이에 따라 청소년 또한 현대 대중문화의 주체로 자리매김할 수 있다.

2) 대중문화의 특징

대중매체의 발달과 함께 등장하고 활성화된 대중문화는 다음과 같은 특징을 가진다(비판사회학회, 2014).

첫째, 대중문화는 대중을 다양한 문화의 소비 주체로 등장시킨다. 문화는 과거에 교양있고 세련된 일부 사람, 즉 소수 특권층만이 즐길 수 있었던 문학, 음악, 공연의 형태로 존재했다. 그러나 이제는 이러한 문화가 대중매체를 통해 대중에게 전파되면서 대중이 다양한 문화를 소비할 수 있게 되었다.

둘째, 대중문화는 기존의 여가문화와 관습적인 문화를 대체하고 있다. 다양한 세대가 모여 직접 상호작용하며 놀이나 게임을 즐기던 여가문화는 이제 TV를 보거나 영화관, 공연 및 전시를 다니는 양상으로 변화하고 있고, 세대 간 전통적 위계로 인한 분리보다는 다소 동등한 분위기를 형성하고 있다.

셋째, 대중문화는 획일성과 수동성을 지닌다. 대중매체를 통해 접하는 유행 패션, 가요 순위, 영화 예매 순위 등 표준화된 동일한 문화 내용이 일방적으로 제공되며 대중은 이를 수동적으로 받아들이게 되는 경향이 크다.

넷째, 대중문화는 다양성과 창조성 또한 지닌다. 문화콘텐츠 생산자 측면에서 대중문화로 자리 잡고 유지하기 위해서는 끊임없이 다양하고 창조적인 콘텐츠를 제공해야 한다.

다섯째, 대중문화는 지리적 확산성을 지닌다. 한류 열풍과 같이 대중문화는 특정 지역이나 국가에 한정되지 않고 여러 나라로 확산되어 감으로써 소비시장을 확산해 나가고 있다. 인터넷의 발달은 이러한 확산성을 더욱 심화시킨다.

여섯째, 대중문화는 가족이나 국가가 담당했던 전통적 교육기능을 대체하고 있다. 청소년들은 가정이나 학교를 통한 교육보다 대중매체를 통한 대중문화를 접하며 사고와 태도 등을 형성한다. 이는 비단 청소년뿐만 아니라 성인 또한 마찬가지다. 대중매체를 통한 대중문화는 세대를 불문하고 다양한 지식, 가치, 사고방식을 전달하며 수용자들의 의식과 태도의 변화에 영향을 미친다.

03 매체의 발달과 기능, 그리고 청소년

1) 매체의 발달

20세기 후반 정보통신기술 발달로 인해 컴퓨터와 인터넷 기술 및 서비스가 급속히 발달했다. 이와 같은 정보기술의 발달은 교통발달과 더불어 개인의 일상적 경험 공간을 지구 전체로 확장하게 하였다. 매체의 소형화(miniaturization) 및 디지털화(digitalization), 네트워크화(networking)를 통해 사람들은 많은 정보를 매우 작은 공간에 대량으로 저장하고 이를 복사 및 편집할 수 있게 되었으며, 통신망을 통해 장소의 제약을 넘어 정보를 자유롭고 빠르게 전달할 수 있게 되었다. 더불어 컴퓨터를 매개로 쌍방향·대화형 커뮤니케이션이 급속히 확대되었다.

뉴미디어가 등장하고 미디어 간 결합으로 다양한 형태의 멀티미디어가 개발되고 있으며 사회연결망 서비스가 발달하면서 세계에 대한 대중의 이해와 인식의 폭이 넓어지고 지식과 정보의 생산자가 되고 있다. 이러한 사회의 변화로 인해 기존세대와 성장세대 간 문화의 향유 방식, 나아가 삶의 양식의 격차가 점차 커지고 있다.

2) 매체의 기능

여러 형태의 대중매체를 포함한 매체는 경제적 기능과 문화적·이데올로기적 기능이라는 이중적 기능을 가진다([그림 4-1] 참조). 먼저 매체의 경제적 기능에 대해

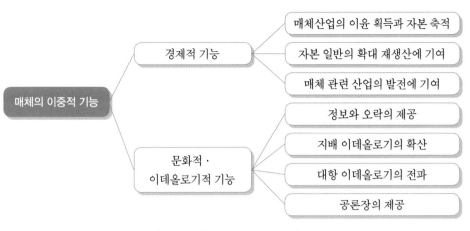

[그림 4-1] 매체의 이중적 기능

* 출처: 비판사회학회(2014).

살펴보면, 매체는 문화상품을 생산하여 이윤을 창출하고자 하는 기업의 형태로 존재한다. 자본 축적을 목표로 하는 기업이나 조직은 매체를 통해 메시지를 전달받는 수용자보다 자본의 순환과 확대 재생산에 기여하는 광고주를 중요시한다. 또한 매체는 관련 산업의 발전에 기여하는데, 예를 들어 신문은 제지업, 잉크제조업, 인쇄업 등에 기여하고, 방송은 전자제품산업, 방송기기산업, 영화 및 영상산업 등에 기여한다.

　다음으로 매체의 문화적 · 이데올로기적 기능을 살펴보면, 매체는 물질적 재화가 아닌 서비스와 문화적 콘텐츠를 제공한다. 여기서 문화는 '오락과 즐김' 그리고 '이데올로기'가 합쳐진 형태로, 매체를 통해 전달되는 지적 · 정신적 · 문화적 콘텐츠들은 의미를 담고 있는 정보가 된다. 즉, 매체는 다양한 이데올로기를 전달하거나 확산시키는 수단이 된다. 따라서 매체는 사회적 지배의 문제와 연관된다(비판사회학회, 2014).

3) 매체를 매개로 한 청소년과 대중문화

　과학기술의 적응력이 빠른 성장세대인 10~20대가 우리나라 대중문화의 중심이 되고 있다. 이들은 여러 매체를 통해 대중문화를 일방적으로 또는 적극적으로 수용하면서 자신들만의 하위문화를 창출하고 있다.

청소년들의 이러한 대중문화 수용 현상은 대중문화에 대한 사회적 관점에 따라 무비판적 수용이나 모방 양상으로 볼 수도 있고, 문화적 주체성으로도 볼 수도 있다. 앞서 살펴본 매체의 이중적 기능 또한 청소년의 대중문화 수용 양상에 영향을 미치기 때문에 매체를 매개로 한 청소년과 대중문화 수용 현상은 다양한 측면에서 유의하여 분석할 필요가 있다.

04 청소년의 대중문화 수용

1) 청소년 미디어 이용 현황

미디어는 대중문화 수용에 있어 중요한 수단이 된다. 이러한 미디어를 그 어느 세대보다 일찍 접하고 쉽게 다루는 세대가 청소년이다. 이에 청소년의 대중문화 수용 현상에 대해 본격적으로 들여다보기에 앞서 한국언론재단의 '2016 언론수용자 의식조사' 결과를 통해 청소년 미디어 이용 현황을 살펴보고자 한다.

(1) 미디어 이용률

청소년은 여러 미디어 유형 중 모바일, 즉 스마트폰을 가장 많이 이용하고 있었고 (91.7%), 다음으로 텔레비전(82.6%), SNS(Social Network Services)(66.0%) 순으로 많이 이용하는 것으로 나타났다. 스마트폰 이용량은 하루 평균 4.8시간으로 게임이나 동영상 등 재미 위주의 서비스와 SNS를 중점적으로 이용하고 있었다. 미디어 유형별로는 텔레비전, 종이신문, 라디오와 같은 전통 미디어는 성인의 이용률이, 그리고 모바일 인터넷, PC 인터넷, 메시징 서비스, SNS, 1인 방송, 팟캐스트와 같은 인터넷 미디어는 청소년의 이용률이 높은 것으로 확인되었다(그림 4-2) 참조).

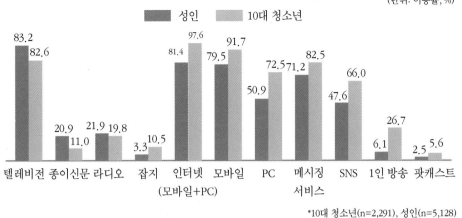

(단위: 이용률, %)

■ 성인　□ 10대 청소년

*10대 청소년(n=2,291), 성인(n=5,128)

[그림 4-2] 10대 청소년과 성인의 미디어 이용률

* 출처: 한국언론재단(2016).

(2) 미디어 뉴스 이용률

청소년이 미디어를 통해 뉴스를 얼마나 보는지에 대해 확인한 결과, 종이신문을 이용하여 뉴스를 접하는 시간은 2.2분, 잡지 뉴스는 0.4분, 라디오 뉴스는 1.4분, 스마트폰 뉴스는 15분으로 확인되었다. 대부분의 미디어 뉴스 이용률은 성인이 청소

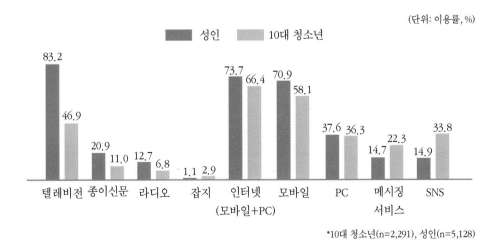

(단위: 이용률, %)

■ 성인　□ 10대 청소년

*10대 청소년(n=2,291), 성인(n=5,128)

[그림 4-3] 10대 청소년과 성인의 미디어 뉴스 이용률

* 출처: 한국언론재단(2016).

년보다 높았으나, 메시징 서비스, SNS 뉴스 이용률은 청소년이 성인보다 높은 것으로 나타났다([그림 4-3] 참조). 이는 모바일로 볼 수 있는 뉴스가 비교적 짧거나 연성적인 내용이 주를 이루기 때문인 것으로 보인다.

2) 대중문화의 주요 소비층, 청소년

대중문화 시장의 디지털 콘텐츠 시장화로 인하여 청소년이 주 소비층이 되고 있다. 음원사이트, 웹툰, 동영상 등 대중문화 콘텐츠 유료 사용자의 40%가 청소년이며, 아이돌 등 연예인 중심의 대중문화뿐만 아니라 게임 산업과 영상물 산업을 포함한 한국 대중문화 콘텐츠 중 첨단 콘텐츠 산업의 주요 소비층은 청소년이다. 청소년의 대중문화 소비는 부모-자녀 상호작용 방식에 영향을 미치고 그 양상을 변화시킨다(다음 기사 참조).

내 아이와 친해지고 싶으세요? '아이돌' 공부하세요!

자녀와 소통 창구로 활용하는 부모 늘어
"딸이 좋아하는 아이돌 얘기하다 고민도 듣게 돼."
기획사 채널·유튜브·전문 매체 등 콘텐츠 활용 추천

지난 5월 21일, 전업주부 최경희(49) 씨는 중학생 딸이 자신의 방에서 유리구슬 모양의 야광봉을 흔들며 기쁨의 눈물을 흘리는 모습을 봤다. 딸의 눈물샘을 자극한 영상은 미국 라스베이거스에서 열린 '2018 빌보드 뮤직 어워드'에 오른 아이돌 그룹 '방탄소년단'의 무대 장면이었다. "얼마 전에는 분명히 엑소를 좋아한다고 했는데….." 불과 일 년 만에 딸이 좋아하는 아이돌 그룹이 바뀐 걸 보고 최 씨는 걱정이 앞섰다. 이제 겨우 12명 엑소 멤버의 얼굴을 다 외운 터이기 때문이다. 고만고만한 얼굴을 외울 생각에 한숨이 먼저 나왔다. "방탄소년단은 모두 몇 명이니?" "일곱 명이요." 다행이었다. 7명쯤이야 하는 생각이 들었다. 그는 오로지 딸과 소통하기 위해 아이돌을 공부한다. "엑소 얘길 나눌 때 딸과 전 친구 사이가 된다."

임미진(51) 씨는 학부모들 사이에서 '아이돌 박사'로 통한다. 아이돌 그룹 '블랙핑크'를 좋아하는 고등학생 막내딸 덕분에 인터넷에서 관련 영상을 찾아보다가 같은 소속사 가수인 씨엘의 팬이 됐다. 2년 전 해체한 아이돌그룹 '투애니원(2NE1)' 멤버인데도 여전히 씨엘이 좋다. 임 씨는 "YG엔터테인먼트에서 씨엘의 솔로 앨범을 예상보다 늦게 제작하고 있다."며 "미국에서도 씨엘에 대한 인지도가 생기는 거 같은데, 지금 놓치면 안 되는데."라고 말하자 옆에 있던 딸 김유빈(19)이 한 마디 거들었다. "그래서 민지가 (소속사를) 나갔잖아."라고 말이다. 이 모녀의 대화는 한 시간 넘게 계속됐다. 마치 동갑내기 친구처럼 보였다. 임씨는 "유빈이와 이런 얘기를 나누다 보면 자연스럽게 학교생활, 교우관계, 고민까지 알게 된다. 다른 엄마들이 부러워한다"고 말했다.

자녀와 대화가 단절된 채 가슴앓이만 하는 부모가 많다. 얼굴을 찡그리고 귀가한 자녀에게 "무슨 일 있느냐?"라고 물어볼 엄두가 안 나는 이조차 있다. 설사 물어봐도 대답 없이 문을 잠가 버리는 자녀도 많다. (중략)

부모가 아이돌에 대해 최소한의 관심만 보여도 자녀와의 소통에 도움이 될 것이라고 말하는 교육 전문가들이 많다. 중학교 교사인 주현영(49 · 가명) 씨는 "학기 초 아이들이 처음 만나서 먹해도, 좋아하는 아이돌이 같으면 금방 절친한 친구가 된다. 그만큼 아이돌은 10대의 중요한 소통 창구"라고 말한다. 그는 "그런 점을 부모가 인지하고, 너무 아이돌에 빠지면 공부를 못한다고 호통을 치기보다는 자녀와의 소통 창구로 아이돌을 활용하면 좋겠다."고 말한다.

(한겨레신문, 2018. 7. 19.).

우리나라의 대중문화가 청소년을 타깃으로 콘텐츠를 생산하는 데는 청소년들의 구매력이 주요 배경으로 작용하고 있다. 그 대표적인 예가 '굿즈(goods)'이다. 굿즈란 제품이나 상품으로, 최근에는 특히 특정 연예인, 영화, 드라마, 소설, 애니메이션과 같이 문화 장르의 팬덤(fandom)에서 전반적으로 사용되는 말이다. 등장인물이나 특정 장르와 관련된 소품, 사진, 영상, 스티커, 액세서리 등의 각종 상품을 의미하는 굿즈는 마니아들에 의해 그 시장이 크게 성장하게 되었는데, 국내 연예인 굿즈 시장만 1,000억대 규모이다. 이러한 굿즈문화를 만드는 마니아들을 온라인에서는 '덕후'라고 부르기도 한다. '덕후'는 일본어 '오타쿠'의 변형으로 예전에는 부정적 의미로 쓰였으나 최근에는 무언가 열정적으로 좋아하는 마니아를 가리키는 말로 많이 사용되면서 스스로 부언가의 덕후임을 자처하기도 한다. 최근 아이돌 굿즈 시장의 매출이 급격하게 증가해 1,000억 원을 넘어섰다. 국내 주요 연예기획사들은 커지는 굿즈 시장에 발맞춰 공식 온·오프라인 쇼핑몰을 열어 운영하기도 한다(시사저널e, 2018. 2. 2.). 청소년들은 자신이 좋아하는 아이돌을 소유하기 위해 되도록 많은 굿즈를 소비한다.

3) 청소년의 대중문화 수용, 명과 암

(1) '본 디지털 세대', 청소년

청소년은 디지털 환경에서 태어나고 성장한 디지털 원주민 세대, 즉 '본 디지털 세대(born-digital generation)'이다. 청소년은 디지털 기기와 소프트웨어를 특별한 사전교육 없이 잘 다룰 수 있다. 앞서 언급했듯이 대중매체는 대중문화에 대한 접근뿐만 아니라 대중문화의 생산 및 소비를 가능하게 하는 주요 수단이다. 이러한 수단을 태어나면서부터 접한 청소년은 대중문화를 더 이상 여가의 측면으로만 또는 스트레스 해소 대상만으로 향유하거나 이용하는 것에 그치지 않는다.

청소년은 '스낵컬처(Snack Culture)' 현상의 주체이면서 대중문화 시장의 주요 소비자로 자리잡고 있다. 스낵컬처란 짧은 시간 동안 가볍고 재미있는 콘텐츠를 중심으로 즐기는 문화 현상이다. 웹예능 콘텐츠, 10분 내외의 웹드라마, 웹툰 등의 콘텐츠를 즐기며, 스마트폰의 화면 크기에 맞춰 테스트를 최소화하고 여러 장의 이미지로 구성하는 '카드뉴스', 기존 방송 뉴스와는 다르게 페이스북 같은 소셜미디어에서 유통되도록 감각적인 영상과 흥미로운 스토리텔링으로 뉴스를 전달하는 '비디오머그'와 같은 소셜 동영상 뉴스 등으로 사회를 접한다. 즉, 소화하기 힘든 주제나 읽기 힘든 텍스트보다는 쉽고 편안하며 감각적으로 접근할 수 있는 콘텐츠를 즐기는 문화 현상을 의미한다(유홍준, 2017).

본 디지털 세대인 청소년세대는 디지털 기술을 후천적으로 접하면서 적응한 기성세대, 즉 '디지털 이민자들(digital immigrants)'과 확연히 다른 측면을 지닌다. 이들은 우리나라의 대중문화 소비의 주체임이 분명하지만, 현대 사회에서 생산되고 있는 대중문화가 지닌 경제적 기능과 이데올로기적 기능을 고려했을 때 청소년 대중문화 수용 현상에 대해 정확히 파악하고 면밀하게 분석하는 노력이 필요하다.

(2) 청소년 대중문화 수용의 '명(明)'과 '암(暗)'

첫째, 과거와 달리 청소년들의 기호와 취향이 반영되고 이를 민감하게 반영하는 콘텐츠가 생산되고 있는 점은 고무적이라 할 수 있다. 그러나 경제적 능력을 스스로 갖추기 어려운 청소년들은 현재 대중문화 소비의 중심이 되었지만 주체적으로 대중문화를 생산하고 누리는 수준에는 이르지 못하고 있다. 그 예로 오디션 프로그램을 통한 경쟁, 외모를 중시하는 아이돌, 연예인 산업 중심의 현 대중문화는 청소년에게 일방적 메시지를 전달하기도 한다.

둘째, 청소년의 디지털 기기 및 소프트웨어 이용 수준이 높아 이를 주요 전달매체로 삼는 대중문화에 대한 접근성이 높다는 점은 청소년이 다른 세대와는 다른 문화적 자본을 형성할 수 있다는 점에서 긍정적이다. 반면, 이로 인해 스마트폰 과의존의 문제, 실제 생활에서의 사회적 상호작용 기회가 적은 문제 등 심리적 · 사회적으로 수반되는 문제 또한 분명히 있다.

셋째, 청소년을 대상으로 간결하고 편안한, 감각적인 형태의 콘텐츠를 제공하는 방식이 보편화되고 있어 대중문화에 대한 청소년의 이해 및 수용 수준이 높아지고 있다. 그러나 재미 위주의 콘텐츠 비중이 높아지면서 청소년들이 읽기 싫어하는 주제 영역들을 상대적으로 긴 형식으로 다루는 텍스트 뉴스에 대한 접근성이 낮아짐으로써 내용의 깊이 있는 전달 및 비판적 사고가 어려워지는 것이 사실이다. 또한 상업적 콘텐츠는 종종 자극적 · 폭력적 · 선정적인 방식으로 메시지를 전달하기 때문에 심리적 · 인지적 성장에 부정적 영향을 미칠 수 있다.

05 대중문화의 주체적 소비자로서 청소년, 그 과제

1) 청소년 대중문화 수용 현상에 대한 실태연구 필요

정보사회 내 세대 간에는 정보 격차가 존재하게 된다. 정보의 가속화에 따라 사회 구성원은 일상생활에 필요한 다양한 공적 · 사적 서비스 이용이나 사회참여와 같은 사회적 삶을 누리기 위해 뉴미디어에 대한 단순한 접근(access)을 넘어 정보 활용능력(digital literacy)을 지속적으로 습득하고 보완해야 하는 노력이 필요하다(황진구, 2000). 앞서 살펴봤듯이 디지털 원주민인 청소년세대와 디지털 이민자인 기성세대 간 디지털 격차(digital divide), 즉 미디어에 대한 접근이나 활용과 관련된 세대 간 역량에 차이가 발생하게 된다. 대중문화와 미디어 간 밀접한 관련성을 염두에 둘 때 우리 사회의 청소년의 대중문화 수용 양상이 기성세대와 차이를 보일 가능성은 자명하다. 더불어 대중문화 수용에 있어 청소년 세대 내 차이 또한 살펴볼 필요가 있다. 교육 및 경제 수준, 연령과 같은 인구학적 특성은 미디어 접근 기회나 활용 능력 수준에 영향을 미치고, 나아가 정보화 수준을 결정짓는다. 이처럼 같은 청소년세대라도 연령, 성별, 부모와의 상호작용 방식, 가정의 소득수준, 지역 등에 따라 대중문화 수용 양상의 차이를 보일 수 있다. 이는 새로운 사회적 불평등을 야기하기 때문에 청소년의 대중문화 수용 현상에 대한 다각적 연구를 통해 이러한 불평등을 해소할 수 있는 지원책을 마련할 필요가 있다.

2) 청소년문화에 대한 체계적 지원전략 수립

아이돌과 같이 자신이 좋아하는 연예인에 대해 청소년들이 보이는 팬덤 활동은 일부 맹목적 추종, 집단 간 반목, 일탈적 행위 등 미숙한 문화로 비춰지기도 한다. 이는 청소년이 접하는 대중문화가 주로 연예산업과 연관되어 제한적인 콘텐츠로 제공되는 현재의 산업구조의 문제로 인한 결과라고 볼 수 있다. 즉, 청소년이 향유할 만한 대중문화는 연예산업에서 생산해 내는 콘텐츠 위주일 뿐 다양한 영역의 여러 형태로 제공되지 않는다는 것이다.

청소년문화의 활성화를 위해 제한된 영역에서 일방적으로 제공하는 콘텐츠로 이루어지는 '청소년대중문화'의 틀을 확장시킬 필요가 있다. 청소년의 삶과 밀접한 영역에서 청소년이 만들어 내는 문화가 필요하며, 이러한 청소년문화가 건강한 하위문화, 나아가 대중문화 권력을 견제하는 대안적 집단으로 발전할 수 있도록 지원할 필요가 있다.

3) 청소년의 주체적·자생적 문화 수용 및 문화 창출의 기회 제공

매체는 기업 형태로 존재하며, 이러한 기업 논리 위주의 대중문화 생산 및 소비 구조는 청소년들이 이를 무비판적으로 수용하는 환경으로 작용하게 된다. 이에 청소년들이 주체적으로 그들의 문화를 만들고 실험하고 실천하는 체험적 문화 활동이 더욱 필요하다. 최근 팬덤 활동은 자신이 좋아하는 연예인에게 직접 '조공'하는 것이 아닌, 연예인이 관여하고 있는 동물보호단체에 기부하거나 환경보호운동에 참여하는 등 사회적 기여의 형태의 문화로 나타나기도 한다.

「제6차 청소년정책기본계획」(2018~2022)에는 청소년문화 관련 정책과제들을 '청소년 참여 및 권리증진' '청소년 주도의 활동 활성화'라는 정책방향하에 제시함으로써 청소년이 주도하고 참여하는 문화활동의 활성화를 꾀하고 있다.

「제6차 청소년정책기본계획」(2018~2022) 중 청소년 참여 및 문화 관련 정책과제

1. 청소년 참여 및 권리증진
 1-1. 청소년 참여 확대
  1) 지역사회에서의 청소년 참여 확대
   □ 청소년동아리·자원봉사활동을 통한 사회참여 활성화
    • 지역사회와 연계한 청소년 어울림마당·동아리 활동을 통해서 지역 청소년 문화 활성화
    • 사회참여, 자기개발의 관점에서 청소년자원봉사가 이루어질 수 있도록 자기주도형 자원봉사활동 모델 확산
    • 지역사회 기업, 교육, 자원 활동, 공공부문의 기관들에게 청소년의 사회참여 기회를 적극적으로 요청
2. 청소년 주도의 활성 활성화
 2-1. 청소년활동 및 성장지원 체계 혁신
  2) 청소년 주도 프로젝트 활동 활성화
   □ 청소년 주도 다양한 활동 기반 마련
    • 청소년들이 스스로 구상하고 실행하는 사업 추진체계 마련

－청소년들이 직접 기획하고 운영과정에 참여하는 다양한 지원기반 구성·운영 (청소년어울림마당 기획단, 지역동아리연합회 등)

　　　－다양한 문제해결(지역사회개발, 세대 간 통합, 청소년 권익개선 등)을 위한 프로젝트 참여활동 지원 확대

　　　－분야별, 테마별 다양한 지역동아리연합회 활동 강화를 통한 동아리 활동 활성화

　　　－청소년이 기획하고 과제를 개발하는 자기주도형 자원봉사 활동 확대 실시

2-2. 청소년 체험활동 활성화

1) 청소년 문화예술활동 지원

□ 청소년 동아리 활동 및 어울림마당 활성화 등을 통한 청소년 문화 활동 장려

- 스스로 구상하고 실행하는 '시·도 청소년어울림마당 기획단' 구성·운영 및 지역동아리연합회 활동 활성화로 다양한 영역의 동아리 활동 참여 확대

- 각 부처·지방자치단체별 청소년문화·예술 활동 프로그램 개발·보급

□ 문화기반시설 연계를 통한 청소년문화 활동 지원

- 각 지역별 문화 및 자연환경을 활용한 종합 문화 체험사업 개발 지원

　*예) 경주 新화랑 풍류체험벨트: 화랑정신과 문화를 활용한 각종 교육·체험·휴양 단지 조성

- 문화예술교육 강사 지원사업 운영

　－취약계층 청소년 대상 지역 청소년수련시설 등을 통해 문화·예술교육 지원

　*도서·산간지역 순회 예술강사, 지역별 특성과 수요(예: 대구 뮤지컬)에 따른 장르 확대

- 토요문화학교 등 문화예술 사업에 지역 예술단체·기관 등 지역 내 문화시설 활용을 통한 수요자 중심 문화예술교육 지원

- 청소년 관련 영상 콘텐츠 지원 강화를 통한 청소년 문화 활동 활성화

□ 문화시설·여가시설 등에서의 청소년 우대 활성화

□ 청소년이 문화시설, 과학관, 체육시설, 평생교육기관, 자연휴양림, 수목원 등 청소년 이용시설을 이용하는 경우 이용료 면제 또는 할인 활성화

□ 청소년증 홍보·발급 확대를 통해 청소년 우대 제도의 원활한 시행 도모

4) 청소년의 일상과 접목한 미디어 리터러시 교육 실시

미디어는 매일 엄청난 양의 대중문화 콘텐츠를 쏟아 낸다. 이 가운데 대중문화 콘텐츠를 통찰하고 비판할 수 있는 문해능력을 가진 청소년들은 어떤 것이 성적 호기심을 자극하기만 하고 상상력을 빈곤하게 하는지, 어떤 것들이 일상적인 것의 가치를 일깨우고 가치와 신념을 형성하게 해 주는지 가려낼 수 있다. 이러한 문해능력을 '미디어 리터러시(media literacy)'라고 한다. 미디어 리터러시란 하나의 텍스트(기록물)인 미디어와 문화의 의미와 가치를 가려내는 일종의 문해능력, 즉 문화를 읽어내고 그 의미를 파악하여 자신의 삶과 연결하는 역량이다.

미디어 리터러시 교육은 청소년의 일상과 밀접한 환경 및 삶의 요소들을 활용하여 이루어진다. 영국, 미국, 유럽의 여러 국가에서는 학교교육과 미디어 리터러시 교육을 접목시키는 시도를 해 오고 있다. 예를 들어, 대항해시대를 역사 배경으로 가지는 RPG(롤플레잉 게임: 게임 내에서 특정한 역할을 수행함으로써 성취를 이루는 게임 종류)를 통해 정치·경제 과목을 학습하고, 병원 드라마를 통해 윤리적 딜레마를 겪게 하면서 학생들이 이를 두고 토론과 모의법정을 체험하게 하는 등의 형태로 진행하고 있다(에듀인뉴스, 2016. 8. 12.). 이렇게 학습되고 형성된 미디어 리터러시를 통해 청소년뿐 아니라 교사와 학부모 모두 청소년을 위한 대중문화 콘텐츠를 판단할 수 있게 된다.

우리나라에서는 2005년부터 한국문화예술교육진흥원과 한국콘텐츠진흥원, 한국인터넷진흥원과 한국언론진흥재단을 중심으로 교육이 이루어져 왔으나, 청소년들의 일상생활과 동떨어진 교육 내용이라는 비판과 함께 그 실효성에 대해 문제가 제기되고 있다. 더욱 효과적인 교육콘텐츠를 마련하기 위해 학계와 학교 현장 간 긴밀한 협조를 토대로 미디어 리터러시 교육과 학교 교과목과의 연계, 게임을 통한 미디어 리터러시 교육 등 다양한 방향으로의 접목이 필요한 시점이라 할 수 있다(관련 정보는 한국언론진흥재단의 '다독다독 미디어 리터러시[1]' 참조).

---

1) http://dadoc.or.kr/

요약

1. 대중문화는 '대량문화' '대중매체화된 문화'로 대중매체의 발달로 인해 대중에게 정보와 지식이 확산되면서 서서히 발달하였다.

2. 우리가 살아가는 일상은 대중문화와 긴밀히 융합되어 있으며, 기존 문화로부터 소외되어 있던 대중이 대중문화로 인해 문화를 향유하고 일상화하게 되었다.

3. 대중문화는 관점에 따라 불특정 다수에 의해 향유되는 문화를 의미하는 '매스 컬처(mass culture)', 다수에 의해 일반적으로 동의되면서 인기가 있는 문화를 의미하는 '파퓰러 컬처(popular culture)'로 볼 수 있다.

4. 대중문화를 집단의 삶 자체에 초점을 맞추어 이해하고 인정할 때 청소년 또한 대중문화의 주체로서 이해할 수 있다.

5. 대중문화는, 첫째, 대중이 다양한 문화의 소비 주체가 되게 하고, 둘째, 기존의 여가문화와 관습적인 문화를 대체하며, 셋째, 획일성과 수동성을 지니고, 넷째, 다양성과 창조성 지니며, 다섯째, 지리적 확산성을 가지고, 마지막으로 가족이나 국가가 담당했던 전통적 교육 기능을 대체하고 있다.

6. 20세기 후반 정보통신기술 발달로 인해 기존세대와 성장세대 간 문화의 향유 방식 및 삶의 양식의 격차가 벌어지게 되었다.

7. 매체는 경제적 기능과 동시에 문화적·이데올로기적 기능을 가진다. 이러한 매체를 매개로 한 청소년의 대중문화 수용 현상은 관점에 따라 무비판적 수용이나 모방양상으로 볼 수도, 문화적 주체성으로 볼 수도 있다.

8. 청소년은 '본 디지털 세대(born-digital generation)'로, 대중문화 시장의 디지털 콘텐츠 시장화로 인하여 청소년이 주 소비층이 되고 있다.

9. 청소년이 대중문화를 주체적으로 소비하고 나아가 생산자로 자리 매김할 수 있도록 사회적 관심과 정책적 노력이 필요하다.

 **참고문헌**

참
고
문
헌

경기콘텐츠코리아랩(2017. 03. 20.). 새로운 대중문화 콘텐츠 '굿즈(goods)'.

관계부처합동(2018). 제6차 청소년정책기본계획. 서울: 여성가족부.

비판사회학회(2014). 사회학: 비판적 사회읽기. 경기: 한울아카데미.

시사저널e(2018. 02. 02.). 진화하는 '아이돌 굿즈', 엇갈린 소비자 시선.

유홍식(2017). 본 디지털 세대를 위한 제언: 청소년 미디어리터러시 교육 통해 시민 역량 키
워야. 신문과 방송, 2017(3), 30-35.

에듀인뉴스(2016. 08. 12.). 학생들은 대중문화를 어디서 어떻게 배우고 있나.

한겨레(2018. 07. 19.). 내 아이와 친해지고 싶으세요? '아이돌' 공부하세요!.

한국언론재단(2016). 2016 언론수용자 의식조사. 서울: 한국언론재단.

한국청소년정책연구원(2015). 청소년문화론. 경기: 교육과학사.

황진구(2000). 청소년계층 내부의 정보격차 실태 연구. 서울: 한국청소년개발원.

Bourdieu, P. (1995). 자본주의의 아비투스—알제리의 모순(ALGÉRIE 60: structures économiques
et structures temprelles) (최종철 역). 서울: 동문선.

한국언론진흥재단 '다독다독 미디어 리터러시' http://dadoc.or.kr/

제5장

사이버에서 문화를 펼치다

　　현대 사회는 급속하게 기술 발달 및 생산 활동의 강화가 이루어지고 있다. 특히 20세기 후반 IT 혁명에 따라 디지털 기술 공학이 발전하면서 사이버 공간은 현대 사회의 주요한 공간으로 자리 잡았다. 더구나 스마트폰의 보급이 확산됨으로써 현대 청소년들은 일상생활 속에서 꾸준히 사이버 공간에 접근하게 되었으며, 이는 자연스럽게 청소년과 사회의 현상이 되었다. 청소년을 대상으로 사이버 공간에 관련한 선행 연구들은 실태 파악과 더불어 문제 중심적 연구가 주를 이루고 있다. 그러나 다양하게 발생할 수 있는 문제 때문에 청소년과 사이버 공간의 무조건적 분리와 단절을 단행하는 것은 적절하지 못하다. 대부분의 청소년이 사이버 공간에서 활동하고 참여하고 있으며, 그 안에서 다양한 문화를 창출하고 유지하고 있다.

　　이 장에서는 사이버 공간 내에서 청소년의 다양한 문화가 형성 및 유지되고 있는 것에 초점을 두고 실태를 살펴보게 될 것이다. 또한 현대 사회의 큰 흐름이자 거대한 수단 및 장으로 자리 잡은 사이버 공간이 청소년의 세계에서는 어떠한 세상으로 만들어져 표현되고 있는지 함께 살펴보고자 한다.

01 사이버 공간의 문화적 특징

사이버 공간의 문화적 특징은 다양하다. 이러한 특징은 문화가 갖고 있는 힘을 보다 강화시키기도 하며, 한편으로는 문화의 부작용을 극대화하기도 한다. 사이버 공간의 문화적 특징을 정리하면 다음과 같다.

1) 익명성(비가시성)

사이버 공간은 비가시성의 특성을 갖고 있다. 이러한 특성은 긍정적인 측면과 부정적인 측면을 병행한다. 긍정적인 측면은 개인이 현실 공간에서는 신체적 제약으로 인해 수행할 수 없는 다양한 자아의 모습을 표현할 수 있다는 것이다. 이러한 점은 타인의 역할을 보다 잘 이해하게 하고, 자신의 미래 역할을 대비할 수도 있게 한다. 또한 신체적 특징이 드러나는 경우에 처하게 되는 불이익이나 보복에 대한 두려움 없이 자유롭게 표현하고 행동할 수 있다는 점에서 긍정적이라 볼 수 있다.

사이버 공간에서 완전한 익명성은 드물지만 대화명이나 필명과 같은 가명성을 통해 상대적인 익명성을 유지할 수 있다. 가명성은 실제 이름은 아니라도 일관된 정체를 유지시켜 주고, 그 사람의 행위나 말을 통해 타인이 알아볼 수 있게 한다. 가명성은 자신의 정체가 드러나지 않도록 보호를 제공해 줄 뿐만 아니라, 익명성으로는 불가능한 자신의 이미지를 표현할 수 있게 해 준다. 그러나 오히려 정체성 기만과 은폐의 수단이 될 수도 있다(조동기, 2016).

2) 다양성

사이버 공간은 개방적인 곳이다. 그러므로 비교적 용이하게 다양한 유형, 그리고 많은 사람과의 커뮤니케이션이 가능하다. 정보 검색, 필터링, 타 집단 및 타인과의 접촉이 효과적으로 가능한 수단을 제공한다. 공통된 관심과 취향을 공유할 수 있는 유용하고도 중요한 장이 된다. 사이버 공간에서 사람들은 다양한 사회적 자원의 원천에 노출됨으로써 다양성을 증진시킬 수 있다. 사이버 공간은 개인이나 집단이 다양한 목소리를 내고 사회적 관심을 요구하는 개방적인 공간이다.

사이버 공간의 이러한 특징은 사회적 지위나 권력에 상관없이 목소리를 낼 수 있는 기회를 제공해 주며, 주류 매체에서는 소홀하게 다루어지는 쟁점이나 주제도 많은 사람에게 쉽게 노출 될 수 있게 해 준다. 또한 개인이나 소수 집단이 조직이나 기업의 횡포 혹은 부당한 대우에 대해 항의와 불만을 표출할 수 있는 기회도 제공한다.

3) 시간과 공간의 제약 감소

사이버 공간에서는 시간과 공간의 제약이 현실 공간에 비해 크게 감소된다. 현실 공간에서는 서로 간에 공통의 관심사가 있다 해도 지리적으로 멀리 있다면 함께 활동을 하거나 의사소통을 하기 어렵다. 그러나 사이버 공간에서는 거리가 멀리 떨어져 있다고 해도 상호작용과 의사소통을 쉽게 할 수 있다. 통신망이 연결된 곳이라면 어느 곳에 있는 사람들과도 의사소통이 가능하게 된다. 이러한 요소는 공통의 관심사나 욕구를 갖고 있는 사람들을 만나게 해 주고, 쉽게 공유할 수 있게 만든다. 또한 개인이 편리한 시간대를 골라 사이버 공간에 입장 및 퇴장이 가능하다. 이러한 특성은 실제 현실 생활에서 시공간적으로 많은 제약과 통제를 받고 있는 청소년들에게 매우 편리하게 이용이 가능하게 하며 사이버 공간의 참여가 매우 활발해질 수 있는 이유가 되기도 한다.

4) 커뮤니케이션의 양방향성

사이버 공간은 양방향 커뮤니케이션을 가능하게 한다. 방향성이라 함은 상호작용하는 당사자 사이에서 정보 흐름의 형태를 지칭한다. 특히 양방향성의 특성은 인터넷이 진정한 대중매체가 될 수 있는 가능성을 보여 주고 있다. 다양한 집단과 사람들과의 관계를 형성 및 유지할 수 있다는 양방향성의 특징은 더욱 시너지 효과를 낼 수 있다. 일방향이 아닌 양방향적으로 이루어지므로 타인 및 타집단과의 관계가 형성될 수 있는 것뿐만 아니라 유지할 수 있게 해 주며 관계의 깊이에도 영향을 미칠 수 있다.

5) 가상성(초월성)

가상성은 현실 공간에서는 불가능하지만 이미지나 상상 속에서 구현되는 새로운 세계의 모습이다. 또한 시간적 제약과 공간적 한계를 벗어나게 해 주는 사이버 공간의 특징은 네티즌으로 하여금 현실 공간에서는 구현하기 불가능한 상상의 세계를 펼칠 수 있게 해 준다. 초월성은 이렇게 현실적 제약을 뛰어넘어 새로운 세계를 가능하게 해 주는 사이버 공간의 특성을 일컫는다. 이러한 가상성과 초월성을 통해 네티즌은 다양한 행위와 역할을 실험하고 경험할 수도 있다. 하지만 이러한 특성으로 인해 복잡하고 문제가 많은 현실로부터 도피하려는 경향을 강화시킬 수 있다는 점도 존재한다. 지나친 가상성은 현실 공간에 부정적인 영향을 초래하기도 한다.

6) 신속성과 전파성

사이버 공간에서는 다양하고 수많은 관계가 형성되고 유지된다. 그 방법과 수단역시 다양하다. 전파성은 이러한 사람들 간의 관계를 통해 정보나 메시지가 신속하게 전달되어 나가는 사이버 공간의 특성을 말한다. 사람들 간의 관계 네트워크는 사이버 공간의 다양한 미디어를 통해 유지되면서 소문이 지속적으로 전파되는 고리를 형성한다. 또한 전파 과정에서 정보는 매우 신속하게 확산된다.

02 청소년의 사이버 공간 이용 현황

청소년의 사이버 공간 이용 현황을 과학기술정보통신부와 한국인터넷진흥원이 2017년에 실시한 인터넷이용실태조사를 통해 살펴보았다.

1) 인터넷 평균 이용 실태

청소년들의 인터넷 평균 이용 시간 및 빈도를 조사한 결과는 〈표 5−1〉과 같다. 조사 대상자들은 최근 1개월 이내 인터넷 이용자이며 이동 전화를 비롯한 스마트폰, 스마트 패드와 IPTV, 인터넷 전화 등을 이용한 인터넷 접속을 모두 포함하였다.

표 5−1 인터넷 평균 이용 시간 및 빈도 (단위: 시간, %)

연도	주 평균 이용 시간	인터넷 이용 빈도			
		하루에 1회 이상	일주일에 1회 이상	한 달에 1회 이상	한 달에 1회 미만
2015	14.5	96.6	3.3	0.1	0.1
2016	15.4	93.9	5.6	0.3	0.2
2017	16.9	98.1	0.9	1.0	-

* 출처: 과학기술정보통신부 · 한국인터넷진흥원(2017)

통계청에서 발표한 2017년 통계 자료에 따르면 10대 청소년은 일주일에 평균 16시간 54분(일평균 2시간 24분)을 이용하는 것으로 나타났다. 인터넷 평균 이용 시간은 최근 5년 동안 지속적으로 증가하는 추세이다. 이러한 현상은 스마트폰의 보급이 대중화됨으로써 대부분의 청소년들 역시 스마트폰을 소유하게 되었기 때문이라고 볼 수 있다. 스마트폰을 사용해 사이버 공간에 자유롭게 출입이 가능해졌으며, 접근의 용이성으로 인해 청소년들의 사이버상의 문화가 매우 활발하게 이루어질 수 있게 되었다.

2) 청소년 인터넷 이용 용도

최근 1개월 이내 인터넷을 이용한 청소년의 인터넷 이용 용도를 조사한 결과(통계청, 2017) 인스턴트 메신저와 SNS, 이메일 이용 등의 커뮤니케이션과 음악 듣기, 동영상 보기, 온라인 게임 등의 여가활동 그리고 정보 검색, 신문 읽기 등의 자료 및 정보 획득을 목적으로 인터넷을 이용하는 것으로 나타났다(〈표 5-2〉 참조).

표 5-2 인터넷 평균 이용 시간 및 빈도					(단위: %)
커뮤니케이션	자료 및 정보 획득	여가활동	홈페이지 등 운영	교육 · 학습	직업 · 직장
97.1	92.6	98.9	53.8	73.6	7.8

* 출처: 통계청(2017).

3) 청소년의 인터넷 서비스 이용률

'2017 인터넷이용실태조사'를 통해 청소년의 인터넷 서비스별 이용률을 살펴보면 다음과 같다. 청소년들은 인터넷 서비스 중 인스턴트 메신저를 가장 많이 이용하며, 최근 1년 이내 가장 많이 이용한 인터넷 서비스로 카카오톡, 페이스북 메신저, 라인 등의 인스턴트 메신저를 꼽았다. 그 다음은 페이스북, 카카오스토리, 인스타그램 등의 SNS(Social Network Service)를 많이 이용하는 것으로 나타났다.

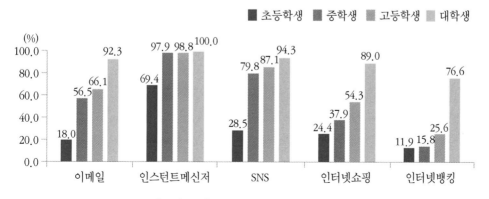

[그림 5-1] 인터넷 서비스별 이용률

* 출처: 통계청(2017).

| 표 5-3 | 학교급과 서비스별 이용률 | | | | | | | | | | | (단위: %) |

학교급	이메일	인스1)턴트메신저	주 이용 서비스			SNS	주이용 서비스				인터넷쇼핑2)	인터넷뱅킹3)
			카카오톡	페이스북메신저	라인		페이스북	카카오스토리	인스타그램	네이버블로그		
초등학생	18.0	69.4	99.2	13.3	5.9	28.5	69.0	47.3	25.3	24.6	24.4	11.9
중학생	56.5	97.9	99.4	38.4	11.7	79.8	86.4	39.7	34.6	29.7	37.9	15.8
고등학생	66.1	98.8	99.5	44.1	15.7	87.1	86.2	40.7	45.8	23.9	54.3	25.6
대학생	92.3	100.0	99.0	55.0	19.7	94.3	87.4	45.4	54.9	19.4	89.0	76.6

* 출처: 통계청(2017).

청소년의 인터넷 서비스별 이용률을 학교급에 따라 살펴보면 〈표 5-3〉과 같이 나타났다. 학교급이 높아질수록 대부분의 인터넷 서비스 이용률이 높아지는 경향을 보이고 있다. 그러나 주로 이용하는 SNS는 페이스북 다음으로 초·중학생은 카카오스토리, 대학생은 인스타그램을 주로 이용하여 학교급별 약간의 차이가 있음을 볼 수 있다.

4) 청소년 스마트폰 과의존 실태

스마트폰이 청소년들에게 보급됨에 따라 청소년들의 사이버문화는 매우 활발하게 발달되고 공유되어 왔다. 또한 사이버 공간의 특징들은 현상적으로도 매우 분명하게 드러났다. 청소년의 다양한 문화가 타 계층과 집단에 보급되고 전파될 수 있게 된 것에는 스마트폰의 영향력이 매우 크다. 한편 스마트폰의 큰 영향력만큼 스마트폰에 과의존하게 되는 청소년들이 발생하게 되는 부작용도 나타났다. 그 비율은 현재 최근 3년 동안 감소 추세이기는 하나 감소율은 매우 미미한 정도이다.

2017년 10세부터 19세까지 청소년의 스마트폰 과의존 위험군의 비율은 30.3%로 나타났다. '과의존'이란 "과도한 스마트폰 이용으로 인해 스마트폰에 대한 현저성이

---

1) 컴퓨터, 스마트폰 등으로 온라인상에서 개인 간 실시간으로 메시지, 사진 등의 데이터를 주고받을 수 있는 서비스로 카카오톡, 라인, 네이트온, 페이스북 메신저, 구글 행아웃 등이 포함된다.

2), 3) 인터넷 쇼핑과 인터넷 뱅킹은 12세 이상이다.

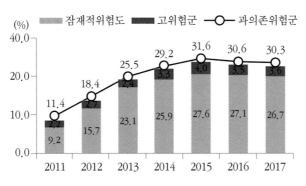

[그림 5-2] 스마트폰 과의존 실태

* 출처: 통계청(2017).

증가하고, 이용 조절 능력이 감소하여 문제적 결과를 경험하는 상태"를 말한다.

스마트폰 과의존위험군에 속하는 청소년들을 대상으로 주로 이용하는 콘텐츠가 무엇인지 살펴본 결과는 [그림 5-3]과 같다.

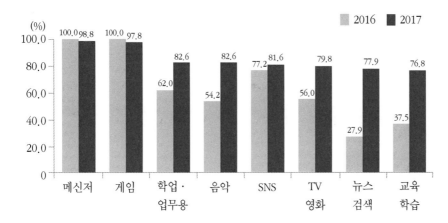

[그림 5-3] 스마트폰 과의존위험군의 주 이용 콘텐츠

* 출처: 통계청(2017).

메신저 이용이 98.8%, 게임이 97.8%로 나타났으며, 그 외에 학업 업무용 검색 (82.6%), 음악(82.65), SNS(81.6%) 순으로 이용하고 있었다.

| 표 5-4 | 스마트폰 과의존 실태 및 주 이용 콘텐츠(복수응답) | (단위: %) |

연도 · 학교급	과의존 위험	고 위험군	잠재적 위험군	주 이용 콘텐츠(과의존위험군)							
				메신저	게임	학업 업무용 검색	음악	SNS	영화 TV 동영상	뉴스 검색	교육 학습
2016	30.6	3.5	27.1	100.0	100.0	62.0	54.2	77.2	56.0	27.9	37.5
2017	30.3	3.6	26.7	98.8	97.8	82.6	82.6	81.6	79.8	77.9	76.8
초등학생	22.0	2.0	20.0	83.4	95.7	66.4	67.0	57.1	68.8	30.7	67.3
중학생	34.3	3.9	30.4	98.5	97.7	83.0	85.1	78.6	80.9	82.3	81.0
고등학생	28.7	3.4	25.3	99.6	97.6	87.8	88.3	85.8	83.9	86.9	82.7

* 출처: 통계청(2017).

이를 학교급별로 살펴보면 중학생이 34.3%로 가장 높고, 그다음은 고등학생으로 28.7%의 비율을 나타냈다. 과의존위험군 중에서 고위험군 비율은 중학생이 3.9%, 고등학생이 3.4%로 나타나 중학생이 가장 취약한 것을 알 수 있다(〈표 5-4〉 참조). 이를 학교 급별로 살펴보면 중학생이 34.3%로 가장 높고, 그다음은 고등학생으로서 28.7%의 비율을 나타냈다.

03 청소년의 사이버문화

1) 게임문화

청소년의 사이버문화 중 매우 활성화되어 있는 문화 중 하나가 바로 게임문화이다. 특히 네트워크를 기반으로 한 '이용자 간 상호작용성'을 특징으로 하는 온라인 게임이 출현함으로써 청소년 여가활동의 주요 수단으로 자리 잡았으며 청소년 일상문화 전반에 걸쳐 그 파급 효과가 갈수록 증대되고 있다.

청소년들의 대표적 여가문화에 매우 신속하게 자리 잡고 확산된 것이 바로 게임문화이다. 현대 청소년의 문화가 된 온라인 게임은 과거의 모습과는 다른 점이 있다. 조민식(2012)은 현대 온라인 게임에 대하여 다음과 같이 정리하였다.

첫째, 온라인 게임은 네트워크를 기반으로 운영된다. 과거의 게임은 개인이 컴퓨터를 대상으로 하는 형식이었다. 그러나 현재는 개인과 개인이 온라인 게임 공간을 통해서 만나게 된다. 청소년들이 즐기는 온라인 게임이 문화로 자리 잡은 이유 중 하나도 바로 이러한 상호작용이 게임과 동시에 가능하다는 것이다. 전혀 일면식도 없던 타인과 대화를 하게 되고, 때로는 한 팀이 되기도 하며 반대로 적이 되기도 한다. 이렇듯 온라인 게임은 커뮤니티성을 가짐으로써 과거의 형태와는 달라지게 되었다. 게임문화 안에서 다양한 관계 형성 및 유지뿐 아니라 가상공간에서의 유대감이나 동지애를 느끼는 것도 가능하게 되었다. 게임 사용자들은 게임 세계의 공동체에서 현실 세계의 공동체를 대리적으로 경험하게 된다. 이러한 점은 게임문화가 특히 청소년에게 더욱 영향력 있게 된 것의 이유가 되기도 한다. 발달 시기적 특성상 청소년들은 집단과 무리에 소속됨으로써 자신의 존재를 확인하고자 한다. 현실 세계에서는 여러 제약으로 인해 공동체에 소속되어 활동하는 것이 다소 어려울 수 있다. 그러나 사이버 공간에서는 제약이 훨씬 약화되므로 공동체가 쉽게 이루어지고, 그 공동체를 경험하게 되는 것이다. 게임 공간에서 친구를 만나고 대화를 하면서 새로운 공동체를 형성하고 함께 여가를 즐긴다. 정리하면, 온라인 게임문화는 네트워크를 기반으로 운영되며 그것이 현실에 비해 많은 제약 없이 형성 및 유지가 가능하다.

둘째, 현대 게임 공간은 다양한 일상생활의 연장으로 변모하고 있다. 과거에는 컴퓨터 게임이나 온라인 게임을 즐기는 청소년들이 현실 세계 속에서 대인 관계를 형성하는 것에 어려움을 겪거나 때로는 현실 도피, 현실의 불만을 해소하기 위한 수단으로만 이용하는 것으로 여겨졌다. 그러나 지금은 게임이 일상생활에서 공공연하게 즐기는 문화가 되었으며, 여가 활동의 중요한 수단으로 자리 잡았다. 예전에는 온라인 게임 자체를 매우 문제 중심적으로 바라보는 시각이 대부분이었지만 현대에는 그 시각이 다소 변화되었음을 알 수 있다.

셋째, 상호작용성을 바탕으로 형성된 게임 내 커뮤니티에서는 '정치 행위'와 '경제 활동' 그리고 '사회성'이 내면화되고 있다. 예전에는 마냥 컴퓨터를 상대로 승리를 하기 위한 게임이었다면, 지금은 앞서 언급한 대로 다양한 분야의 타인과 커뮤니케이션이 이루어지는 장이 되었다. 그리하여 게임에 참여하는 자체가 다양한 간접 활동 및 참여를 가능하게 한다. 대부분의 게임 목표는 적과의 싸움에서 승리하거나 자신의 영토 및 영역을 확장하는 것이다. 그러므로 자신의 다양한 시도와 기술을 사용하여 자신의 세력을 확장하고 영역을 넓히는 정치 활동도 이루어지고 있다. 정치 활동뿐만 아니라 경제 활동도 가능하다. 예를 들어, 온라인 게임 내에서 사이버 공간상에서의 이득을 위하여 현실 세계에서 실제로 현금이 거래되는 경우가 있다. 이는 게임 문화가 사이버 공간 안에서만 국한되지 않고 현실 세계에서의 경제 활동도 움직인다는 것을 보여 준다.

이와 같은 정치 행위와 경제 활동이 이루어지고 있는 온라인 게임 공간에 참여하고 활동하는 그 자체로 하나의 문화가 되었다. 또한 청소년들은 그 문화에 동참함으로써 지속적인 관계 형성 및 유지가 가능해졌다. 이러한 현상은 일상적 문화가 되고 있는 실정이다.

2) 스마트폰 문화

과학 기술의 발달에 따라 인간 삶의 형태는 많은 변화가 있어 왔으며 청소년도 예외는 아니다. 통계청에서 발표한 청소년의 스마트폰 이용률을 보면, 2011년과 2012년 사이에 두 배 이상 급증하였으며 현재는 대부분의 청소년이 스마트폰을 이용하고 있다고 해도 과언이 아니다(김영미 · 김두범, 2016).

스마트폰 문화가 갖는 가장 중요한 특징은 다음과 같다.

첫째, 접근의 용이성이다. 이동 통신망을 이용하여 언제, 어디서나, 경제적으로 사이버 공간에 접근할 수 있게 해 준다. 과거에는 PC가 설치되어 있는 공간에 있어야만 가능했던 사이버문화 활동이 이제는 걸어 다니면서, 이동하면서, 누워서, 어디에 있든 가능하게 된 것이다.

둘째, 스마트폰 문화는 청소년들의 끊임없는 소통의 장을 이끈다. 스마트폰을 통해 청소년은 문화의 장과 지속적으로 상호작용하고 연결이 가능하게 되면서 소통의 장이 이어지게 된다. 이러한 특징은 소통적 제약을 벗어나 타인과 끊임없는 사회적 관계를 맺게 해 준다.

셋째, 의사소통의 도구와 방법을 다양하게 제공한다. 스마트폰을 이용하여 상대방의 얼굴을 화면으로 보며 소통이 가능하고, 문자적인 수단 역시 가능하다. 음성만으로도 소통이 가능하며 한 사람뿐만 아니라 여러 사람과의 소통이 동시에 이루어질 수 있게 한다. 이 모든 수단이 스마트폰 하나로 가능해졌다.

청소년들은 스마트폰을 사용하는 자체가 하나의 문화로 자리 잡았을 뿐만 아니라 그 안에 탑재된 기능들과 다양한 애플리케이션으로 인해 한층 더 다채로운 문화 활동이 가능해졌다.

3) SNS 문화

'소셜 네트워크 서비스(Social Network Service: SNS)'란 "사용자 간 자유로운 의사소통과 정보 공유, 인맥 확대 등을 통해 사회적 관계를 생성하고 강화시켜 주는 온라인 플랫폼"을 의미한다. 또한 자신의 삶을 개방하여 타인과 공유하고 기존의 관계에서 벗어나 새로운 관계를 형성할 수 있도록 하는 온라인 가상 사회이면서 현실과 함께 하는 공생적 사회로 정의된다. 청소년들이 가장 많이 이용하는 스마트폰 서비스가 SNS로 나타난 결과는 이를 뒷받침한다(조소연, 2017).

이렇게 청소년이 일반적으로 많이 참여하는 사이버문화인 SNS는 몇 가지 기능을 하는데, 그 기능은 청소년으로 하여금 높은 만족감을 느끼게 한다.

첫째, 사회 네트워크 서비스 문화는 소셜 플랫폼을 통해 자기표현의 도구로서 최대 효과를 나타낸다. '페이스북'이나 '카카오스토리' '인스타그램' 등을 예로 들면 청소년은 프로필 아이콘을 설정함으로써 나를 시각적으로 표현할 수 있다. 또한 나와 관계를 맺고 있는 사람들에게 텍스트뿐만 아니라 디지털 사진, 그림, 동영상 등의 시각적 정보까지 제공할 수 있고, 역으로 제공받을 수 있기도 하다. 단순히 텍스트로만 구성된 정보보다 텍스트와 이미지 및 동영상의 조합은 모든 사람과 공유되면서 훨씬 강력한 힘을 갖게 된다. 다양한 텍스트, 그림, 사진 및 동영상을 업로드 함으로써 자신의 느낌이나 감정, 생각을 표현하고 자신의 상태를 공개할 수 있다(이승형, 2015).

둘째, 효과적인 또래관계 형성 및 유지를 가능하게 한다. 10대 청소년들은 '나'를 표현하기 위한 수단으로 SNS를 사용하기도 하지만 '또래집단 속에서의 나'를 표현하는 데 더 중심이 맞춰져 있었다. 즉, 타인과 관계를 연결시키는 것을 중요하게 생각하므로 그 수단으로서의 SNS는 매우 효과적이라는 것이다.

마지막으로 SNS를 통한 관계 형성 및 유지가 매우 용이하다. SNS를 통해서 친구들을 형성하고 사귀는 것은 매우 쉬우면서도 큰 부담을 느끼지 않는다. 또한 관계를 차단하는 것도 가능하므로 현실 세계에서 쉽지 않은 관계 형성과 유지 및 차단이 비교적 용이하다. 현실 세계와 동일한 수준으로 친구 간의 강한 유대감과 신뢰를 형성하기는 어려울 수 있지만 다양한 사람을 접할 수 있으며 그에 따라 관계를 형성할 기회가 자연스럽게 많이 제공된다. 이는 사회적 자본과 사회 참여를 증진시킬 수 있는 매체가 될 수 있음을 의미하기도 한다.

이 외에도 SNS에는 다양한 측면에서 청소년들이 자유롭고, 쉽게 문화 활동이 가능할 수 있는 기능이 있다. 이와 같은 이유로 청소년들의 사이버문화가 상당 부분 SNS 활동에 치중되어 있음을 알 수 있다.

04 사이버문화 활동으로 인한 폐해

1) 정체성과 역할의 다양성으로 인한 혼란

청소년은 사이버 공간 내에서 다양한 정체성과 역할을 경험하게 된다. 사이버 공간은 비가시적인 공간이며, 공간적 · 시간적 제약이 제한되지 않는 곳이다. 그리하여 현실 세계에서 청소년은 사회적 약자라는 선입견 때문에 자신의 목소리를 크게 내지 못하다가 사이버 공간에서는 때때로 자신의 목소리를 당당히 내는 리더의 자리에 있기도 한다. 수직적 관계가 아닌 수평적 관계에서 자신의 권리를 행사할 수 있으므로 청소년은 현실보다 오히려 사이버 공간에서의 정체성을 더욱 우선시할 수도 있다. 이렇게 청소년이 사이버 공간에서 다양한 정체성과 역할을 경험하는 것에 대하여 부정적인 현상으로 보는 입장과 긍정적인 현상으로 보는 입장이 있다.

먼저 사이버상의 자아는 여러 개의 자아로 나누어져 있고 이런 자아의 모습을 다중자아, 복합자아, 다중정체성이라고 일컫는데(김성벽, 2006), 사이버상의 자아는 사실 현실 세계에서도 연계되어 확립되기보다는 현실에서는 정체성을 확보하지 못하고 주체의 자아 동일성이 사라질 수도 있다는 우려 섞인 주장이 있다.

반면 사이버 자아는 자아의 분열이 일어나는 것이 아니라 자아의 확장으로 보아야 한다는 주장이 있다(박석철, 2005). 사이버 공간에서는 현실과는 달리 자신을 드러낼 수 있는 기회가 훨씬 많다. 누구라도 자신의 주장을 펼칠 수 있고, 의견을 내세울 수 있다. 뿐만 아니라 자신이 직접 찍은 사진이나 자신의 생활이 담긴 여러 장면들과 동영상 등을 공개할 수 있으며, 이것은 현재 한창 인기 중인 1인 방송 문화로까지 이어졌다. 이렇듯 사이버 공간에서 자아는 확장될 수 있고, 다양한 역할을 경험하게 된다는 것이다.

사이버 공간에서 이어지는 다양한 경험은 청소년이 자아 정체성을 발견하고 확립하는 것에 있어서 막대한 영향을 미친다. 청소년 시기는 특히 발달 시기 특성상 자아 정체성이 확립되는 시기이다. 그러므로 다양한 경험은 청소년의 자아 정체성 발견 및 확립에 대하여 다양한 기회와 수단을 제공하는 장점이 될 수 있다. 그러나 반대로 현실 공간과 사이버 공간의 특징적 차이에 따라 오히려 자아 정체성 확립에 장애가 되고 혼란스럽게 할 가능성도 적지 않다.

중요한 것은 이러한 현상을 부정적·긍정적이라고 속단하기보다는 긍정적인 결과로 이어질 수 있게 해야 한다는 것이다. 청소년에게 다양한 만남이 가능하게 하고, 여러 관계 형성 및 유지와 더불어 다양한 역할을 경험하게 함으로써 현재와 미래를 발전시킬 수 있게 된다면 사이버 문화는 더욱 유익한 문화가 될 것이다.

2) 과몰입으로 인한 현실 세계의 어려움

앞서 인터넷 이용에 있어서 과몰입 및 의존도에 따른 고위험군의 수가 높게 나타난 실태를 볼 수 있었다. 한국콘텐츠진흥원(2017)에서 제시한 자료에서도 과몰입 위험군의 빈도 경향에서 그 결과는 입증된다(〈표 5-5〉 참조). 문화체육관광부에서 밝힌 2014년부터 2017년 6월까지 '게임 과몰입' 힐링 센터를 통하여 게임 몰입과 관련한 상담을 받은 청소년은 모두 1만 860여 명이었다. 그리고 게임 과몰입에 의하여 상담을 받는 청소년의 수가 크게 늘어나는 현상은 청소년의 사이버문화로 인해 발생한 부작용이라 볼 수 있다.

표 5-5 연도별 게임 과몰입 실태조사 결과

구분	2014년		2015년		2016년		2017년	
과몰입군	0.7%	2.2%	0.7%	2.5%	0.7%	2.5%	0.7%	2.6%
과몰입위험군	1.5%		1.8%		1.8%		1.9%	
일반사용자군	90.7%		85.8%		85.6%		81.5%	
게임선용군	7.1%		11.7%		12.0%		16.0%	
계	100%		100%		100%		100%	

* 출처: 한국콘텐츠진흥원(2017).

게임 과몰입 원인에 관한 기존 연구에서는 게임 내부의 특성, 심리사회적 특성, 생물학적 특성 등으로 구별하여 제시하였다. 대부분의 연구들은 게임 과몰입의 원인이 개인의 심리사회적 요인에 의해 결정된다고 말한다. 이는 개인의 심리적 요인이 게임 과몰입의 직접적 원인이 되고, 사회적 요인들은 직접적 원인인 심리적 원인에 영향을 줌으로써 게임 과몰입에 이르게 한다는 것이다.

사이버문화에 이렇게 과몰입하게 되면 현실 세계에서 많은 어려움이 따르게 된다. 현실과 사이버 공간을 구분하는 판단력에 문제가 생긴다거나 혹은 현실 세계에서 수행해야 하는 과제와 자신의 책임을 모두 뒤로한 채 사이버 공간에만 몰두하게 되어 자신에게뿐만 아니라 주변의 사람들에게도 많은 어려움을 수반하게 된다. 실제로 최근 정부에서 전국 1만 1,561개교에 재학 중인 학령전환기 청소년 학생 129만여 명을 대상으로 조사한 결과 스마트폰 과의존 위험군은 12만 840명으로 나타났으며, 이들은 일상생활에 장애를 느끼는 금단 현상과 내성이 있음이 보고되었다(임희숙, 2018).

사이버문화는 지금까지도 매우 활발하게 이어져 왔고, 앞으로의 전망도 더욱 확장될 것으로 예상된다는 측면에서 과몰입으로 인한 현실 세계의 어려움은 매우 신속하게 대처되어야 한다.

05 청소년 사이버문화의 재고 및 방향

앞서 청소년 사이버문화의 실태와 현황들뿐만 아니라 의도되지 않은 폐해도 살펴보았다. 여기서는 청소년 사이버문화에 대한 재고와 더불어 사이버문화 발전을 위한 방향을 제안하고자 한다.

1) 사이버공간 활용의 기본적 교육과 규범 확립

지금 이 시간에도 사이버 공간에서는 정보가 홍수처럼 쏟아져 나오고 있다. 그 많은 정보를 무분별하게 받아들이다가는 왜곡된 정보를 믿고 선택할 가능성도 높아진다. 이러한 측면에서 사이버 공간을 잘 활용할 수 있는 기본적 교육과 규범의 확립은 매우 시급하다.

첫째, 사이버 공간에서 지켜져야 하는 예의와 예절을 확립해야 한다. 특성상 직접적인 대면이 이루어지지 않고 익명성이 보장되기 때문에 무례한 태도를 보이기도 한다. 따라서 건강하고 긍정적인 사이버 문화가 정착되고 발전되기 위해서는 기본적인 예의와 예절이 확립되어야 한다.

둘째, 사이버 공간 내 규범이 정립되어야 한다. 사이버 공간에서 참여하게 되는 문화 활동이 지나치게 개방적이고, 서로 지켜져야 하는 규범과 질서가 무너진다면 걷잡을 수 없는 사태가 발생한다. 현재 사이버 공간 내 관계와 활동에서 도를 넘는 언행이 자주 발생하며, 그것은 심각한 사이버 폭력, 사이버 불링(cyber bulling) 등의 문제와도 직결되고 있는 실정이다. 그러므로 사이버 공간 내 규범이 확립되고 공유된다면 이와 같은 문제들을 사전에 예방할 수 있는 하나의 방안이 될 것이다.

마지막으로 사이버 공간 내 예의, 예절, 규범이 정립되었다면 이를 효과적으로 전달할 수 있는 교육이 시행되어야 한다. 현재 청소년을 대상으로 사이버 공간을 올바르게 사용할 수 있는 방법에 대한 교육은 매우 형식적인 것에 그칠 뿐 그 효과는 그다지 좋지 못하다. 효과적인 사이버 공간 내 예의 및 예절과 규범의 공유를 위해서는 '교육의 시점'이 매우 중요하다. 이와 같은 교육은 청소년이 사이버 공간에 첫 발을 들여놓기 이전에 미리 시행되어야 한다. 교육과 활동을 통해 예의, 예절, 규범이 확립된 사용자들이 사이버 공간 안에서 문화를 공유한다면 그 질과 영향력은 더욱 긍정적이고 강화될 것이다.

2) 미래 지향적 수단으로 적극 활용

사이버문화는 그 자체로 즐기고 공유하는 것에서 끝나지 않고, 다양한 측면에 영향을 주는 문화이다. 개인의 현실적인 삶뿐만 아니라 정치, 경제, 진로 등 여러 분야에 참여하고 활동할 수 있도록 해 준다. 그리고 그 영향력은 사이버 공간 내에서뿐만 아니라 현실 공간에서도 이어진다.

사이버문화는 청소년 시기에 주요한 과제가 되는 진로와 미래 탐색의 선택에 있어서 매우 유용한 수단이 된다. 단지 순간의 즐거움을 충족하는 것 이상으로 미래 지향적 발전이 가능하다. 예를 들어, 자신이 좋아하는 분야에 대한 정보들을 검색하고 수집하며, 그에 관련되어 종사하는 많은 인물을 직간접적으로 접할 수 있다. 또한 자신이 희망하는 직업에 대해서도 검색이 가능하며, 그에 관련한 학교나 학과, 전공 등도 쉽게 파악할 수 있다. 그리고 그에 관련한 활동과 참여 역시 먼 미래가 아닌 현재의 시점에서도 시도해 볼 수 있다. 뿐만 아니라 그에 도움을 줄 수 있는 많은 네트워크를 구성할 수 있는 방법도 있다.

사이버문화는 청소년이 순간의 여유와 여가를 즐길 수 있는 수단이 되기도 하지만, 자신의 삶에 있어서 미래 지향적인 삶을 위한 수단으로 적극 활용될 수 있다. 이러한 점은 청소년 사이버문화가 재미와 자기 발전을 병행할 수 있는 문화로 자리 잡을 수 있음을 의미한다.

3) 청소년 사이버문화의 특수성 개발

사이버 공간은 표면적으로 매우 개방적이다. 그러나 그 안에서 이루어지는 활동은 상업주의 체제, 즉 성인들이 만들어 놓은 시장 체제 안에서 이루어진다. 그러므로 '제한 없는 공간'이라는 점에 착안하여 청소년이 독자적으로 창조, 개발, 공유할 수 있는 진정한 청소년문화가 조성되어야 할 것이다.

경제적 요인으로 인해 청소년의 다양한 문화가 발전되는 것에 제약이 따르기 마련이다. 그러나 사이버에서는 공간 형성부터 발전에 이르기까지 반드시 경제적 여건이 필수적인 것은 아니다. 오히려 자기를 표현하고 공개하며, 타인과 공유하는 것에 있어 적극적인 청소년기 특성상 청소년이 활용하는 기술과 신속성의 능력은 성인 이상으로 발휘될 수 있다.

이러한 청소년의 특성이 사이버 공간의 특성과 맞물려 '청소년 사이버문화'만의 특수성이 개발될 수 있다. 그리고 이것은 마냥 성인들이 이미 만들어 놓은 곳에서 놀기만 하는 문화가 아니라 청소년들이 직접 창조하고 개발하며 발전시킬 수 있는 문화의 장이 될 수 있음을 확인할 수 있을 것이다.

4) 효율적인 필터링 시스템 개발

청소년에게 알맞은 필터링 시스템의 개발이 시급하다. 물론 청소년 스스로 무수한 정보를 잘 거를 수 있는 능력을 갖추는 것이 가장 좋겠지만 그것은 단기간 내에 이루어지기 어렵다. 그렇다면 차선책으로 효율적인 필터링 시스템을 개발함으로써 유해하고 왜곡된 정보로부터 청소년을 보호해야 한다. 걸러지지 않은 상태로 무분별하게 쏟아지는 정보의 바다에서 호기심이 많고 흥미를 추구하는 청소년에게는 이와 같은 필터링 시스템은 매우 시급하다. 단적인 예로, 특히 '성'에 대한 관심이 급증하는 시기인 청소년은 그에 관한 정보와 경험을 사이버 공간에서 찾고, 그 궁금증을 해소하려 한다. 그리하여 왜곡된 정보로 인한 부정적 성의식을 갖게 되는 경우도 있다. 물론 현재 몇 가지의 대안으로써 유해한 특정 단어 검색 금지나 연령으로 인해 특정한 사이트에 접근하는 것 자체에 제한을 두는 정책이 있지만 그 효과에 대해서는 만족스럽지 못하다.

청소년이 자유롭게 사이버상에서 건강한 문화를 조성하고 발전시키는 것을 위하여 성인들도 함께 노력해야 할 것이다.

5) 개인의 자기통제력 강화

자기통제력이란 "청소년이 스스로의 의지와 정서, 행동을 직면하는 다양한 환경이나 상황에서 자제할 수 있는 능력"(김영미·김두범, 2016)을 말한다. 한편 자기통제력은 충동 조절 또는 자기관리나 자기조절 등의 용어로도 지칭되기도 한다. 즉, 다양한 상황에서 장기적 만족보다 즉각적 만족을 선택하느냐, 즉각적 만족보다 장기적 만족을 선택하느냐 하는 선택적 상황에서 자신의 행동과 사고, 감정을 조절하는 능력이라고 볼 수 있다.

아무리 타인과 외부의 제약에 의해서 강제적으로 차단될 수 있다고 하더라도 가장 중요한 것은 스스로 과몰입, 중독되지 않도록 통제할 수 있는 힘을 강화하는 것이다. 만약 그 통제력이 갖춰지지 않았다면 계속해서 누군가의 통제에만 의존하게 된다. 이후 강제적인 매개가 없어질 때는 과몰입과 중독의 위험에 더욱 노출될 수밖에 없다.

그러므로 청소년의 사이버문화가 더욱 긍정적으로 발전되기 위해서는 청소년 개인의 자기통제력이 강화되어 적절하고 적당하게 활용할 수 있도록 해야 할 것이다.

요약

1. 사이버 공간의 문화적 특징은 익명성, 다양성, 시공간의 제약 약화, 양방향성, 가상성, 신속성과 전파성이다.

2. 조사된 청소년의 사이버 공간 이용 현황에 따르면 인터넷 평균 이용 시간이 해마다 증가 추세를 나타낸다. 청소년들은 주로 인스턴트 메신저, 자료 및 정보 획득, 여가활동 등에 인터넷을 이용하고 있다.

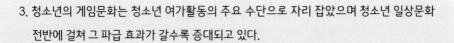

3. 청소년의 게임문화는 청소년 여가활동의 주요 수단으로 자리 잡았으며 청소년 일상문화 전반에 걸쳐 그 파급 효과가 갈수록 증대되고 있다.

4. 스마트폰은 접근의 용이성, 지속적인 소통의 장, 의사소통의 도구와 방법의 다양성을 제공한다. SNS 문화는 사용자 간 자유로운 의사소통과 정보 공유, 인맥 확대 등을 통해 사회적 관계를 생성하고 강화시켜 주는 온라인 플랫폼을 의미한다.

5. 사이버문화 활동에 의해 청소년은 다양한 정체성 및 역할로 혼란을 느낄 수 있다.

6. 과몰입으로 인해 현실 세계의 어려움을 토로하는 청소년들이 증가했다.

7. 청소년 사이버문화에 대한 재고 및 발전을 위해서는 첫째, 사이버 공간 활용의 기본적 교육과 규범을 확립해야 한다. 둘째, 청소년 사이버문화를 미래 지향적 수단으로 적극 활용하여 청소년 사이버문화만의 특수성을 개발해야 한다. 셋째, 효율적인 필터링 시스템을 개발해야 하며, 마지막으로 개인의 자기통제력을 강화시켜야 한다.

 참고문헌

김성벽(2006). 사이버상 청소년 보호를 위한 사이버윤리지수 평가연구. 소년보호연구, 9, 167-203.

김영미 · 김두범(2016). 중학생의 스마트폰 사용과 학교적응과의 관계에서 자기통제력의 매개효과. 청소년학연구, 23(3), 133-162.

박석철(2005). 자아정체성과 인터넷 커뮤니티 이용행위. 방송통신연구, 61, 255-285.

이승형 · 강기수(2015). 스마트폰 문화 속 생활세계를 통해 본 청소년의 교육현상학적 이해. 교육철학, 57, 23-52.

임희숙 · 김순경(2018). 미디어 중독 청소년의 스마트폰 사용의존도에 따른 건강습관 및 모발 무기질 영양상태 분석. *Journal of Nutrition and Health*, 51(4), 295-306.

조동기(2016). 사이버공간의 문화적 특성과 인터넷 밈의 확산에 대한 연구. 철학 사상 문화, 21, 215-234.

조민식(2012). 한국 청소년의 온라인 게임문화에 관한 연구. 고려대학교 대학원 박사학위논문.

조민식(2017). 청소년 온라인 게임문화에 관한 고찰. 한국융합인문학, 5(1), 85-105.

조소연 · 정주원(2017). 중학생의 SNS중독 경향성에 있어 내현적 자기애와 소외감, 자아존중
    감의 관계. 한국가정과교육학회지, 29(3), 125-140.

통계청(2017). 2017 스마트폰과의존실태조사.

통계청(2017). 2017 인터넷이용실태조사.

한국콘텐츠진흥원(2017). 게임 과몰입 실태조사 결과.

통계청 http://kostat.go.kr/portal/korea/index.action

한국콘텐츠진흥원 http://www.kocca.kr/

제6장

언어 속 문화 엿보기

모든 사람은 사회적 동물이기에 관계를 형성하고 유지하는 것이 일반적이다. 이러한 인간 관계에 있어서 필수적인 것이 곧 언어이다. 관계 형성과 유지에 사용되는 주요한 수단이 바로 언어이기 때문이다. 같은 언어라도 청소년과 만나면 그들만의 문화가 창출된다. 이처럼 현대 청소년에게 있어서 언어는 단지 의사소통의 수단을 넘어 문화로 형성되고 공유되고 있다. 그러므로 언어문화는 청소년의 주요 문화 중 하나라고 할 수 있다.

이 장에서는 첫째, 언어의 개념과 기능에 대해 살펴보고, 둘째, 청소년 언어문화의 개념 및 정의를 알아본다. 셋째, 청소년 언어문화의 실태를 들여다보고, 넷째, 청소년 언어문화의 특성을 파악한다. 마지막으로, 청소년의 바람직한 언어문화 형성을 위하여 방향을 모색하고 몇 가지 제안을 하고자 한다.

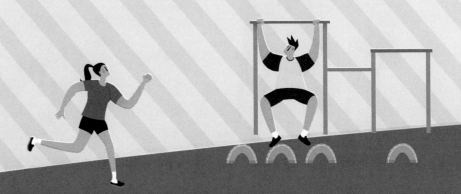

01 언어의 개념 및 기능

1) 언어의 개념 및 종류

인간 사회가 존속되기 위하여 인간이 경험하는 대상과 사건을 구성하는 동시에 효과적인 방법으로 경험의 의미가 전달되어야 한다. 이러한 역할을 수행하는 것이 바로 언어이다. 언어는 생각 및 느낌을 나타내거나 전달하기 위하여 사용하는 사회 관습적 체계이며, 흔히 문자 언어, 음성 언어, 몸짓 언어를 말한다.

문자 언어는 음성 언어에 담긴 내용으로, 의미를 상징하는 사회적 관습에 따른 부호, 즉 문자로 나타낸 언어를 뜻한다. 이러한 문자 언어는 문화의 기록 매개체로 사용되어 왔으며 사람들이 의사소통을 하는 것에 있어서 매우 중요한 기제로 사용되었다. 현대 청소년의 언어문화에 있어서도 문자 언어는 매우 다양한 형태와 모습으로 사용되는데, 특히 온라인상에서의 문자나 부호는 청소년 언어문화를 활발하게 하는 수단이 된다.

음성 언어는 말, 입으로 전해지는 언어 음성으로 인간이 등장하면서부터 존재한 가장 기초적인 의사소통 수단이다. 문자 이전 시대부터 지금까지도 인간의 일상생활에서 가장 큰 영향력을 끼치고 있는 언어라 할 수 있다.

마지막으로 몸짓 언어란 우리가 상대방과 말을 하면서 수반되는 제스처나 손짓 혹은 발짓과 몸짓, 눈짓 등으로 전하는 비언어적 의사소통을 말한다. 예를 들어, 승리를 나타낼 때는 손가락으로 V자를 만드는 동작을 하는 것과 같이 음성 언어가 아니더라도 신체 동작이나 신호를 사용함으로써 자신의 감정과 사상을 외부로 전달하는 상징적인 동작 언어를 의미한다.

2) 언어의 기능

언어가 지니고 있는 기능은 한 가지에 국한되지 않는다. 언어는 다양한 기능을 가지고 있으며 우리는 이러한 기능을 목적으로 언어를 활용한다. 또한 하나의 언어가 하나의 기능만을 수행하는 것이 아니다. 즉, 하나의 언어 안에는 다양한 기능이 함께 수반될 수 있다.

(1) 소통의 수단

인간관계에서 가장 근원적이고 본질적인 것은 곧 소통이다. 소통을 통하여 관계 내에서 구성원이 함께 교류하고 서로 공감하며 협력함으로써 사회를 만들어 간다. 언어는 바로 이러한 소통의 수단이 된다.

(2) 정보적 기능

언어를 통해서 우리는 정보를 전달할 수 있다. 언어가 가지고 있는 주요 기능 중 하나가 바로 이 정보적 기능인데, 예를 들어 길을 모르는 사람에게 길을 알려준다거나 설명을 해 주는 의사소통은 곧 정보와 지식을 전달하는 것으로 정보적 기능에 해당한다.

우리가 수업 시간에 주로 언어라는 수단을 통해서 정보와 지식을 전달하는 것도 언어가 가진 이 기능을 활용하는 것이다. 이처럼 언어의 정보적 기능은 인간관계 내에서 매우 유용하게 쓰이는 행위이자 수단이 된다.

(3) 명령적 기능

언어는 상대로부터 혹은 상대에게 어떠한 행위를 할 수 있도록 요구하는 기능을 가진다. 언어를 통해 우리는 단지 사실과 정보만을 전달하는 것뿐 아니라 상대에게 어떠한 부탁을 하기도 하고, 상대 역시 자신에게 어떠한 부탁을 전해 오기도 한다. 물론 이러한 기능은 상대와 상황에 따라 다르게 표현된다. 이렇게 어떠한 행동 혹은 행위를 요구할 수 있는 명령적 기능 역시 언어의 주요 기능 중 하나이다.

(4) 친교적 기능

사회적 동물인 인간은 홀로 살 수 없으며, 타인과 관계를 형성하고 유지한다. 그 관계를 형성하고 유지하는 것에 있어서 매우 주요한 수단이 언어이며, 이때 주로 쓰이는 기능이 언어의 친교적 기능이라 할 수 있다. 처음 만난 사람과 관계를 형성해서 소통을 하거나 혹은 이미 형성된 관계를 보다 친밀하게 유지하고자 하는 목적은 대화를 통해서 달성할 가능성이 높다.

(5) 정서적 기능

언어를 통해 자신이 갖고 있는 감정과 느낌들을 표현할 수 있다. 그리고 그것은 단지 음성 언어가 아닌 문자 언어나 몸짓 언어로도 표현이 가능하다. 자신이 현재 느끼는 감정과 생각, 태도나 가치관 등을 표현하는 기능으로 이를 언어의 정서적 기능이라고 한다.

이와 같이 언어가 가진 다양한 기능이 발휘됨으로써 개개인이 관계를 형성하고 유지할 수 있으며, 더 나아가 사회 전체를 유지할 수 있다. 또한 사회 구성원 사이에서 언어의 기능들을 통해 다양한 문화가 형성되고 발전되며 공유될 수 있다. 다음에서는 언어가 청소년과 만나 어떠한 문화를 형성하고 있는지 살펴보자.

02 청소년 언어문화 정의

관점의 다양함과 개념의 방대함으로 인해 문화의 개념을 하나로 규정하기 어려운 것처럼 청소년 언어문화 역시 하나의 합의된 개념을 사용하기는 어렵다. 입장에 따라 '언어 자체에 내재된 삶의 방식'으로 정의할 수 있으며, 혹은 '언어로 표상된 문화'라고 정의할 수 있다. 정혜승(2018)은 청소년 언어문화를 "9~18세에 속하는 사람들의 언어와 언어생활 및 그에 기저를 둔 언어와 언어생활에 대한 인식"으로 정의하였고, 김민정, 손정희, 김현주(2013)는 "청소년의 대표적 특성인 자신들만의 재미있는 것, 고유한 것, 새로운 것, 간단하며 쉽고, 편한 것을 추구하는 것이 특유한 언어로 나타난 것"이라고 정의하였다.

언어는 동일한 나라 및 지역의 구성원에게 동일하게 사용되는 수단이며, 상호 의사소통을 하고 의미를 전달함에 있어서 매우 주요한 방법이 된다. 사회 구성원은 동일한 언어를 사용함으로써 소속감과 더불어 동일한 문화를 형성하게 되며 공유하게 된다.

현대 청소년에게 있어서 언어는 의사소통의 수단을 넘어 하나의 문화로 형성되어 공유되고 있다. 자신들만의 언어문화가 있다는 것은 자신이 성인과는 다른 '청소년'이라는 정체성의 표현이며, 성인이 쉽게 파악하지 못하는 언어를 사용함으로써 자신들만의 공감대 형성과 특별한 소속감을 느끼게 되는 경향 또한 나타낸다.

03 청소년 언어문화 실태

1) 청소년 언어 사용 실태

현대 사회의 청소년 중 70% 이상이 비속어나 은어, 욕설을 사용하고 있다(민병곤 · 박현정 · 정혜승 · 정현선 · 김정자, 2016). 근래에는 급식체(급식을 먹는 세대, 즉 10대들이 자주 사용하는 문체)와 같은 새로운 언어문화 현상이 나타났고, 이는 청소년문화를 대표하는 하나의 문화 현상으로 꼽을 수 있다. 다수 연구에 따르면, 과거에는 학업 성적이 낮거나 가정 형편이 좋지 못한 청소년들에게서 비속어나 은어 사용이 많이 나타났지만 최근에는 청소년의 성적, 부모의 직업, 가정환경과 비속어 사용의 상관은 과거에 비해 높지 않은 것으로 나타나고 있다. 이러한 결과는 그만큼 현대 청소년들이 과거 동일 세대에 비해 비속어와 은어를 일반적으로 사용하고 있음을 의미한다.

또한 비속어와 은어를 처음 사용하는 연령이 점차 낮아지고 있다. 현대 사회의 청소년들은 중 · 고등학생이 아닌 초등학령기 때 이미 비속어를 사용하기 시작하는데, 이진숙(2015)의 연구에 따르면 청소년들이 비속어를 처음 사용하는 시기는 초등학교 고학년 58%, 초등학교 저학년 22%로, 전체 청소년의 80%가 초등학생 때 비속어를 사용하기 시작하는 것으로 나타났다.

청소년의 성별에 따른 비속어나 은어 사용의 양상 차이 또한 눈여겨봐야 할 현상
이라 할 수 있다. 과거에는 남자 청소년이 비속어나 은어를 사용하는 비율이 여자
청소년에 비해 현저히 높았으나 최근에는 남녀 성별 차이가 나타나지 않는다는 연
구 결과가 적지 않게 보고되고 있다.

종합하면, 청소년 대부분은 일상적으로 비속어나 은어를 사용하고 있다. 뿐만 아
니라 근래에는 급식체 등 새로운 언어들이 자주 등장하고, 청소년들에게 공유되는
속도 또한 빠르게 나타나고 있다. 이에 청소년 언어문화 형성 및 변화에 대해 적극
적으로 관심을 가질 필요성이 제기된다.

2) 사용하는 언어에 대한 청소년의 인식

민병곤 등(2016)의 연구에 따르면 조사에 응한 청소년의 70%가 욕설이나 비속어
를 일상적으로 사용한다고 응답하였다. 이는 대부분의 청소년들이 비속어나 욕설
과 같은 언어를 사용하고 있음을 알려 주는 결과이다. 그런데 이 조사에 참여했던
청소년들이 "친한 사이에는 욕설이나 비속어를 사용해도 된다."라는 진술에는 비교
적 동의하지 않으면서, "어른이 되었을 때 욕설이나 비속어를 사용하지 않을 것이
다."라는 진술에는 비교적 동의하는 반응을 보였다. 이러한 응답 경향은 친한 사이
라도 욕설이나 비속어를 사용해서는 안 되고, 성인이 되었을 때는 이러한 말들을 사
용하지 않을 것이라고 생각하고 있음을 나타낸다. 또한 이러한 반응은 청소년 스스
로 생각하기에 욕설이나 비속어에 대하여 부정적인 가치 판단을 하는 것으로 해석
할 수 있다. 청소년 언어 사용 실태를 조사한 다수의 연구에서도 실제 사용하고 있
는 욕설과 비속어에 대하여 청소년 스스로 부정적인 인식을 하고 있는 결과들을 확
인할 수 있다.

이진숙(2015)의 연구에서 청소년들은 스스로 자신들의 언어생활에 대하여 주로
습관 때문에 비속어를 사용하는 것으로 나타났다. 대중매체나 친구들로부터 배운
비속어를 사용하다 보면 그것이 습관화되어 지속적으로 사용하게 된다는 것이다.
이 과정에 대한 응답을 자세히 살펴보면, 청소년들은 비속어를 처음 배울 때 그 특

성상 감정 표현을 강하게 할 수 있고 자극적이어서 신기하고 재미있게 느껴진다고 응답하였다. 이후 또래 사이에서 친근감의 표시로 혹은 재미로 사용하다 보면 습관화되고, 추후에 그 언어의 원뜻을 알게 되어 이를 사용하면 안 된다고 판단되더라도 이미 습관이 되어 선뜻 끊지 못하게 된다는 것이다. 또한 자신의 언어생활에 대하여 어느 정도 개선이 필요하다고 인식하여 다시는 비속어를 사용하지 않겠다고 결심을 한 이후에도 어느 순간 불쑥 튀어나오는 언어습관으로 인해 좌절을 경험하기도 한다고 답하였다.

종합하면, 청소년들은 자신들의 비속어 사용에 개선이 필요하다는 것을 인식하고 있었지만 그것이 이미 습관화되어 고쳐지기가 쉽지 않아 언어생활 개선의 어려움을 겪고 있다.

3) 청소년 언어문화 개선 실태

2010년 이후 사회 전반에서 청소년의 언어폭력이 심각한 문제로 대두되면서 이를 해결하고자 하는 노력이 지속되고 있다. 청소년 언어문화를 개선하기 위하여 교육부와 문화체육관광부, 국립국어원이 주도적으로 다양한 정책을 실시하고 있다.

먼저 교육부 주도의 활동은 크게 교육과정 개편과 이에 따른 교원양성대학의 교육과정 개편, 그리고 학교 현장을 중심으로 한 프로그램 운영 세 가지로 나누어진다. 다음으로 문화체육관광부 주도의 활동을 살펴보면, 2013년부터 범국민 언어문화 개선 운동인 '안녕! 우리말'을 추진하고 있다. 이 운동은 크게 공공언어, 방송 및 인터넷 언어, 청소년 언어 세 분야로 나누어져 이들의 언어를 개선하기 위한 다양한 사업이 진행되고 있다. 또한 국립국어원에서는 청소년을 대상으로 '우리말 꿈터 체험' 공간을 마련하여 우리말에 관한 여러 주제를 활동 중심으로 체험하도록 하고 있다. 국립국어원의 지역 거점 역할을 하고 있는 국어문화원에서는 '안녕! 우리말' 사업과 연계하여 대학생 대상의 '우리말 가꿈이'와 고등학교 대상의 '통통 국어 지킴이단' '청소년 우리말 지킴이'를 양성함으로써 학교 밖의 청소년 언어문화 개선을 위해 앞장서고 있다.

그러나 이러한 활동이 하루 동안 혹은 한 달에 며칠 동안 집중으로 이루어지거나,

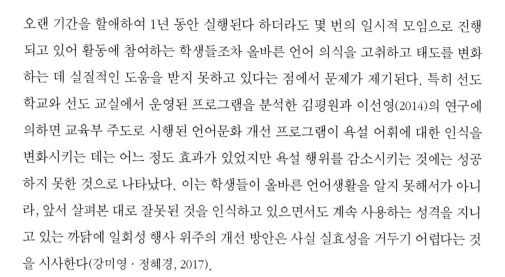

오랜 기간을 할애하여 1년 동안 실행된다 하더라도 몇 번의 일시적 모임으로 진행되고 있어 활동에 참여하는 학생들조차 올바른 언어 의식을 고취하고 태도를 변화하는 데 실질적인 도움을 받지 못하고 있다는 점에서 문제가 제기된다. 특히 선도 학교와 선도 교실에서 운영된 프로그램을 분석한 김평원과 이선영(2014)의 연구에 의하면 교육부 주도로 시행된 언어문화 개선 프로그램이 욕설 어휘에 대한 인식을 변화시키는 데는 어느 정도 효과가 있었지만 욕설 행위를 감소시키는 것에는 성공하지 못한 것으로 나타났다. 이는 학생들이 올바른 언어생활을 알지 못해서가 아니라, 앞서 살펴본 대로 잘못된 것을 인식하고 있으면서도 계속 사용하는 성격을 지니고 있는 까닭에 일회성 행사 위주의 개선 방안은 사실 실효성을 거두기 어렵다는 것을 시사한다(강미영·정혜경, 2017).

청소년 언어문화 특징

1) 비속어

비속어는 비어와 속어로 나누어진다. 비어는 "사물이나 대상을 낮추어 부르는 말로서 점잖지 못하고 천한 말"을 뜻하며, 속어보다 더 비천하고 야비한 어감을 갖는다(길은배, 2014). 또한 비어는 대상 자체가 갖는 천박한 속성과 자질을 나타낸다. 그러므로 비어를 사용하게 되면 상대방은 모욕감과 수치감 등을 느낀다. 비어는 조선시대의 신분 사회에서 시작되어 지배 계급이 상민 혹은 천민 등을 비하하며 낮잡아 이르는 것에서 비롯된 것으로 보이며(장경희, 2010), 이는 대상을 경멸하거나 매우 비하할 때 사용하는 언어이다.

비어의 예

• 년, 놈, 새끼, 똘마니, 졸개, 뚱보, 멍청이

속어는 통속적으로 쓰이는 저속한 말로서(길은배, 2014) 정통 어법에 어긋나는 구어적 표현을 뜻한다. "속되게 이르는 말"로 정의할 수 있으며 그 내용은 사람의 신체 부위, 직업, 계층에서부터 동작과 성상 또는 정서에 이르기까지 매우 다양하다.

속어의 예

• 간땡이, 개눈깔, 갈보, 삐끼, 빨갱이, 빠꼼이, 갈구다, 뻘쭘하다

---

2) 은어

은어는 "특정한 사회집단에서 은비, 은폐를 목적으로 사용하는 말"로 정의할 수 있다. 은어는 본인이 속한 집단이 아닌 타 집단에 대하여 방어의 기능을 발휘하기도 한다. 이러한 타 집단, 외부에 대하여 자기집단의 방어 혹은 결속의 효과를 나타내기도 하지만, 외부와의 의사소통을 단절하게 하기도 한다. 특히 청소년 언어문화 특징으로서의 은어는 청소년이 교사, 부모 등 자신의 집단이 아닌 다른 집단, 다른 세대에 대한 대립 감정, 갈등, 비행, 일탈 등에 대한 욕구 등을 감추고자 하는 동기에서 만들어지는 경향이 있다.

은어의 예

• ㄷㅂ(담배), 셔틀(심부름을 해 준 사람), 아바타(시키는 대로 하는 아이) 등
• 무지개매너: 무지 + 개매너의 합성어. 매우 매너가 없다는 뜻
• 남아공: '남아서 공부나 해'의 줄임말
• 복세편살: '복잡한 세상 편하게 살자'의 줄임말
• 누물보: '누구 물어보신 분?'의 줄임말로, 관심 없는 내용을 들었을 때 비아냥거리면서 하는 말
• 별다줄: '별걸 다 줄인다'의 줄임말
• 파덜어택: 아버지에게 혼남. 아버지가 집에 도착해 컴퓨터를 급히 꺼야 할 상황

- 버터페이스: 다방면에서 뛰어나고 호감이 가지만 외모가 아쉬운 여성을 일컫는 말 ('but her face'를 읽을 때 발음)
- 가싶남: '가지고 싶은 남자'의 줄임말
- 댓망진창: '댓글이 논리가 없고 엉망진창이다'의 의미
- 번달번줌: '번호 달라하면 번호 줌?'의 줄임말
- 아벌구: '입만 열면 거짓말'이라는 뜻으로, '아가리만 벌리면 구라야'의 줄임말
- 고답이: '답답한 사람'이라는 의미. 고구마를 먹었을 때 답답함을 느끼는 것처럼, 그런 답답함을 느끼게 하는 사람
- 팬아저: 관심 없던 연예인의 멋진 사진을 봤을 때 사용하는 말로, '팬은 아니지만 저장'의 줄임말
- 나일리지: 나이가 많기 때문에 앞에서 무조건 대우해 주길 바라는 사람. '나이'와 '마일리지'의 합성어. 마일리지가 쌓이는 것 같이 나이를 먹으며 그에 따른 이득이나 권리를 당연히 누리려 하는 기성세대의 행동을 부정적으로 비판한 말

3) 급식체

청소년들은 기성세대와는 다른 언어를 사용함으로써 자신들의 차별적 언어로 표현하였고, 그 차별화된 언어는 청소년의 문화가 되었다. 일명 '급식체'는 급식을 먹는 사람을 비하하여 말하는 '급식충'에서 '충'을 삭제한 '급식'에 문체를 뜻하는 '체'가 붙어서 된 말이다. 급식체는 단어의 초성만 따서 쓰거나 혹은 단어의 앞 글자만 사용하는 등의 모습으로 나타난다.

급식체의 예

- ㅇㅈ: 인정
- 현웃: 현실에서 웃는 것
- ~각: 어떤 상황이 벌어질 것 같은 분위기

4) 통신 언어

사이버상에서의 대화 및 의사소통이 매우 활발하게 이루어지는 현대 청소년들은 일상생활에서도 통신 언어를 사용하게 된다. 그리고 이러한 통신 언어는 청소년 언어문화의 막대한 부분을 차지한다. 인터넷이 활성화되면서 일부에서만 사용하던 인터넷 언어가 점점 청소년이 가장 접하기 쉽고 사용하기 쉬운 언어가 되었다. 통신 언어의 특징은 다음과 같이 정리할 수 있다(박용성 · 박진규, 2009).

첫째, 통신 매체의 특성상 용이성, 동시성, 개방성이 발휘되어 언어 현상의 확산 속도가 매우 빠르다는 특징이 있다.

둘째, 통신 언어는 경제성과 개성이 조화된 언어이다. 통신 언어의 특징은 간략성, 축약성, 경제성이다. 이러한 특징은 우리 현실과도 매우 흡사하다. 통신 언어는 대화의 응집성을 높이면서도 동시에 경제와 시간을 절약한다. 문자만으로는 부족한 표현력을 보강하기 위해 감탄사, 감정, 문장 부호나 다양한 말씨 등을 사용함으로써 경제성과 개성의 조화를 이루고 있다. 박용성과 박진규(2009)는 청소년의 통신 언어에 대해 폭력적 게임, 보이지 않는 대상과의 자판을 이용한 대화, 철저하게 보장된 통신 익명성, 통신 공간에서의 무분별한 외래어 · 비속어 · 은어의 사용, 어문 규정에 어긋난 단어나 문장 표현 등이 그들의 일상 언어에도 영향을 미쳐 매우 심각할 정도로 언어가 혼탁해져 있음을 지적한다. 이러한 맥락에서 청소년의 통신 언어의 문제점을 살펴보면 다음과 같다.

첫째, 국어의 언어 규범에 혼란을 겪게 되었다. 청소년들은 이미 문법지식이나 한글 맞춤법을 학습한 시기이다. 그러나 자신들이 실제로 사용하는 왜곡된 언어 표현 사이에서 혼란을 겪게 됨으로써 무엇이 올바른 언어 형식과 문법인지 점차 판단이 어려워질 것이다.

둘째, 청소년 내부에 이질적인 문화가 형성될 수 있다. 청소년들이 사용하는 통신 언어를 이해하지 못하는 경우 청소년들 안에서도 대화 상대로 껴 주지 않고 따돌림이나 배척 현상을 가져올 수 있다. 또래끼리 같은 언어를 사용하거나 그 의미를 공유하지 못할 경우 청소년 안에서 또 다른 이질감을 느끼게 되고, 오히려 언어로 인한 역기능이 일어날 수 있다는 것이다.

5) 성인언어와의 '차별화'와 '차용'의 상충

정혜승(2018)은 청소년 언어문화가 단지 앞서 살펴본 비속어, 은어, 통신 언어 등을 사용하는 특성뿐만 아니라 성인 언어와의 차별성과 차용하는 경향이 공존하는 특성이 있음을 언급하고 있다. 이에 대해 자세히 살펴보면 다음과 같다.

모든 문화가 그러하듯 언어문화는 지속적으로 변화하고 재창조되는 특성이 있다. 이는 단연 청소년의 언어문화뿐만 아니라 성인의 언어문화 역시 마찬가지일 것이다. 청소년이라는 발달적 시기는 성인에게 의존하기도 하지만, 반면 성인으로부터의 자율성을 추구하는 경향이 동시에 나타나는 시기이기도 하다. 이러한 상충적인 발달 시기적 특성이 언어문화에도 고스란히 나타난다. 즉, 기성세대와는 다른 언어문화를 추구하는 경향과 동시에 성인의 언어문화를 차용하고 지향하는 경향도 함께 나타나는 것이다. 기성세대 언어와의 차별화를 추구하는 경향은 주로 언어 규범이나 전통적으로 가치 있게 여겨져 온 언어 예절을 거부하거나 자신들이 새로운 규칙을 만들어 그를 대체하는 방식 등으로 나타난다. 앞서 살펴본 은어를 비롯하여 유행어, 인터넷 신조어, 새로운 표기법 등이 바로 이에 해당된다. 이렇게 청소년들은 기성세대와는 다른 언어문화를 형성하고 공유하는데, 이는 기성세대와 차별화되는 존재로서 자신들의 정체성을 표현하는 것이기도 하다.

반면, 성인의 언어를 차용하는 특성도 나타난다. 성인의 언어를 사용함으로써 '어른스러움'을 표현하고자 하는 것이다. 성인들의 대화에서 볼 수 있는 과장과 경쟁, 유머에 기반을 둔 대화법을 활용함으로써 공통의 관심사와 웃음의 코드를 공유하면서 또래집단의 결속을 다지기도 하고, 성인의 말투를 차용하여 집단 안에서 도태되거나 대화 주도권을 잃지 않기 위하여 힘겨루기를 하기도 한다. 즉, 기성세대의 언어와는 다른 자신들의 정체성을 드러낼 수 있는 독특하고 새로운 언어문화를 추구하여 차별화를 지향하면서도 한편으로는 성인의 언어문화를 차용하며 어른스러움을 지향하는 모습을 보이기도 하는 것이다.

05 바람직한 청소년 언어문화를 위한 제안

1) 일탈, 위기 현상 vs. 재창조의 가능성

대부분의 선행연구에서는 청소년의 언어문화가 보이는 부정적 경향성을 지적하면서 문제적 현상으로 보고 있다. 이는 현상 자체를 문화로 받아들이고 인정해 주기보다는 기존의 규칙과 예절에 어긋나는 일탈로 보았기 때문에 일종의 위기 현상으로 인식한 결과라 할 수 있다. 그러나 이제는 청소년 언어문화를 일탈, 위기 현상으로만 바라봄으로써 그것을 해결하는 제안만을 할 것이 아니라, 이 문화 현상 그대로를 객관화하고 그 안에서 발견될 수 있는 청소년들의 강점을 발견할 수 있어야 한다. 예를 들어, 청소년들이 기존의 언어를 기발한 방식으로 줄이거나 다르게 표현하는 것은 한편으로는 그들의 창의성에 기인한 결과물로 볼 수 있다. 물론 기존의 언어 규범과 올바른 언어 사용은 지속적으로 권장되어야 하는 것이 마땅하겠지만, 이는 또 다른 차원에서의 접근이 될 것이다. 당장 현대 청소년의 언어문화만 보더라도 성인이 따라잡을 수 없는 신속성과 기발함이 돋보인다. 이 현상을 문화 자체로 보고 그 현상 안에서 발견되는 강점은 더욱 발전될 수 있도록 도와야 할 것이다.

정리하면, 청소년 언어문화를 일방적인 일탈 현상과 위기 현상으로 바라보는 부정적인 시각만이 아닌 그 문화 속에서 발휘되고 있는 그들의 창의성 및 신속성 등과 같은 강점을 발견할 수 있는 시각도 형성할 필요가 있다.

2) 공적 의사소통 참여 및 경험의 기회 제공

청소년의 언어문화 향상을 위해서는 청소년들이 바람직한 언어를 사용하고, 그러한 언어생활을 할 수 있는 기회가 확대되어야 한다. 의사소통을 하는 상황에 있어서 공적인 상황과 사적인 상황으로 구분된다. 민병곤 등(2016)의 연구에서 만 9~18세에 해당하는 초등학교 4학년부터 고등학교 3학년 학생 3,429명(초등학생 938명, 중학생 1,015명, 고등학생 1,476명)을 대상으로 공적 의사소통의 대표적 장인 학교 수업에서

표 6-1	학교 수업 내 의사소통 참여 정도					(단위: %)
구분	평균	성별 평균		학교급별 평균		
		남	여	초등학생	중학생	고등학생
질문	2.3	2.4	2.3	2.5	2.8	2.2
발표	2.8	2.8	2.8	2.9	2.8	2.7
토의	3.1	3.0	3.2	3.2	3.0	3.0

* 출처: 민병곤 외(2016).

질문, 발표, 토의에 참여하는 정도와 이유를 조사하였다. 그 결과는 〈표 6-1〉과 같이 나타났다.

이와 같은 결과는 청소년들이 성별과 학교급 모두 상관없이 공적인 의사소통에 적극적으로 참여하지 않고 있다는 현실을 보여 준다. 학교 수업이라는 형식적 교육 환경에서도 질문이나 발표, 토론과 같은 공적 의사소통의 참여 정도가 매우 낮은 수준이라 볼 수 있다. 하물며 공적 의사소통 참여 기회나 장이 학교 수업 외에는 제공되기 어려운 현실이라는 점을 생각할 때 공적 의사소통 경험이 전혀 없는 학생 역시 높은 비율로 나타났다.

이러한 현상의 원인으로는, 안심하고 질문하며 발표 및 토론을 할 수 있는 지지적인 교실 언어문화가 조성되지 못하고 있다는 점을 들 수 있다. 뿐만 아니라 학교 수업 이외의 공적 상황을 접할 수 있는 기회, 그리고 공적 의사소통에 참여할 수 있는 기회가 거의 없다는 것도 원인 중 하나이다.

청소년이 학교뿐 아니라 가정 내에서도 자신의 의견을 공유하고, 그 의견이 존중되는 경험은 곧 청소년들의 올바른 언어 사용 및 언어문화가 정착될 수 있는 계기가 될 것이다. 반드시 자극적이거나 재미 중심의 언어가 아니더라도 타인과 공유하고 상호 공감하는 긍정적인 의사소통을 경험한다면 바람직한 청소년 언어문화 형성에 도움이 될 것이다.

3) 대중매체를 활용한 바람직한 언어문화 형성 도모

청소년들이 자신의 언어생활에 있어서 본받을 만한 사람이 없다고 응답한 비율이 과반을 넘었고, '있다'고 응답한 비율의 33.5% 중에서 그 사람이 누구인지를 응답한 결과는 [그림 6-1]과 같다.

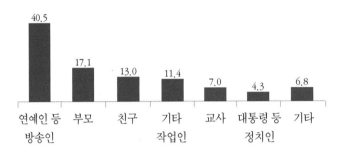

[그림 6-1] 청소년의 말하기 본보기 대상

* 출처: 민병곤 외(2016).

청소년이 가장 많이 응답한 본보기 대상은 연예인, 방송인이었다. 이는 청소년이 접하는 대중매체의 영향이 매우 크다는 것을 엿볼 수 있는 결과이기도 하다. 대중매체에서 간접적으로 대면하게 되는 대상인 연예인이나 방송인은 당사자의 의도의 유무와는 상관없이 청소년들의 본보기 대상이 되고 있다. 청소년들은 그들의 말이나 말투, 언어 습관 등을 모방하고 따라한다. 방송인의 언어 사용이 긍정적이라면 청소년의 언어 사용에 있어서도 매우 긍정적인 영향을 미칠 것이며, 이는 나아가 청소년의 언어문화가 바람직하게 형성되고 유지되는 것에 있어서 긍정적 효과를 미치게 될 것이다. 그러한 측면에서 대중매체를 활용하는 방법으로 청소년의 바람직한 언어문화 형성을 도모할 수 있다.

4) 성인 언어문화의 반성적 성찰

청소년은 성인이 사용하는 언어와 차별적인 언어를 사용하고자 하는 경향을 드러내지만, 동시에 성인의 언어를 모방하고자 하는 경향도 함께 나타낸다. 다시 말하면, 청소년들의 언어 사용은 성인의 언어 사용을 모방하는 경향도 있다는 것이다. 그렇다면 청소년들은 성인 언어를 어떻게 평가하고 있을까? 부모를 비롯한 여러 성인의 대화와 의사소통 속에서 청소년들은 긍정적인 인식을 하고 있을까?

청소년 언어문화를 더욱 면밀하게 해석하기 위해 실시한 심층면담 자료(민병곤 외, 2016)에서 나타난 결과를 살펴보면, 청소년들이 성인들의 언어문화에 대하여 그다지 긍정적으로 인식하지 않고 있는 것으로 나타난다. 성인들이 가정에서 욕설이나 비속어를 자주 사용하고 그 영향으로 자신의 언어습관도 부정적이 되었음을 인식하고 있거나 자신의 말에 공감하지 못하고 그것이 개선될 것이라는 가능성도 기대하지 않는다 등의 응답들은, 적어도 청소년들의 눈에 비친 성인의 언어문화가 그다지 바람직하지 않음을 말해 준다.

또한 청소년들은 성인이 매우 권위적이어서 아랫사람을 무시하거나 일방적으로 야단치는 표현들이 많고, 반말 및 욕설과 비속어 사용이 잦다고 인식하고 있었다. 이러한 인식은 기성세대의 언어에서 타인 배려 및 존중이 묻어나지 않으며, 매우 일방적인 방식으로 욕설과 반말을 자주 사용하고 있다는 비판적 판단이 담겨 있다. 실제 연구(민병곤 외, 2016)에서 자신이 말하는 것에 있어서 본보기가 되는 사람이 있는지를 묻는 질문에 '없다'고 응답한 비율이 66.5%였다. 이러한 현상은 청소년들에게 본보기가 될 만한 성인 언어가 존재하지 않는다는 안타까움을 갖게 한다.

청소년들의 언어 사용 실태와 더불어 성인 언어 사용에 대한 청소년들의 평가를 통해 청소년 언어문화의 부정적인 요인 중 대부분이 성인의 문화로부터 영향을 받은 결과임을 지적할 수 있다. 이에 성인의 언어생활이 청소년의 언어생활에 있어서 본보기가 되고 있는지 반성적으로 돌아볼 필요가 있다.

5) 상대방을 위한 배려 및 공감 능력 향상

청소년의 현 언어문화는 언뜻 보면 재미와 쾌락, 즉흥적인 표현을 추구하고 있다. 그러나 언어의 기능이 단지 재미와 쾌락만을 추구하는 것이 아님은 분명하다. 청소년들이 즐겨 사용하는 언어문화가 창조되고 함께 공유하는 것 자체는 매우 긍정적인 문화 현상이라 볼 수 있다. 그러나 단지 재미를 위해 기존의 규범을 무시한 채 자신들만의 의미 공유를 고집한다면 이는 다른 세대와의 소통 단절을 발생시킨다. 또한 상대방을 위한 배려나 깊이 있는 사고력 및 이성적인 판단력이 저하된 채 재미와 특유한 쾌락에 집중하는 문화로 평가될 수 있다. 그러므로 청소년의 언어문화가 더욱 바람직하고 건강하게 창조되고 발전되기 위해서는 청소년들이 다른 세대를 비롯하여 의사소통의 상대를 배려하고 공감할 수 있는 태도를 가져야 한다. 이러한 태도가 배제된 청소년 언어문화는 청소년이 주체가 되기는 하지만 다른 세대와 공유할 수 없는 그들만의 문화로 머문 채 더 이상 발전될 수 없을 것이다.

청소년들의 언어문화가 성인 세대와도 함께 교류되고, 다른 사람들의 마음을 상하게 하지 않으며, 상호 공감을 이끌어 내는 양상으로 형성된다면 청소년들이 주체적으로 이룬 언어문화가 다른 세대에도 긍정적 영향력을 지닌 문화로 자리 잡을 수 있을 것이다.

6) 청소년 언어문화에 대한 지속적 연구

청소년의 바람직한 언어문화 형성을 위해 학계의 노력 또한 필요하다. 앞서 살펴본 내용들을 토대로 향후 청소년 언어문화 연구에서 주목해야 할 사항은 다음과 같다.

첫째, 청소년의 언어는 자신의 정체성을 표현하는 기능도 수반한다는 점에 주목할 필요가 있다. 환언하면 자신이 일상에서 경험할 수 있는 친밀감과 같은 감정뿐만 아니라 자아 정체성을 표현하고자 하는 의도가 언어생활에 반영됨에 있어 그 과정에서 어떠한 기제가 작동하는지 밝혀야 할 것이다.

둘째, 청소년이 사용하는 언어가 새로 생성되고 빠른 속도로 공유되는 것은 다양한 영역에서의 청소년문화가 보이는 공통점이다. 특히 언어는 일상적으로 사용하는 수단이기 때문에 이러한 특성이 두드러지게 발견된다. 이에 청소년 언어문화 특성 연구를 토대로 청소년문화 전반이 가지는 강점들이 바람직한 문화로 자리 잡는 데 기능 및 발휘될 수 있는 방안을 모색할 필요가 있다.

셋째, 청소년이 가지는 언어 인식과 실제로 사용하는 언어생활에 간극이 존재하는 원인, 그리고 이러한 간극이 유지되게 하는 기제에 대해서도 다양한 측면에서 연구될 필요가 있다. 청소년들은 자신이 실제로 사용하는 언어에 대하여 그다지 만족하지 못하고 개선의 필요성을 느낌에도 불구하고 실제로는 여전히 그 언어 행태를 유지한다. 물론 습관의 문제일 수 있다. 또한 발달 특성상 성장과 퇴행의 측면이 공존하는 과도기적인 시기이자, 부모에게 의존적인 모습을 보임과 동시에 사회적인 독립성을 지니는 모순적인 시기이기 때문일 수도 있다. 그러나 그것은 일부일 것이고, 실제 자신이 옳다고 인식하는 것과는 다른 것을 실제 삶에서 계속 유지하는 것에 있어서는 소속감 유지, 또래관계에서의 도태에 대한 두려움 등 다양한 심리적 · 환경적 요인들이 작동될 것이다.

넷째, 청소년 언어의 상징적 의미를 파악하는 연구가 지속되어야 할 것이다. 청소년 언어에 관한 선행 연구들은 주로 청소년의 언어 사용 실태를 다루거나 대부분 이러한 언어 현상을 부정적인 시선으로 보며, 문제 자체로 보는 경향이 매우 강하다. 그러나 청소년의 언어 현상이 보이는 부정적 특성에만 초점을 맞추는 것이 아닌, 청소년의 문화 자체로 받아들여지고 청소년만의 문화적 맥락을 이해하는 수단으로 이해되어야 할 것이다. 이를 위해 그들이 표출하는 언어의 상징(symbol)과 그 상징의 의미가 무엇인지 파악하기 위한 지속적인 소통과 자료가 요구된다. 예를 들어, 김민정 등(2013)은 청소년 언어 사용이 가지는 특성은 단지 그 세대가 갖는 하나의 현상으로 보기보다는 그들이 살아가는 삶의 맥락 안에서 해석되어야 하며, 그들의 문화로 이해되어야 한다고 주장한다. 이러한 문화적 시각으로 접근하여 삶의 맥락에서 청소년들의 언어 특성을 고찰하였을 때, 청소년 언어 사용은 개인적 취향과 관련되어 있는 것처럼 보인다. 그러나 여기에 이들의 언어 사용 행태가 결합되면 또래집단 형성과 초유기체(superorganism)의 집단지성이 나타내는 대표성을 띠게 되는 것을 발견하였다. 이러한 특성은 매우 복잡해 보일 수 있지만, 결국 청소년들은 관심과 사랑받는 존재이기를 원하며, 타인에게 가치 있는 존재로 인식되고자 하는 욕구가 발현된 것이라고 연구자는 설명한다. 이와 같이 문화로 가시화되고, 표면적으로 드러나는 청소년들의 언어 속에 과연 어떠한 기제들이 작동하는 것인지 밝혀 보는 것은 추후 더욱 긍정적인 청소년들의 언어문화 형성 및 유지에 좋은 방향을 제시하게 될 것이다.

다섯째, 실제 청소년이 사용하는 언어생활 저변에 깔려 있는 권력, 이데올로기의 관계를 파악할 수 있다. 또한 청소년의 언어문화 연구로서 청소년이 속한 하위 집단의 분위기와 더불어 확장된 사회문화적 맥락을 인식할 수 있는 계기가 마련될 수 있다. 일상생활에서 사용하는 언어이지만 그 안에서 청소년 개인 및 집단 간의 권력과 이데올로기가 반영된 것을 발견할 수 있을 것이다. 그것은 결국 청소년문화를 더욱 심도 있게 파악할 수 있는 방법이 될 수 있다.

요약

1. 언어란 인간의 생각 및 느낌을 나타내거나 전달하기 위하여 사용되는 사회 관습적 체계로서 문자 언어, 음성 언어, 몸짓 언어 등으로 구성된다.

2. 언어에는 소통의 수단, 정보적 기능, 명령적 기능, 친교적 기능, 정서적 기능이 있다.

3. 청소년 언어문화란, '언어 자체에 내재된 삶의 방식'으로 정의할 수 있으며, '언어로 표상된 문화' 또는 '9~18세에 속하는 사람들의 언어와 언어생활 및 그에 기저 하는 언어와 언어생활에 대한 인식'으로 정의한다.

4. 대부분의 청소년이 비속어, 은어, 욕설, 새로운 통신 언어와 급식체와 같은 언어 사용을 문화화하고 있으며, 청소년 자신이 실제 사용하는 언어에 대한 인식은 부정적인 것으로 나타났다.

5. 비어는 사물이나 대상을 낮추어 부르는 말로서 점잖지 못하고 천한 말을 뜻한다.

6. 속어는 통속적으로 쓰이는 저속한 말로서 정통 어법에 어긋나는 구어적 표현이다.

7. 은어는 특정한 사회집단에서 은비, 은폐를 목적으로 사용하는 말이다.

8. '급식체'는 기성세대와는 다른 언어를 사용함으로써 자신들의 차별적 언어로 표현한 것이다.

9. 청소년의 언어문화는 통신 매체의 특성상 용이성, 동시성, 개방성이 발휘되어 언어 현상의 확산 속도가 매우 빠르다는 특징이 있으며, 통신 언어는 경제성과 개성이 조화된 언어이다.

10. 기성세대와 다른 언어문화를 추구하는 경향과 동시에 성인의 언어문화를 차용하고 지향하는 경향도 함께 나타난다.

11. 바람직한 청소년 언어문화를 위하여 첫째, 일탈 위기 현상이 아닌 재창조의 가능성으로 보는 사회적 시각의 전환이 필요하다. 둘째, 공적 의사소통 참여 및 경험의 기회 제공이 주어져야 한다. 셋째, 대중매체를 활용한 바람직한 언어문화 형성이 도모되어야 한다. 넷째, 성인언어문화의 반성적 성찰이 있어야 한다. 다섯째, 상대방을 위한 배려 및 공감 능력이 향상되어야 한다. 마지막으로, 청소년 언어문화에 대한 지속적 연구가 필요하다.

참고문헌

강미영·정혜경(2017). 자유학기제 도입에 따른 청소년 언어문화 개선 방안 연구, 교육문화연구, 23(6), 389-408.

김민정·손정희·김현주(2013). 근거이론에 따른 청소년 언어 특성의 고찰. 청소년문화포럼, 34, 7-25.

김평원·이선영(2014). 학교폭력 예방을 위한 언어문화 개선 프로그램의 욕설 현상 개선 효과. 새국어교육, 101, 141-182.

길은배(2014). 청소년의 비속어, 은어 사용에 관한 연구. 청소년학 연구, 21(2), 469-489.

민병곤·박현정·정혜승·정현선·김정자(2016). 청소년 언어문화 실태 연구. 서울: 국립국어원.

박용성·박진규(2009). 청소년의 언어사용 실태 연구. 청소년학연구, 16(11), 207-228.

이진숙(2015). 청소년 언어, 청소년 문제인가? 청소년 문화인가?. 청소년문화포럼, 42, 157-161.

장경희(2010). 국어 욕설의 본질과 유형. 텍스트언어학, 29, 401-427.

정혜승(2017). 청소년 언어문화 실태 심층 조사 및 향상 방안 연구. 서울: 국립국어원.

정혜승(2018). 청소년 언어문화의 특성과 향상 방안. 한글, 79(1), 135-163.

국립국어원 www.korean.go.kr.

제7장

청소년, '나'를 보여 주다

학습개요

　　자기표현은 자신의 성격을 표현하고 개인적인 특성을 주장하는 것이다. 이러한 자기표현은 하나의 영역에만 국한되어 있지 않고 지식과 기능, 윤리와 매체 등 다양한 영역에서 나타난다. 그러므로 자신의 성격이나 주장, 느낌 등을 자신 있고 명확하게 표현하되 주변 환경과 상황, 타인을 배려하는 능력이 필요하다.

　　현대 청소년 사이에서 자기를 표현하는 행동은 어느새 문화로 자리 잡았다. 일부에서만 나타났던 현상이 청소년의 일반적인 문화로 자리 잡게 된 것은 청소년기의 발달적 특성과 더불어 대중 매체 및 SNS, 과거에 비해 나아진 현대 사회의 경제적 상황 등이 맞물려 나타난 결과로 볼 수 있다.

　　이 장에서는 자기표현을 설명하는 학문적 내용과 함께 실제 청소년문화에 주요하게 자리 잡은 자기표현 문화의 실태를 살펴보고 앞으로의 방향을 제시한다.

01 자기표현

1) 자기표현의 개념

　일반적으로 '자기표현'의 포괄적인 개념은 자신의 성격을 표현하고 개인적인 특성을 주장하는 것이다. 바우어와 바우어(Bower & Bower, 1976)는 자기표현을 "자존심을 높이고 자신감을 배양하기 위하여 자신의 느낌을 표현하고 행동할 바를 선택하며 자신의 권리를 옹호하는 능력"이라고 정의하였다. 또한 알베르티와 에몬스(Alberti & Emmons, 1982)는 "자기가 하고 싶은 말을 망설임 없이 말하고, 실수에 대한 두려움 없이 위축되지 않고 말하며, 상황에 어울리는 적절한 유머를 사용할 수 있는 것"이라고 하였다.

　김성회(1982)는 "상대방의 권리를 침해하거나 상대방의 감정을 상하게 하지 않으면서 자신이 나타내고자 하는 바를 그대로 나타내는 학습된 행동"이라고 정의하였다. 유현숙 등(2002)은 자기표현을 정의하길 "타인의 의견을 경청하고, 자신의 의견을 표현하는 능력"이라고 하였다. 이를 종합하여 손강숙과 주영아(2014)는 자기표현이란 "자신과 타인의 권리를 침해하지 않고 우리나라의 사회문화적인 환경을 적절하게 고려하여 자신의 생각과 느낌을 자신감 있고 정확하게 표현하고 자신이 원하는 바를 직접적 혹은 간접적인 방법으로 요구하거나 거절하는 것"으로 정의하였다.

　이렇듯 자기표현은 자신의 솔직한 생각이나 성격을 주변 환경과 상황을 고려하여 표현할 수 있는 것을 말하며, 자기표현의 궁극적인 목적은 자기표현으로 인한 스스로의 만족도를 높이는 것이다. 뿐만 아니라 자기를 표현함으로써 자신의 정체성과 의견을 알리고 타인으로부터 평가받으며, 나아가 사회적 승인과 인정을 받기 위한 것이다.

2) 자기표현의 영역

학문적으로 볼 때 자기표현의 영역은 다양하게 분류된다. 그중에서도 청소년의 자기표현 척도를 개발한 손강숙과 주영아(2014)의 연구를 토대로 자기표현의 영역을 정리하면 다음과 같다.

첫째, 말의 내용인 지식적인 측면이 있다. 원활한 의사소통을 할 수 있도록 정확하게 표현하는 방식을 말한다. 예를 들어, 말을 하는 사람이 자신이 표현하고자 하는 지식을 명료하고 자세하며 확실하게 표현함으로써 듣는 사람이 전달하는 의미를 정확하게 이해할 수 있도록 하는 것이다. 정확한 자기표현은 요점을 분명하게 드러내어 표현함으로써 말하고자 하는 사람의 의도를 원활하게 전달할 수 있게 하는 것이다.

둘째, 기능적인 측면이 있다. 청소년들이 일상생활에서 있을 수 있는 대인관계의 갈등 상황에서 불화를 야기하지 않고 적절하게 대처할 수 있게 하는 자신감 있는 표현 방식이다. 자신감이 높은 사람일수록 자기표현적이며, 인간관계도 원만한 것으로 나타났다(Galassi, DeLeo, Galassi, & Bastein, 1974). 자신감 있는 표현은 목소리가 떨리지 않고, 상대방의 눈을 피하지 않고 적절히 바라보면서 자기가 하고 싶은 말을 망설임 없이 말하는 것이다. 또한, 실수에 대한 두려움 없이 위축되지 않고, 상황에 어울리는 적절한 유머를 사용할 수 있는 것이다.

셋째, 윤리적인 측면이 있다. 이는 서양과 동양이 사뭇 다르게 나타날 수 있는데 특히 동양문화권인 우리나라에서 강조되는 요소로 볼 수 있다. 우리나라는 상대의 연령이나 사회적 지위가 중요하므로 우리의 문화적 배경에 맞는 겸손하고 예의 바른 태도의 자기표현 행동이 중요한 요소로 여겨진다. 이는 자신을 낮추는 겸손과 상대방을 배려하는 태도를 갖추고 표현하는 방식이다. 특히 겸손하고 예의바른 태도는 대인관계와 집단의 가치를 중요시하는 한국문화에서 웃어른이나 연장자에게 지켜야 하는 기본적인 덕목으로 통한다. 또한 자신의 의견만을 주장하는 것이 아니라 상대방의 의견을 존중해 주고, 상대방의 의견을 끝까지 듣고 수용하며, 상대방의 기분과 상황을 고려하여 자신을 낮추면서도 솔직하게 표현하는 겸손과 배려의 태도는 상호의 자존감을 높여 주면서 사회적인 관계를 원활하게 할 수 있다.

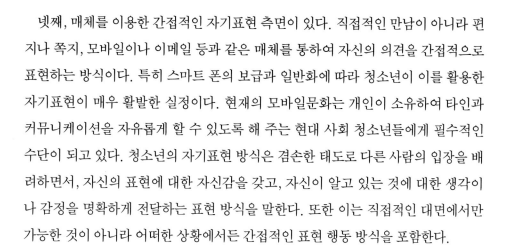

넷째, 매체를 이용한 간접적인 자기표현 측면이 있다. 직접적인 만남이 아니라 편지나 쪽지, 모바일이나 이메일 등과 같은 매체를 통하여 자신의 의견을 간접적으로 표현하는 방식이다. 특히 스마트 폰의 보급과 일반화에 따라 청소년이 이를 활용한 자기표현이 매우 활발한 실정이다. 현재의 모바일문화는 개인이 소유하여 타인과 커뮤니케이션을 자유롭게 할 수 있도록 해 주는 현대 사회 청소년들에게 필수적인 수단이 되고 있다. 청소년의 자기표현 방식은 겸손한 태도로 다른 사람의 입장을 배려하면서, 자신의 표현에 대한 자신감을 갖고, 자신이 알고 있는 것에 대한 생각이나 감정을 명확하게 전달하는 표현 방식을 말한다. 또한 이는 직접적인 대면에서만 가능한 것이 아니라 어떠한 상황에서든 간접적인 표현 행동 방식을 포함한다.

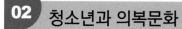

02 청소년과 의복문화

현대 청소년들은 경제적으로 비교적 안정된 상황에서 풍요를 누리며 소비를 지향하는 성향이 있다. 그 성향은 자신의 외모를 매우 중요시하는 것과 연결되어 외모와 의복에 더욱 관심을 집중하게 된다. 이와 같은 현상에는 대중매체 및 SNS의 영향력이 매우 크게 작용했다. 매체는 다양한 정보를 제공해 줄 뿐만 아니라 동시에 청소년 자신의 정보를 다른 사람에게도 보여 줄 수 있는 수단이 됨으로써 청소년은 이러한 외적 자기표현 행동을 보다 적극적으로 할 수 있게 되었다. 여기서는 청소년의 문화로 크게 자리 잡고 있는 외적 자기표현문화를 살펴볼 것이다. 특히 청소년의 의복 및 화장 문화를 중점으로 살펴보고자 한다.

1) 청소년과 의복의 기능 및 역할

의복은 인간의 성격 형성이나 태도, 행동에도 영향을 미치며 그 영향력은 청소년기에 더욱 크게 나타난다. 청소년기의 의복에 대한 관심은 약 12세 무렵부터 급격히 증가하여 18세에 최고조에 이르며 이후에는 어느 정도 의복에 대한 관심이 줄어든다. 청소년이 자아를 인식하게 됨으로써 자신의 외모나 행동에 많은 관심을 갖게 되고 특히 의복이나 외모를 사회 적응 및 승인의 수단으로 생각하므로 이에 대한 흥미는 대단하다. 청소년 시기의 발달적 특성 중 특히 자신의 개성을 중요시하고 주변 사람들의 시선을 매우 강하게 의식하는 특성은 청소년이 의복에 대해 매우 민감하고도 중요시하는 것의 이유가 될 수 있다.

청소년에게 의복의 기능과 역할은 다음과 같다.

첫째, 표현적 기능이다. 표현적 기능은 의복이 개인의 인격이나 역할, 신분과 지위 또는 사회적 상황 등을 나타내는 것이다. 의복과 외모가 사회적 인정을 받는 것에 있어서 매우 중요한 기준이라 생각하는 청소년은 이와 같은 의복의 기능을 중요하게 생각한다.

둘째, 도구적 기능이다. 도구적 기능은 사용이나 원하는 보상을 얻기 위해 사용되는 기능을 말한다. 신체 적응을 돕기 위한 물리적 기능과 사회적응을 돕기 위한 사회적 기능이 이에 해당된다. 이 중 사회적 기능은 자신이 원하는 자기를 표현하는 도구로 의복을 사용함으로써 사회생활을 성공적으로 영위하게 하는 수단이 된다. 혹은 주위의 부정적인 반응을 피하는 수단으로 삼기도 한다. 자신의 신분을 의복을 통해 암시함으로써 신분에 합당한 대우를 받도록 유도하거나, 더욱 적극적으로 자신의 목표를 달성하는 것에 이용되기도 한다.

셋째, 사회적 승인을 받기 위해 또래와의 유사성을 어필하기 위한 역할이다. 청소년은 또래 친구들과 유사하게 되기를 원한다. 뿐만 아니라 구체적이고 사실적인 것을 추구하기 때문에 또래집단에서 설정해 놓은 외모와 의복의 기준에 부합되도록 많은 시간과 경제, 노력을 기울인다(고애란 · 김양진 · 심정은, 1999). 또래집단에서 설정한 그 기준에 적합한 의복이 갖춰진다면 청소년은 그로 인해 외모에 대한 자신감을 갖게 된다. 특히 청소년 시기의 외모에 대한 자신감은 사회성과도 연관되어 있다. 즉, 청소년이 자신의 외모에 대한 자신감이 높으면 사회성도 높아서 적극적인 사회 참여를 하고 있는 것으로 나타났다. 이와 같은 청소년에 있어서 의복의 역할은 또래와의 유사성을 느끼게 함으로써 외모에 대한 자신감과 사회성, 나아가 사회 참여에까지 영향을 미치게 한다.

넷째, 심리적 안정감을 느끼게 해 준다. 의복은 자신의 일치성, 즉 의복을 곧 자신이라 생각하며 이를 과시하는 내적 심리상태를 반영한다. 그러므로 의복은 자기

확신감과 안정감을 부여하는 것에 매우 중요하게 작용한다. 외모를 매우 중요시하는 청소년기에는 자신의 외모를 개선하기 위한 일종의 방법으로 의복을 택하기도 한다. 그러나 자신의 욕구보다는 소속된 집단의 관심과 동조성이 매우 크게 영향을 미친다. 그리하여 자신이 소속되어 있는 집단과 유사한 이미지를 나타내거나 타인의 시선을 의식한 유행 위주의 의복을 착용함으로써 심리적 안정감을 얻게 되는 것이다.

2) 청소년의 의복행동 요인

청소년이 의복에 대한 흥미와 관심이 높으면 의복행동을 취하게 된다. 외모에 대한 중요성이 크게 자리 잡을수록 의복에 대한 관심도 함께 높아지게 된다. 이러한 관심에 따라 의복의 선택이나 착용, 손질을 비롯하여 이와 관련된 활동에 시간이나 경제 혹은 에너지 등을 많이 기울이는 행위를 의복행동이라 한다. 이애경, 이혜자와 한영숙(2006)의 연구를 토대로 의복행동에 관련한 요인을 살펴보면 다음과 같다.

(1) 외모 관심도

청소년기의 발달적 특성 중 하나는 자신이 타인에게 받는 평가를 매우 중요하게 생각한다는 것이다. 자신을 평가할 때 타인이 자신에 대해 내리는 평가가 곧 자신에 대한 평가가 된다. 그런데 그 평가는 바로 외모에 대한 것이 상당하다. 실제로 현대 사회에서는 외모가 하나의 경쟁력으로 통하며, 외모지상주의가 암묵적으로 공공연하게 자리 잡고 있다.

청소년 역시 이러한 사회적 분위기와 매체의 영향 등으로 인해 자신의 외모를 돋보이게 하려 한다. 청소년은 의복을 단지 몸을 보호해 주고, 부끄러움을 가려 주는 기능적 측면으로만 보는 것이 아니라 외모를 돋보이게 해 주는 것에 큰 효과를 주는 주요한 수단으로 여긴다. 정리하면, 청소년의 의복행동은 자신의 외모에 대한 관심과 비례한다. 즉, 자신의 외모에 대한 관심도가 높으면 의복행동을 더욱 적극적으로 하게 되며, 이로 인해 자신에 대한 타인의 평가가 개선될 것이라 기대하는 것이다.

(2) 동조성

청소년의 의복행동과 관련 있는 요인 중 하나는 동조성이다. 청소년 시기의 발달적 특성 중 하나는 동조성이 매우 강하게 나타난다는 것이다. 특히 청소년 시기에는 또래, 친구와의 관계가 이전보다 확장되고 깊어짐으로써 자신의 소속감을 또래집단에서 찾고자 한다. 소속감과 더불어 또래집단의 구성원과 유사한 행동을 하거나 상호작용을 함으로써 자신의 사회적 집단 소속 구성원과 동등의 욕구를 충족한다. 이러한 동조성은 의복을 선택하고 입는 경향에서도 드러나는데, 자신의 또래집단 구성원과 유사한 의복을 입는 것은 자신이 소속된 집단에 동조한다는 것을 가시화한다.

(3) 유행성

유행은 특정 시기에 널리 받아들여지고 채택되는 스타일 혹은 생활양식으로 새로운 것을 추구하며, 주기적인 특성을 지닌 하나의 사회적인 집합현상을 말한다. 특히 현대 사회 청소년들에게 의복 유행은 매우 빠르게 전파되고 그 변화의 속도 역시 빠르다. 속도가 과거에 비해 더욱 신속해진 것은 스마트 폰을 비롯한 다양한 매체의 영향력 때문이다.

[그림 7-1] 청소년 의복 행동의 유행성

* 출처: 연합뉴스(2017. 12. 8.).

유행성은 연령과 사회·경제적 지위, 교육 수준에 따라 차이를 보인다. 특히 청소년기에는 이성으로부터 호감을 얻고 사회와 동조하며 다른 집단으로부터 구별되려는 개성의 욕구가 동시에 작용하여 나타난다. 청소년의 의복 행동은 이와 같은 유행성이 함께 작동된다.

(4) 브랜드 지향성

청소년의 의복행동에 있어서 유행성과 함께 브랜드 지향성이 맞물려 작용한다. 예를 들어, 근래 추운 겨울이 되면 많은 청소년들이 교복처럼 입는 아웃도어 브랜드 점퍼나 특정 브랜드의 롱패딩을 입고 다니는 모습을 쉽게 볼 수 있다. 특정 브랜드를 선호하는 현상은 과거 청소년에서도 쉽게 볼 수 있었는데 유명 상표를 선호하고 해당 브랜드의 의복을 입었을 때 과시하고자 하는 욕구를 충족하게 된다. 이렇게 청소년의 의복행동은 브랜드 지향성과도 관련되어 있다.

(5) 개성

개성은 앞서 언급한 동조성이나 유행성과 같은 요인과는 모순되는 듯 보인다. 개성이란 "타인과 자신을 구별할 수 있게 하는 독자적인 여러 특성"을 말한다. 개성을 추구하는 청소년은 특히 자신만의 독특한 스타일과 디자인으로 타인에게 평가받기를 원하며, 특별한 사람으로 인식되길 원한다. 청소년 시기에는 주변 사람들의 의식을 강하게 인식하고, 자신이 무대의 주인공과도 같이 여기는 자기중심성이 매우 강하게 나타난다. 그리고 이러한 개성은 더욱 특별하고 특이한 패션과 의복을 취하게 하며 다른 사람과는 차별화된 의복행동을 하게끔 한다.

3) 패션 쇼핑 성향

현대 사회의 청소년들은 앞서 언급하였듯이 풍요로운 경제 사회 속에서 자신만의 취향이나 안목을 갖고 있을 뿐만 아니라, 실제 높은 구매력도 보이고 있다. 그러므로 이러한 청소년 소비자들이 패션 산업에 있어서 중요한 소비자 층으로 주목받고 있으며 각 패션 업계에서는 청소년들의 패션 선호도나 쇼핑 성향을 파악하고자 노력하고 있는 실정이다. 이렇게 청소년에게 크게 자리 잡은 문화 중 하나인 패션에 대한 쇼핑 성향과 선호하는 패션에 대하여 최수정(2017)의 연구를 바탕으로 살펴보자.

(1) 패션 쇼핑 성향의 요인

청소년의 패션 쇼핑 성향의 요인을 그 중요성 차원의 순서대로 살펴보면 다음과 같다.

첫째, 유행 추구이다. 대부분의 청소년은 항상 유행하는 스타일의 패션 제품을 구입하는 편이다. 패션 제품을 선택할 때 자신의 선호보다는 유행을 우선시한다. 또한 유행 변화에 맞게 패션 제품을 선택하는 것을 매우 중요하게 생각하며 특히 새로운 패션 제품을 선택한다. 유행에 매우 민감하므로 최신 유행을 주의 깊게 살핀 후 구입하며, 새로운 유행을 따르는 자체가 쇼핑을 하는 이유가 되기도 한다.

둘째, 유명 브랜드 추구이다. 유명 브랜드의 패션 제품을 선택하는 이유는 믿을 만하며, 더 세련되어 보이기 때문이라고 한다. 청소년들은 설령 같은 품목임에도 불구하고 다소 비싼 가격이더라도 명성이 있는 브랜드를 선호하는 경향이 있다.

셋째, 편의성 추구이다. 청소년의 패션 쇼핑 성향 요인에 있어서 가장 중요하게 생각하는 요인이 최신 유행 추구와 유명 브랜드 추구이다. 그 다음으로 중요시하는 요인은 편의성이다. 패션 제품을 구입할 때 활동하기에 편하고, 손질이 편한 제품을 선호하는 것이다.

넷째, 어울림 추구이다. 패션 제품을 구입할 때 자신에게 어울리는가를 고려하고, 현재 자신이 이미 소유하고 있는 다른 제품들과도 어울리는지를 고려하는 것이다.

마지막으로 중요하게 생각하는 것이 경제성 요인이다. 패션 제품을 싼 가격에 구입할 수 있는 할인이나 판매 촉진 광고를 보고 보다 가격이 저렴한 패션 제품을 사기 위해 기꺼이 많은 시간을 투자하는 것을 말하는데 많은 청소년은 이 요인을 가장 마지막으로 꼽았다.

이와 같이 청소년들은 쇼핑 문화에서도 일반적인 기준과 우선순위가 존재했다. 그리고 이러한 현상은 청소년의 의복행동 관련 요인과도 매우 흡사하며 청소년기의 발달적 특성과도 밀접한 관련이 있다. 청소년기의 일반적 특성이라 알려진 동조성, 사회적 인정 욕구, 타인의 평가 중시 등을 예로 들 수 있다. 하지만 이러한 외적 자기표현 문화 모두를 단순히 발달론적 특성에 따른 결과물로만 볼 수 없다. 이러한 현상이 나타날 수밖에 없는 사회적 분위기 조장이나, 성인의 평가 및 문화도 청소년의 자기표현이 외적인 것에 편향되어 있는 현재의 현상에 원인이 될 것이다.

(2) 패션 선호 이미지

청소년이 선호하는 순서대로 패션 이미지를 나열하면 심미성, 발랄성, 단정성, 실용성, 현시성, 유행성으로 나타난다(〈표 7-1〉 참조). 패션 쇼핑 선호를 살펴보았을 때, 가장 높은 선호도가 나타나는 이미지가 유행성일 것이라는 예상과는 사뭇 다르다. 앞서 살펴본 대로 청소년이 중요하다고 한 패션 성향의 요인은 첫 번째가 유행 추구였다. 그러나 자신이 선호하는 심미성 이미지와는 다르게 실제 구매시에는 유

표 7-1 청소년 패션 선호 이미지

순위	요인	이미지	순위	요인	이미지
1	심미성	감각 있는	4	실용성	실용적인
		세련된			오래 입을 수 있는
		멋있는			편안한
		고급스러운			활동적인
		매력 있는			무난한
2	발랄성	발랄한	5	현시성	독특한
		화사한			화려한
		활기찬			눈에 띄는
		귀여운			개성적인
3	단정성	예의 있는	6	유행성	유행하는
		단정한			인기 있는
		성실한			성실한
		책임감 있는			책임감 있는
		깔끔한			깔끔한

* 출처: 최수정(2017).

행하는 것을 구매하게 되는 것을 알 수 있는 결과이다. 이는 자신이 선호하는 것보다는 타인의 시선을 매우 중요시하고, 타인이 자신에게 내리는 평가, 사회적 인정 및 승인을 매우 중요시함으로써 발생하는 현상으로 볼 수 있다.

03 청소년과 교복문화

1) 교복의 역사

교복은 1886년 이화학당에서 서양 선교사 스크랜튼(Mary Fletcher Scranton)에 의해 처음으로 입기 시작하여 청소년기 의복 생활의 대부분을 차지했다. 시대별로 교복 역시 변천사가 존재한다. 특히 1945년 해방 당시의 교복은 일본식 제복이었다. 이는 일제강점기에 대한 잔재로 의식되어 청소년의 개성과 창의성을 방해한다는 이유로 각 학교의 자율적 결정에 의해 중·고등학교의 교복 형태가 제정되었다. 1969년 중학교 평준화 시책으로 인해 시·도별로 남녀 중학교 교복이 통일되었다. 이 때 학교의 특성을 없애기 위해 중·고등학생의 모든 교복과 장신구까지 통일되었다(한미화·이은희, 2009).

이러한 디자인은 계속 이어 오다가 1983년 문교부에서 교복 자율화 조치를 실시하면서 일제히 폐지되었다. 그러나 학생이 고급 사복을 착용함으로써 위화감을 조성하거나 일부 학생 사이에 지나친 사치 풍조가 나타나며 청소년 탈선 등 자율복의 역기능이 부각되면서 교육부는 1986년부터 학교의 재량에 따라 교복 착용을 허용하였다. 전국 40여개 교가 교복 착용을 시작하였으며, 점차 증가하여 2007년에는 90% 이상, 2011년도에는 95% 이상의 학교 학생들이 교복을 착용하게 되었다(한우신, 2016).

2) 교복 변형 문화

과거에 비해 현재의 교복은 보다 심미성과 활동성이 매우 개선되어 있다. 또한 역사 속에서 증명되었듯이 교복 자율화로 인해 발생했던 여러 문제가 완화되는 데 일조하였다. 학생들의 탈선 방지, 빈부 격차로 인해 발생하는 위화감 해소, 의복비 절감, 애교심 함양 의도 강화 등이 교복 의무화로 인해 얻을 수 있는 긍정적인 점이다 (김지원, 2009). 그러나 청소년의 자기 및 개성 표현 욕구를 충족시키지는 못하게 됨으로써 같은 교복을 다양하게 변형시키는 교복행동들이 나타나기 시작하였다. 앞서 언급했듯이 많은 청소년이 여러 이유로 인해 의복에 의존하는 경향을 보이는데, 매일 획일화된 교복을 입는 학생들에게는 이러한 욕구가 해소되지 않았을 것이다. 그리하여 자신들의 자유분방한 사고방식과 외모지상주의를 지향하는 사회적 분위기로 인해 청소년들의 교복 변형 문화가 생성되게 되었다.

교복 변형 유형은 하의의 길이와 폭을 줄이는 경우가 가장 많았다. 그리고 상의의 품과 길이를 줄이는 순이었다. 교복 변형의 유형에 관한 연구는 지역과 대상에 따라 차이가 있지만 대체로 하의 교복에 대한 변형이 빈번히 일어나고 있다. 실제 조사에 따르면 교복 변형의 정도나 빈도에 관계없이 교복 변형을 한 청소년은 절반 이상이

[그림 7-2] 여학생의 교복문화 변화

* 출처: 한국경제TV(2016. 3. 31.).

[그림 7-3] 남학생의 교복문화 변화

* 출처: 뉴스1코리아(2013. 3. 31.).

되며, 교복 변형의 기준은 타이트하게 몸에 밀착되는 형태가 주를 이루고 있다.

남학생과 여학생 모두 획일화된 교복 디자인을 변형하고 시대마다 교복의 경향 역시 변화되는 것을 알 수 있다. 학생들을 대상으로 현재 교복에 대한 만족도를 조사한 결과(이애경 외, 2006) 대부분 '불만족'이라고 답변한 것을 통해 교복 디자인을 변형시키는 이유를 유추할 수 있다.

그 이유는, 첫째, 색상과 유행에 뒤떨어진 디자인으로 인한 것이다. 앞서 살펴본 것과 같이 청소년은 의복에 있어서 심미성과 개성을 매우 중요시한다. 그러나 역설적이게도 소속감과 동조성도 의복에 강하게 작용한다. 이와 같은 양면성이 교복의 변형 문화를 통해서도 잘 드러난다. 교복으로 인해 학교에 소속되어 있다는 심리적 안정성을 갖게 됨과 동시에 그 안에서 또 다른 자신의 개성을 표현하기 위해 독특하고, 심미성이 강조된 모습으로 변형을 시도한다. 그리고 그 변형은 시대 시대마다 문화를 이루게 된다.

둘째, 더위와 추위에 적응력이 떨어진다. 교복이 만들어진 재질이나 디자인은 더위나 추위에 실용적이지 못하다.

셋째, 활동성에 있어서 편안하지 못하다. 과거 여학생은 무조건 교복이 치마였다. 지금은 과거에 비해 바지도 함께 디자인된 교복을 선택하는 학교가 많아지기는 했지만 여전히 여학생은 치마 교복을 입는 것이 대부분이다. 치마를 입고 오랜 시간 동안 의자에 앉아서 공부를 해야 하는 여학생은 공부뿐 아니라 여러 활동에 있어서 자유롭지 못하다.

넷째, 가격, 즉 경제적인 측면에서도 부적합하다고 느끼고 있다. 각 업체에 따라 교복의 가격은 차이가 있다. 그러나 일반적으로 셔츠 혹은 블라우스는 2벌 이상 구비해야 하므로 40여 만 원을 웃도는 교복 값은 일반 사복에 비해서도 매우 비싸다고 느껴진다. 최근에는 지역에 따라 일정액의 교복 지원금도 신청하여 받을 수 있게 되었지만 학생들도 교복의 가격이 매우 비싸다고 느끼며, 그 가격에 비해 자신들이 생각하는 주요 기준에 미치지 못함으로써 교복에 대한 만족도는 매우 낮다고 볼 수 있다.

같은 디자인인 교복에도 청소년들은 자신의 개성을 표현함으로써 교복에 변형이 일어나고, 그 변형 자체가 청소년의 또 다른 의복문화를 형성하여 지대한 영향력을 발휘한다고 볼 수 있다. 이렇게 자신들에게 주어진 의복 그대로를 받아들이기보다 자신들만의 새로운 기호로 변형하고 창조함으로써 자율적인 그들만의 스타일과 의복 문화를 생성한 것이다.

04 청소년과 화장문화

외모의 관심이 급격히 증가하는 청소년 시기에 외모에 대한 콤플렉스에 손쉽고 빠르게 대처할 수 있는 방법 중 하나는 바로 화장이다. 외모 관심도가 청소년 시기에 가장 높게 나타났으며, 자신과 타인을 비교함으로써 외모 관심도에 따른 평가를 형성하는 시기가 바로 청소년 시기이기도 하다(최고은, 2017). 요즘은 초등학교 3학년 이상만 되어도 틴트와 BB크림, 색조 화장품을 서로 공유하는 것을 볼 수 있다.

여기에서 다루는 청소년의 화장문화는 기초화장이 아닌 색조화장과 메이크업을 병행한 화장을 말한다.

1) 화장품 사용 실태 및 기능

청소년에게 화장품 사용은 매우 일상적인 것이 되었으며, 생일을 맞이하면 선물로 화장품을 주는 것도 흔히 볼 수 있는 현상이 되었다. 김희자와 권혜진(2014)의 연구에서 청소년이 사용하고 있는 화장품 사용 형태를 조사하였을 때, '기초, 색조 화장품을 모두 사용한다'에 답한 청소년이 69.4%로, '기능성 화장품을 사용한다' 15.8%보다 높게 나타났다. 또한 청소년이 화장품을 구입하는 경로로 화장품 전문점이 64.4%, 저가 브랜드샵은 13.3%, 대형할인마트가 8.3%로 나타났다. 일부 외모 관심도가 높게 나타난 청소년들은 전문 브랜드를 선호하고, 백화점이나 전문점 구입도 마다하지 않는 등 화장품의 구매 성향과 특성이 성인과 유사한 모습을 보인다. 또한 청소년들의 화장품 사용 연령은 점차 낮아지고 있는 추세이다.

박정연(2017)의 연구에서 청소년이 화장의 기능을 어떻게 인식하는지 조사하였을 때, 예뻐지고 자기만족도가 커진다는 것이 가장 높게 나타났다. 뒤이어 친구들과 화장품 정보 공유를 통하여 사교를 증진시킨다는 것이었고, 이성 친구의 호감이 증대된다는 순으로 나타났다. 또한 청소년 스스로 자신의 피부를 보호하기 위해 약간의 기초화장이 필요하며, 외모를 보완할 수 있는 가벼운 색조 화장이 좋다고 답하였다.

화장은 타인의 시선을 매우 의식함과 동시에 그 시선이 곧 자신의 만족도를 높이기 위한 수단이 되며, 현대 사회에서는 그 수단에 접근함에 있어서도 매우 간편하므로 문화로까지 확장되었다. 청소년의 화장문화는 시장까지 연결되어 청소년층을 공략한 화장품이 개발되었으며 청소년의 공감을 끌어내고자 비슷한 연령대의 청소년 연예인을 모델로 한 화장품 광고가 생겨나기 시작했다([그림 7-4] 참조). 이렇게 청소년층의 화장 문화와 더불어 이를 공략한 상술은 점점 확대될 것으로 예상된다.

[그림 7-4] 십대 연예인이 선전하는 청소년 화장품

2) 청소년 화장문화의 재창조

청소년은 특히 대중매체에도 많은 영향을 받으며, 그 안에서의 아이돌 혹은 인기 연예인들의 모습이 미의 기준이 된다. 자신들이 좋아하는 연예인들의 모습을 모방하고자 하는 욕구 충족에 화장품이 그 수단이 된다. 청소년들의 화장문화는 단순히 자신의 모습을 꾸미는 자체로만 그치지 않는다. 화장품을 사는 행위는 청소년들의 여가문화 또는 소비문화와도 연관되어 있으며, 친구들과 이야깃거리를 만들어 내면서 함께 공감할 수 있는 매개체가 되기도 한다.

특히 청소년의 화장문화에서 한 걸음 더 나아가 온라인이 능숙한 그들의 세계에서 또 다른 문화가 창조된다. 예를 들어, 자신이 화장한 모습을 친구들과 사진을 찍어 공유하고, 셀카를 찍어 SNS에 장식한다. 특히 동영상으로 자신이 화장하는 모습을 민낯부터 완성 단계까지 촬영하고 그것을 공유하기도 한다. 일명 '뷰티 유튜버'가 그러하다. 십대 뷰티 유튜버도 상당수 존재하며 청소년들은 그것을 시청자의 입장에서 시청하고 따라하기도 한다. 앞서 언급한 대로 인기 연예인이나 아이돌의 화장법을 직접 자신이 처음부터 완성까지의 모든 과정을 보여 주고 공유하기도 한다.

이제 청소년들의 화장문화는 혼자만 만족하는 것이 아니라 그것을 오픈하고 공유함으로써 공감과 반응을 살피는 것으로까지 확장되었다. 나아가 그 안에서 관계를 형성 및 유지하기도 하는 등 그 자체가 또 하나의 문화로 자리 잡은 것이다.

05 청소년의 긍정적 자기표현문화를 위한 방향

이 장 전반부에서는 학문적 배경으로 청소년의 자기표현이 무엇인지 그 개념과 영역을 살펴보았다. 청소년 시기에 자기표현은 발달 시기적 특성에 따라 매우 의미 있는 삶의 영역이며, 자기표현에 따른 사회적 인정과 승인이 따름과 동시에 타인의 평가가 자신의 정체성을 확립하는 것에 있어서도 많은 영향을 미친다. 그러므로 청소년의 자기표현이 문화로 자리 잡고 그 문화가 더욱 긍정적으로 발전되기 위해서는 현재의 점검과 미래의 방향 제안이 중요하다.

자기표현은 실제로 자신의 내면적인 성격과 감정을 자신감 있게, 그리고 주변 상황과 상대방의 입장을 고려하여 명확하게 표현하는 것을 말한다. 이러한 자기표현은 지식, 기능, 윤리, 매체의 영역에서 그 방식이 설명되었다. 이렇게 자기를 표현할 수 있는 영역이 다양함에도 불구하고, 이 장의 후반부에서 살펴본 바와 같이, 청소년의 자기표현은 매우 외적인 것에 편중·편향되어 문화화된 것을 알 수 있다. 매체, 즉 SNS와 같은 간접적인 자기표현 수단이 문화로 발전된 것 이외에 지식과 기능 그리고 윤리적 측면은 청소년의 문화에서 상대적으로 매우 약화되어 있다. 자신의 정체성을 표현하고 자신의 의견을 표현하는 것이 청소년문화에서는 SNS와 같은 가상공간에서의 간접적 표현으로 국한되어 있다. 따라서 오프라인상에서의 보다 적극적이고 직접적인 자기표현 문화도 활발하게 공유됨으로써 외적 자기표현에 편중되어 있는 문화가 적절한 균형을 맞추는 것이 중요하다.

우리는 앞서 청소년의 외적 자기표현문화로 자리 잡은 것 중 의복과 교복, 화장문화를 대표적인 예로 살펴보았다. 공통적으로 과거에 비해 현대 청소년들은 자신의 매력을 보다 어필하고 싶어 하고 외적인 모습으로 인정받는 것을 매우 중요시하는 것을 알 수 있다. 이러한 현상을 다양한 시각으로 해석할 수 있지만 먼저 청소년들의 발달적 특성과 맞물려 해석될 수 있다.

청소년 시기에는 자기중심성과 자기표현성이 매우 강하게 나타나며, 타인에 대한 시선을 매우 중요하게 생각한다. 자신이 마치 무대에 서 있는 주인공과 같이 모든 사람이 자신에게 집중하고 있는 것으로 생각한다. 그러므로 자신의 외모를 꾸미고 개성을 표현하는 현상은 어쩌면 당연한 현상일 수 있다. 또한 소속감과 동조성이 더욱 극대화되는 시기이므로 유행이나 흐름을 따라가는 것도 어쩌면 당연한 것일 수 있다. 그러나 청소년들의 이러한 문화 현상을 발달 시기적 특성상 당연한 것으로만 생각하는 것은 발전적이지 못하다. 청소년들의 외적 자기표현문화 자체가 '긍정적이다, 부정적이다'를 논하기에 앞서, 더욱 중요한 것은 청소년의 이러한 외적 자기표현문화가 활성화되는 것에 작동하는 기제에 관한 것이다. 현대 청소년의 외적 자기표현문화에 대하여 점검하고, 청소년의 외적 자기표현문화가 긍정적으로 발전할 수 있는 방향을 다음과 같이 정리한다.

첫째, 청소년의 외적 자기표현은 다소 획일적이다. 다시 말하면, 청소년이 외적으로 자기를 표현하는 것이 단지 매체 속 연예인 외모 따라하기에 집중되어 있는 현상이다. 외적 자기표현이 청소년에게 하나의 문화로 자리 잡은 것은 그 자체로서 인정받을 수 있는 하나의 문화이다. 그러나 외모지상주의적인 인식과 대중매체 속의 연예인들에 대한 맹목적인 모방은 진정한 자기의 개성을 표현하는 것으로 볼 수 없다. 또한 지나치게 외모에만 치중하여 자기 자신도 평가하고, 타인으로부터 역시 외모의 기준에 따라 인정받으려는 인식은 정말 안타까운 일이 아닐 수 없다. 외모가 청소년들의 세계에서는 하나의 권력으로 작용하는 것이 사실이다. 인기 연예인, 아이돌과 같은 외모는 이성 친구뿐만 아니라 동성 친구에게도 호감을 불러일으키는 요인으로 작용한다. 그리고 그것은 또래집단 내에서도 위계, 권력과도 연관되어 있다. 이것은 어쩌면 우리 현대 사회의 현실을 그대로 반영한 것일 수 있다. 청소년의 외적 자기표현은 자신을 꾸미고 자신의 매력을 어필하고자 하는 욕구에서 비롯하여 함께 공유하고 공감할 수 있는 문화로 자리 잡은 것은 사실이다. 그러나 매체 속에 있는 연예인이나 아이돌을 미적 기준으로 삼고, 그들을 무조건 따라하는 것이 진정한 매력과 개성의 표현인지는 의문이다. 청소년들의 개성이 유행성을 앞지르지는 못하는 듯하다.

둘째, 청소년 인식 속에 사회적 승인과 평가의 수단이 외모에만 치중되어 있는 현상에 대한 아쉬움이다. 청소년기에는 자신이 어딘가에 소속되어 있고 그 소속 집단으로부터 인정받으며 구성원에게 동조하고자 하는 동조성도 매우 강하게 나타난다. 그것은 곧 자신이 소속되어 있는 사회로부터 승인받고 평가된다는 것에 대한 안정감일 것이다. 그러나 안타깝게도 청소년들은 그 사회적 승인과 평가의 수단으로써 외모를 강하게 인식하고 있다. 물론 그 원인을 제공한 것에 있어서는 현대 사회 성인들의 책임도 매우 크다. 청소년들이 외모뿐만 아니라 자신의 역량을 개발하고, 보이는 것뿐만 아니라 보이지 않는 정신과 마음을 가꾸는 것 역시 사회적 승인과 평가의 수단이 된다는 것을 인식할 수 있어야 한다. 즉, 지식과 기능, 윤리적 영역에서의 자기표현이 지금보다 더욱 강조되고 인식되어야 내적·외적으로 균형을 이루는 청소년 자기표현문화로 발전해 나갈 것이다.

셋째, 청소년의 건강한 경제관념을 가져야 할 것이다. 예를 들어, 앞서 청소년의 의복문화를 살펴보았을 때 경제력이 거의 없거나 비교적 약한 계층임에도 불구하고 의복을 선호하는 요인 중 경제성이 가장 약한 요인으로 나타났다. 그 이유는 저렴한 것은 유명한 브랜드가 아니며, 유명한 브랜드가 아니라는 것은 곧 유행에 따라 갈 수 없다는 것을 의미하므로 청소년들은 자신이 경제적으로 충분하지 않더라도 자신이 원하는 의복을 구입한다는 것이다. 실제로 경제적 수단이나 사정이 녹록치 않은 청소년들이 유행하는 의복이나 품목들을 구입하기 위해서는 결국 부모에게 의존할 수밖에 없다. 오죽하면 유행하는 점퍼를 사기 위해 부모의 등골을 빼 먹는다는 의미로 '등골 점퍼'라는 말이 나올 정도이다. 그러나 앞서 언급한 조사 결과와 연관 지어 생각해 본다면, 청소년에게 이러한 부모의 경제 사정은 자신의 외적 표현을 하기 위해서라면 그다지 중요한 것은 아닌 듯하다. 청소년들이 자신의 외적 표현을 더욱 건강하게 하기 위해서는 경제성도 충분히 고려할 수 있는 성숙함도 요구된다.

넷째, 급속도로 변화하는 청소년의 외적 자기표현문화에 대응할 수 있는 교육 체계의 부재이다. 청소년의 외적 자기표현은 점점 저연령화되고 있는 추세이다. 예를 들어, 색조 화장을 처음 시작하게 되는 연령의 비율이 현재 초등학교 6학년이 가장 높은 것으로 나타났다. 이러한 현상을 막거나 부정적인 것으로만 바라볼 것이 아니라 빠르게 변화하는 문화 현상에 성인들이 제공해 줄 수 있는 안전 역시 최대한 발빠르게 제공되어야 한다. 화장을 예로 들어보자. 전문인들은 여중생의 피부가 성장하고 있는 시기이고 특정 화학 성분에 알레르기 반응이 일어날 수도 있다고 밝혔다. 또한 몇몇 화장품에 들어 있는 방부제는 호르몬 분비에 장애를 주기 때문에 피부에 심각한 트러블이 발생할 수도 있다고 하였다(양희수·유은주·윤천성, 2017). 여중생뿐만 아니라 현상적으로 점점 더 어린 학생들이 화장을 시작할 것인데 상업적인 업체에서만 발 빠르게 움직이고 있을 뿐, 그에 대한 뚜렷한 교육이나 안전 정보를 제공하는 것에 있어서는 전혀 움직임이 없다. 마냥 "학생다운 것이 가장 예쁘고, 너희 때는 그냥 다녀도 예쁘니 화장하지 마라."라는 말만 할 뿐이다. 하지만 실제로 청소년들에게 도움이 되고 받아들일 수 있는 안전책이 필요하다. 전문인들이 입을 모아 강조하는 것은 청소년들의 눈높이와 실정에 맞는 미용 교육이나 정보 제공이 필요하다는 것이다.

마지막으로, 의복과 화장 심지어는 교복까지 청소년들의 문화가 성인의 상업에 의해 휘둘리는 현상에 대한 아쉬움이다. 물론 대부분의 문화가 경제와 연관되어 있기 마련이며 시장과 연결된다. 그러나 청소년의 문화가 주도적으로 시장을 움직이는 방향이 아니라 시장이 청소년문화를 성인의 경제적 부를 위해 의도적으로 조성하여 좌지우지할 수 있게 해서는 안 된다는 것이다. 그러므로 청소년은 대중성과 유행성의 흐름에 무조건 민감하게 따라만 가는 것이 아닌, 주체적으로 자신의 개성과 멋을 표현하며 함께 공유할 수 있는 문화를 창조해 나가야 할 것이다.

요약

1. 자기표현이란 자신과 타인의 권리를 침해하지 않고 우리나라의 사회문화적인 환경을 적절하게 고려하여 자신의 생각과 느낌을 자신감 있고 정확하게 표현하며, 자신이 원하는 바를 직접적 혹은 간접적인 방법으로 요구하거나 거절하는 것이다.

2. 자기표현은 정체성 표현과 의견 표현의 측면이 있다.

3. 자기표현의 영역에는 지식, 기능, 윤리, 매체 등 다양한 영역이 있다.

4. 청소년은 외모를 매우 중요시하고, 그 외모는 자신이 소속되어 있는 사회적 승인과 평가에 있어서 주요한 수단임을 인식한다. 한편으로는 자신이 진짜 원하고 선호하는 경향보다는 시기적으로 유행하는 것, 매체 속 연예인들이 하는 모습들을 따라하는 동조성도 짙게 묻어 있는 경향이 있는 것이 청소년의 외적 자기표현문화이다.

5. 의복, 교복, 화장 문화 모두 자기의 개성을 표현하는 욕구뿐만 아니라 유행을 따르고자 하는 동조성이 동전의 양면처럼 함께 공존한다.

6. 진정한 자기표현문화가 발전되기 위해서는 맹목적인 유행과 연예인 모방이 아닌 자신만의 진정한 개성을 표현하고자 하는 인식이 필요하다. 또한 사회적 승인과 평가 수단이 외적인 것에만 치중되어 있을 것이 아니라 내면적인 것 역시 주요한 수단이 되는 것을 인식할 필요가 있다.

7. 급격하게 변화하는 청소년의 외적 자기표현문화에 대하여 필요한 안전 정보나 긍정적인 발전을 위한 정보 제공이 신속하게 이루어져야 한다.

참고문헌

고애란 · 김양진 · 심정은(1999). 여고생의 교복관련행동과 심리적 특성 및 의복태도의 관련 연구. 생활과학논집, 13, 31-41.

김성회(1982). 고등학생들을 대상으로 한 주장훈련의 효과. 학생지도연구, 15(2), 1-30.

김지원(2009). 패션의 관점에서 본 청소년의 교복에 관한 연구. 고려대학교 교육대학원 석사학위논문.

김희자 · 권혜진(2014). 청소년의 외모관심도에 따른 화장품 사용실태와 구매행태 연구. 대한피부미용학회, 12(3), 353-359.

뉴스1코리아(2013. 3. 31.). 남학생 교복 트렌드… "나는 나팔 스타일".

박정연(2017). 초중고등학생의 화장 인식과 뷰티관리 행동연구. 한국디자인문화학회지 23(3), 377-385.

손강숙 · 주영아(2014). 청소년 자기표현 척도 개발 및 타당화. 청소년복지연구, 16(3), 77-104.

양희수 · 유은주 · 윤천성(2017). 청소년의 외모 관심도와 색조화장품의 탐색적 연구. 한국뷰티산업학회, 11(2), 84-98.

유현숙 · 김남희 · 김안나 · 김태준 · 이만희 · 장수명(2002). 국가수준의 생애능력 표준설정 및 학습체제 질 관리연구(1). 서울: 한국교육개발원.

이애경 · 이혜자 · 한영숙(2006). 청소년의 의복행동과 교복만족도 및 교복변형행동. 한국가정과교육학회지, 18(3), 133-148.

최고은(2017). 중 · 고등학생들의 피부 미용과 화장품 사용에 대한 인식 연구. 광운대학교 정보콘텐츠대학원 석사학위논문.

최수정(2017). 여고생의 SNS 라이프스타일과 패션 쇼핑성향, 패션 선호이미지와의 관계 연구. 한국디자인문화학회지. 23(1), 627-636.

연합뉴스(2017. 12. 8.). 한파 녹이는 롱패딩 열기.

한국경제TV(2016. 3. 31.). '시대의 아이콘' 역대 교복 광고 모델, 누가 있을까?

한미화 · 이은희(2009). 청소년의 교복행동과 외모에 대한 태도와의 관련 연구. 한국가정과교육학회지, 21(2), 23-43.

한우신(2016). 여중생 교복 선호도에 따른 디자인 및 패턴 연구. 경희대학교 대학원 석사학위논문.

Alberti, R. E., & Emmons, M. L. (1982). *Your perfect right: a guide to assertive behavior.* San Luis Obispo, CA: Impact.

Bower, S. A., & Bower, G. H. (1976). *Asserting yourself.* Reading Mass: Addition-Wesley.

Galassi, J. P., DeLeo, J. S., Galassi, M. D., & Bastien, S. (1974). The college Self-Expression Scale: A measure of assertiveness. *Behavior Therapy, 5*(2), 165-171.

참고문헌

제8장

소비로 문화 만들기

'나는 소비한다. 고로 존재한다.'라는 바바라 크루커(Barbara Kruger, 1987)의 작품이 있다. 이것이 곧 소비사회의 특성이라 볼 수 있다. 존재한다는 것은 정체성을 나타내는 것이며 내가 사회에서 행하는 모습도 곧 소비를 통해 만들어진다는 것을 의미한다. 즉, 소비가 사회적 관계를 규정하거나 자아정체성 및 생활양식을 형성하는 데 있어서 중심적인 원리로 작용함을 의미한다. 소비는 단순히 자신이 필요한 것을 얻기 위해 취하는 행동이 아닌 다양한 사회문화적 의미를 갖는 행동이 되었으며, 이제는 지극히 개인적인 행동을 지나 문화를 이루게 되었다. 과연 소비는 현대 청소년들에게 어떠한 모습으로 형성되어 있는가?

이 장에서는 첫째, 현대 사회의 소비에 대하여 알아본다. 둘째, 청소년 소비문화 현황을 살펴보고 점검한다. 셋째, 청소년 소비문화의 특징을 알아본다. 마지막으로, 청소년의 긍정적 소비문화를 위한 방향과 방안들을 제안하고자 한다.

01 현대 사회의 소비

 우리나라는 1980년대 이후 소득수준이 증대됨으로써 전반적인 소비 생활이 점차 풍요로워졌다. 이후 단지 필요에 의한 소비를 지나 소비가 지니는 사회적 의미가 중요시되었다. 또한 생산력의 발전이 급속도로 진전되는 가운데 소비자의 기호와 능력의 문제가 중요하게 부각되었다. 이러한 소비사회는 어느새 물질주의가 팽배해지는 현실을 낳았다. 지금부터 현대사회 내 소비는 어떠한 모습으로 자리 잡고 있는지 살펴보자.

1) 소비문화의 연계성

 현대 사회에서 소비는 문화의 중요한 영역이 되고 있다. 이는 대량 생산 및 소비를 통해 소비사회로 접어들게 되면서 점차 소비와 문화가 접목되어 소비생활 자체가 일종의 문화생활이 된 것이다. 여가 산업이 발달하면서 여행, 관광, 놀이, 쇼핑, 외식 등 여가 생활도 문화생활의 일부가 되고 있으며, 소비는 이와 같은 생활에 반드시 병행되는 행위이기도 하다.

2) 소비의 기능

 소비가 갖는 기능은 다음과 같이 다양하다.
 첫째, 자신이 필요로 하는 제품을 구매할 수 있다. 이는 소비가 가지고 있는 가장 기본적인 기능으로, 사람은 소비를 통하여 자신의 생활에 있어서 필요가 느껴지는 물건 혹은 상황을 획득할 수 있다.
 둘째, 사회적·상징적 의미를 표현할 수 있다. 소비행동은 자신의 욕구 충족뿐만 아니라 자신의 개성을 표현하기도 하고, 때로는 공동체와 동일한 형태의 소비를 행함으로써 자신이 도태되지 않는, 소속되어 있는 존재임을 표현하기도 한다. 이렇게 소비는 단순한 경제행위에 그치지 않고, 사회적 행위로 발전되었다.

셋째, 자신의 정체성이나 이미지를 창출하는 수단이 되었다. 소비를 통해 자신이 어떠한 사람인지 타인으로 하여금 알게 하는 수단이 됨과 동시에 자신의 이미지를 창출하는 수단이 되었다.

넷째, 자신과 타인을 구별 짓는 수단이 되었다. 앞서 언급하였듯이 소비의 사회적 인식 및 의미는 점차 변화되었다. 이는 후기산업자본주의 사회로의 이행을 기점으로 일어난 변화였다. 상품 그 자체의 구매 행위였던 수단이 이제는 자신을 나타내는 것을 지나 자신이 타인과 다름을 표현하는 수단으로까지 가능하게 된 것이다.

3) 소비의 역기능

다양한 소비의 기능은 인간 생활을 보다 풍요롭고 윤택하게 하며, 자신의 개성과 정체성을 표현할 수 있게 해 주었지만, 이러한 이점 못지않게 다음과 같은 여러 부정적 영향도 생겨나고 있다.

첫째, 물질만능주의가 팽배해진다. 자칫 소비 기능이 과대하게 이용되면 물질만능주의가 팽배해질 수 있다. 물질로 자신이 원하는 것을 무엇이든 소유하고 획득하고자 하는 욕구와, 자신의 존재를 지나치게 드러내고 표현하고자 하는 한 가지 기능에만 몰입한다면 그것은 오히려 자신의 삶과 인간관계를 더욱 가난하게 하는 결과를 낳는다. 현대 사회의 문제점 중 하나로 꼽히는 물질만능주의는 사회 규범과 예절의 붕괴 및 나아가 범죄까지 조장하는 것을 알 수 있다.

둘째, 현대 사회의 소비 행동이 문제시되는 점은 재화의 소비를 지위의 상징으로 생각하고, 물질적 부를 통해 자신이 속한 사회계층을 과시한다는 것이다. 소위 '갑질'이라는 것이 현대 사회의 이슈로 급부상하고, 실제로 최근 뉴스를 통하여 한 대기업 가족이 이러한 '갑질'을 지속적으로 이어 와 수많은 피해자가 발생했음을 알 수 있었다. 이는 자신의 사회적 위치와 상징을 물질적인 것으로 과시함으로써 타인에게 위화감을 조성한 행위라 볼 수 있다.

셋째, 상류층 소비의 모방을 통하여 소속감을 얻으려고 하는 비합리적 소비 행위로 인한 것이다(차경욱 · 최민영, 2010). 상류층에 대한 무조건적인 이상만을 갖고 자신의 능력과는 상관없이 그들을 모방하고자 하는 것은 또 다른 문제들을 파생시킨다. 과대 소비를 조장하게 되며, 자신이 감당할 수 있는 능력과 맞지 않은 과대소비는 부채를 발생시키고, 그것은 개인 삶의 질을 떨어뜨릴 뿐만 아니라 가족과 주변인에게도 좋지 못한 영향을 끼친다.

02 청소년 소비문화 현황

1) 청소년 소비의 문화화

청소년의 소비가 문화화되었다는 것은 곧 청소년이 구매하는 상품이 '미학화'되고 소비가 '기호'가 되는 현상이 발생했다는 것이다. 환언하면 상품과 문화의 결합 또는 소비와 문화의 결합을 통해 상품 소비 자체가 하나의 문화적 삶이자 문화적 실천이 된 것이다. 청소년의 소비는 단순히 기본적 필요를 충족하는 수준을 넘어 하나의 문화적 그리고 상징적 의미가 되었다. 이에 따라 새로운 소비 주체인 청소년을 대상으로 한 기업들의 '스타마케팅'이 활성화 되었다.

최근 1인 미디어, '다중채널네트워크[1] 전략' 등 청소년의 대중매체 활용 경향에 따른 마케팅 또한 그 시장 규모가 커지고 있다. 청소년들은 특히 자기표현에 소비를 활용하며, 자기표현에 있어서 '외현'을 통한 것이 주를 이룬다. '자기표현'이라함은

---

1) 다중채널네트워크(Multi Channel Network: MCN)는 콘텐츠 크리에이터인 1인 미디어를 묶고 이를 연결하여 이용자에게 제공하는 서비스로, 1인 창작자에게 콘텐츠 기획, 마케팅, 프로모션, 촬영 스튜디오, 방송 장비 등을 지원하고, 1인 창작자의 채널에서 광고와 저작권 수익을 얻고 이를 분배하는 서비스 사업 모델이다. MCN은 기업의 방송 비즈니스 활동뿐 아니라 광고 전략 차원으로 확대되고 있다. MCN의 1인 미디어는 뉴스, 스포츠, 엔터테인먼트, 요리, 쇼핑, 패션 등 다양한 콘텐츠로 구성될 수 있고, 단지 동영상을 보게 하는 것뿐 아니라 소셜 미디어상에서 공유도 하도록 하는 차별된 특성을 가져 창조적인 생산 가치를 강조한다는 특징을 가진다. 혁신적인 소셜 방송 형태로 매우 각광받고 있는 MCN은 특정 브랜드의 광고 캠페인 활동부터 기업의 새로운 광고 비즈니스에 이르기까지 다양한 형태의 광고 산업의 기회로 발전하고 있다. 또한 이러한 MCN의 다양한 소재와 서비스 모델 개발에 힘입어 MCN에 기반을 둔 광고 캠페인과 광고 사업은 더욱 활성화될 것으로 예상되고 있다(김주란 · 강승묵, 2018).

자신의 성격을 표현하고 개인적인 특성을 주장하는 것으로서 상대방에게 나에 관한 정보를 전달하여 자신이 누구인지 또한 어떤 사람인지를 알리는 과정을 뜻한다.

특히 현대 영상 시대의 대중은 자기표현이나 자기과시를 통하여 정체성을 형성하고 드러낸다. 이때 자기표현의 주된 도구가 외모 또는 옷차림과 같은 외현적 측면이 되는 것이다. 어릴 때부터 영상매체에 익숙한 영상세대는 감성적이고 감각적 판단에 따라 자기표현을 하고 감정을 분출하기 쉽다.

2) 청소년 소비문화의 현황

필자가 길을 가다가 어느 휴대전화 매장 앞에서 홍보 현수막의 문구를 보게 되었다.

> 애들아! 형아는 너만 믿는다. 너는 엄마를 이길 수 있는 힘이 있잖아. 매장에서 기다리고 있을게.
>
> −필름을 공짜로 붙여 줄 수 있는 형아가−

그 문구는 비록 씁쓸함을 병행하는 것이었지만 실로 웃음을 자아냈다. 이 문구는 현 청소년 소비문화 모습의 일부를 고스란히 보여 주는 듯하였다. 우선 최신 휴대전화의 주 고객층이 '애들'이라 지칭할 수 있는 대상이라면 아마도 청소년을 뜻할 것이다. 최신 휴대전화가 나왔을 때 대리점이 이렇게 큰 글씨로 홍보를 하는 주요 대상이 청소년이라는 것은 실제 휴대전화의 주요 소비 계층이 청소년임을 보여 주는 것이다. 또한 '엄마를 이길 수 있다'는 것은 곧 부모로부터 용돈을 받아야 휴대전화를 구입할 수 있는 존재임을 전제로 하고 있다. 더 나가서 '엄마를 이길 수 있는 힘'이라함은 그들의 구매력과 소비 행위가 부모를 이길 수 있을 만큼 매우 강력하다는 것을 보여 주는 것일 수 있다.

실제로 청소년의 소비 규모는 지속적으로 증가하고 있으며 그들의 구매력은 국가 경제에도 상당한 영향력을 미칠 정도로 성장하였다. 물론 이러한 현상에는 가계 소득 증가와 자녀 수의 감소라는 요인 외에도 실제로 가계 경제에서 자녀의 의사결정권이 확대되었고, 그들에게 많은 자율권이 주어진 것이 영향을 미쳤다. 또한 외부적으로는 미래의 잠재적 소비력인 청소년을 대상으로 한 적극적인 마케팅이 확대된 점 역시 기여한 바 크다(차경욱·최민영, 2010).

'소비문화'는 1920년대 미국에서 처음 사용한 용어로, 대량생산과 대량소비 사회속에서 살아가는 사람들의 생활양식을 의미한다. 소비 자체로 문화가 형성되기도하지만, 소비문화는 다양한 문화와 연관되어 있다. 예를 들어, 청소년의 소비문화는의류를 구매하고, 온라인에서 게임을 하며, 놀이를 즐기는 여가문화와 연관되며 상호 영향을 미친다.

미국의 10대 청소년들의 소비행태 보고서(Piper Jaffray, 2018)에서는 현재의 10대가곧 20대가 되며, 그들이 사회의 주력 소비층이 될 것이 당연하기에 청소년들의 소비 패턴, 기술, 브랜드, 미디어 선호도 및 트렌드를 파악함으로써 가까운 미래를 그려 보았다. 그리고 그곳에서 투자 아이디어 역시 얻을 수 있을 것을 기대하였다. 미국의 10대 청소년들의 주 소비처는 음식, 미용, 게임이었고 음식 관련 지출이 전체의 24%를 차지하고 있었다. 10대 여성들의 미용 부문(화장품)에 대한 지출은 전년대비 18%가 성장하였고 반면 10대 남성들의 지출 1위는 비디오 게임으로 약 13%에달하며 이전의 기록을 갱신하였다.

표 8-1 소비생활 중 가장 지출이 큰 항목 (단위: %)

구분	식료품비	교통·통신비	외식비	교육비	주거비	의류비	문화여가비	보건의료비	경조사비	연료비(전기·가스 등)	기타
전체 (만 15~39세)	24.8	16.5	16.3	12.9	9.6	9.4	9.1	0.6	0.4	0.2	0.1
남자	22.7	20.0	18.8	11.3	9.9	4.7	11.4	0.3	0.5	0.2	0.2
여자	27.2	12.8	13.7	14.6	9.2	14.4	6.6	0.9	0.3	0.2	0.0
만 15~18세	20.9	14.4	14.9	25.4	0.5	8.9	14.5	0.1	-	0.1	-
만 19~29세	18.4	20.0	18.9	9.9	4.8	14.9	12.1	0.8	0.1	0.1	0.0

* 출처: 김기헌 외(2016).

표 8-2 재정 상황이 나아진다면 가장 먼저 지출을 늘릴 항목　　　　　　(단위: %)

구분	문화 여가비	의류비	교육비	외식비	주거비	식료 품비	교통· 통신비	보건 의료비	경조 사비	연료비 (전기· 가스 등)	기타
전체 (만15~ 39세)	46.1	14.6	9.1	7.6	7.4	7.1	6.8	0.5	0.2	0.1	0.4
남자	48.5	10.9	7.4	8.6	8.6	6.2	8.6	0.3	0.2	0.1	0.4
여자	43.5	18.6	10.9	6.6	6.1	8.2	4.9	0.7	0.1	0.0	0.4
만15~ 18세	47.8	21.8	8.2	6.2	1.6	9.0	4.6	0.5	0.2	0.1	-
만19~ 29세	47.4	19.0	4.3	7.6	5.4	5.9	8.8	0.4	0.2	0.1	0.8

* 출처: 김기헌 외(2016).

특히 게임에 대한 소비가 꾸준하게 늘어남으로써 다운로드에 대한 지출이 익숙해진 청소년들의 향후 구매력을 예상하건대 그 성장성은 감히 짐작할 수 없을 정도로 예상하고 있다.

우리나라 청소년들의 소비 현황을 살펴보았을 때 소비 생활 중 가장 지출이 큰 항목은 교육비였다. 그리고 식료품비가 뒤를 이었다(〈표 8-1〉 참조). 또한 재정 상황이 나아진다면 지출을 늘릴 항목에 대한 응답으로 문화여가비가 가장 많은 비율을 차지하였다(김기헌·하형석·신인철·배진우·손원빈, 2016; 〈표 8-2〉 참조).

03 청소년 소비문화 특징

모든 것이 그러하겠지만 '소비'라는 행위 역시 청소년에게만 국한되어 있는 행위는 아니다. 그런데 이러한 행위가 청소년과 만났을 때 다른 계층에서는 볼 수 없는 특징들이 나타난다. 청소년의 소비가 자칫 문제 중심적으로 다루어질 수 있는 이유는 성인 역시 소비 행위를 하고 때로는 동일한 문제점을 갖고 있기도 하지만, 성인에 비하여 경제적 능력이 약하고 직접적인 소득 원천을 소유하지 못한 것을 하나의 원인으로 생각할 수 있다.

1) 감각적이고 충동적인 청소년 소비행동

청소년 소비행동의 전 과정이 다소 충동적이고 직관적인 판단에 의존하는 충동구매의 경향을 보이고 있다. 또한 상품을 선택할 때 디자인과 색상, 브랜드를 중시하는 경향이 짙다. 청소년 소비자들은 감각 지향적인 소비를 한다는 특징이 있다. 감각적인 분위기와 느낌을 선호하므로 제품을 선택할 때 기능보다는 유행하는 스타일과 패션을 중시한다는 것이다.

청소년 중 약 50%가 물건을 구입할 때 디자인을 기준으로 삼고 있으며, 의류나 팬시용품 및 잡화류를 구매할 때 품질이나 가격보다는 디자인, 광고 이미지를 많이 고려하는 것으로 나타났다. 또한 청소년의 소비 특성 중 하나는 충동구매인데 실제로 다양한 제품에서 충동구매를 하고 있으며, 그중에서 의류제품에 대한 충동구매를 많은 청소년이 경험한 것으로 보고되었다. 특히 감정 충족, 성공 척도, 신용 태도, 불안 원천이 청소년의 충동구매 성향에 영향을 미치는 주요 요인이었다(윤철경, 2004).

2) 과시소비

청소년은 유명 상표의 옷을 입어야 자신감이 생기고 친구들로부터 인정받는다고 생각하는 경향이 있다. 타인에게 보여 주기 위한 것이 곧 과시소비이다. 이는 제품이나 서비스를 구매하고 사용하는 이유가 타인에게 자신의 부를 과시함으로써 타인으로부터 사회적 지위를 인정받고자 하는 것이다.

베블런(Veblen, 1934)은 '유한계급론'에 의하여 구체화된 과시소비는 효용을 얻는 목적보다는 금전력을 과시하기 위한 목적으로 비싼 상품을 소비하는 것이라고 정의하였다. 라바베라(LaBabera, 1988)는 제품의 경제력, 기능적 효용보다는 사회적·상징적 의미를 중시하여 타인에게 소유자 자신을 각인시키려는 동기에 의해 제품을 소비하는 것을 과시소비라고 정의하였다.

비스베데(Wiswede, 1972)는 과시소비의 유형을 다음과 같이 구분하였다(유두련,

1991 재인용). 첫째, 지출의 양적 측면에서 나타나는 과시소비, 둘째, 타인과의 차별화를 통한 과시소비, 셋째, 사회적 지위와 능력을 인정받으려는 과시소비, 넷째, 유명상표 구입을 통한 과시소비 등이다. 한편 국내 연구에서는 과시소비의 유형을 지위 인식적 과시소비, 유명상표 지향적 과시소비, 유향과 타인 지향적 과시소비, 수입품 지향적 과시소비 등으로 나누었다.

청소년의 과시소비 성향과 관련한 요인을 살펴본 연구(유두련 · 박영미 · 함현정, 2004)에서는 대체로 고등학생이 중학생보다 과시소비 성향이 높은 것으로 나타났으며, 이는 고등학생이 부모로부터 중학생보다 더 독립적인 소비생활을 하기 때문이라고 해석하였다. 또한 남학생의 과시소비 성향이 여학생보다 높은 것으로 나타났는데, 특히 의류나 신발을 위한 소비에서 남학생이 여학생보다 높은 과시소비 성향을 보여 주었다. 하지만 최근에는 이와는 사뭇 다른 결과가 나올 수 있음도 예상해 볼 수 있다. 이 외에도 청소년의 과시소비 성향과 관련한 요인에는 가계의 소득수준, 부모의 교육 수준 등도 상관과 영향이 있는 요인으로 나타났다.

3) 동조소비

자신의 개성을 추구하고자 하는 경향을 보임과 동시에 소속감을 유지하기 위해 주변 친구들이 가지고 있는 옷이나 신발, 학용품 등을 따라 구매하는 경우가 많다.[2] 동조란 자발적으로 어떤 집단의 규범에 순응하고 그 집단의 구성원과 비슷해지려는 경향성을 의미한다. 다시 말하면, 사람들이 자신의 행동을 기존 규범에 적용시키는 과정이며 개인이 표준을 유지하고자 노력하는 사회적 상호작용의 한 형태이다. 상품이나 브랜드를 획득하고 사용함으로써 자신의 이미지를 의미 있는 타인과 동일시하거나 강화하려는 소비자의 동조성이라고 정의한다(Bearden, Neterneyer, & Teel, 1989).

라스쿠와 진칸(Lascu & Zinkhan, 1999)은 준거집단의 제품평가, 구매의도 및 구매행위의 결과로 인하여 소비자 자신의 제품평가, 구매의도, 구매행위의 결과가 달라

---

2) 이에 관하여서는 '제7장 청소년과 자기표현문화'에서 자세히 다루고 있다.

지는 것을 동조소비라고 정의하였다. 또한 허경옥(2006)은 소비자 개인의 필요와 선호에 의하여 자주적·주체적으로 상품을 선택하고 소비하는 것이 아니라, 다른 사람과 동일시하려는 의식이나 준거집단에서 소외되지 않으려는 소속 욕구로 인해 다른 사람의 영향을 받아 수동적으로 선택하는 소비행동이라고 정의하였다.

청소년의 동조소비 성향 관련 요인으로는 또래집단과의 상호작용 빈도에 따른 것이다. 청소년들이 또래집단과 상호작용을 많이 할수록 제품 선호에 대하여 더 많이 접하고 그것을 학습하게 되며, 제품평가 역시 자신의 주관뿐만 아니라 또래의 선호에 따르게 된다고 설명하였다. 특히 청소년들의 의복 구매행동이 동료집단, 부모, 대중매체의 순서로 영향을 받는 것으로 나타났다. 연령이나 학년의 분류에 따라 동조소비 성향이 일관된 결과는 보여 주지 않았지만, 이와 같은 요인이 동조소비 성향과 관련하여 유의미한 요인임은 동일하였다. 이 외에도 가계 소득, 청소년의 용돈 수준 등 경제적 요인이 높을수록 동조소비 성향이 높게 나타나는 일관된 결과를 보여 주었다(허경옥, 2006).

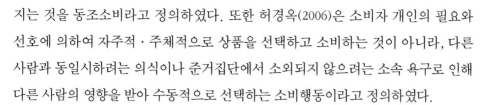

04 청소년의 긍정적 소비문화를 위한 제안

청소년의 소비문화를 다룬 수많은 자료에서 우려의 목소리가 높다. 청소년이라는 시기적 특성상 일반적으로는 수입을 일정하게 가질 수 없기에 소비에 초점을 두고 현상을 보았을 때 긍정적인 고찰은 찾아보기 어려웠다. 청소년 소비가 사회 전반적으로 긍정적인 영향을 미치며 기여한 사회 현상 역시 접하는 것이 쉽지 않다.

현상 자체로 본다면 청소년 소비가 꾸준히 증가하고 있다. 그렇다면 이왕 이루어지는 소비가 일명 '착한 소비', 즉 지역 경제를 살리고 경제적으로 어려운 또래 청소년들에게 그것이 어느 정도 환원되는 등의 사회에 긍정적인 영향을 끼칠 수 있는 소비문화로 정착되기 위해서는 어떠한 방안들이 필요할 것인지 생각해 보아야 할 것이다.

1) 환경친화적 소비행동

긍정적인 영향력을 가진 청소년의 소비문화가 형성되고 공유되기 위해서는 청소년의 소비행동이 환경친화적 소비행동이 될 수 있도록 안내해야 할 것이다. 환경친화적 소비행동이란 자신의 사적인 소비가 타인과 사회, 환경에 미치는 영향을 고려하여 제품을 소비하는 행동이라고 정의한다(정유정, 2007). 이러한 환경친화적 소비행동은 환경활동 경험이나 환경친화적 가치관뿐만 아니라 환경친화적 소비 의식 역시 관련 요인이라 볼 수 있다. 환경활동 경험의 빈도가 높을수록, 절약성, 이타주의, 타인의 복지에 대한 관심 추구 등의 환경친화적 가치가 높을수록, 환경친화적 소비행동으로까지 발현되게 하는 환경친화적 소비의식이 높을수록 더 많은 환경친화적 소비행동을 하게 된다.

자신의 소비행동이 욕구 충족이나 자신이 원하는 바를 만족시키는 것에 그치지 않고 타인과 나아가 사회에 미치게 될 영향력까지 고려할 줄 안다면 청소년의 소비문화는 더욱 성숙한 문화로 발전될 것이다.

이러한 환경친화적 소비행동을 위해서는 청소년들이 환경교육, 즉 타인과 환경, 사회를 고려할 수 있는 능력을 신장시킬 수 있도록 교육의 장이 제공되어야 할 것이다. 또한 그 교육은 매우 구체적이고 정교하게 구성되어 청소년 내에서도 각 학교급에 따라 체계적인 로드맵이 마련되어야 할 것이다(김지예 · 신혜원, 2012).

2) 건강한 정체성과 나를 사랑하기

앞서 살펴본 대로 청소년의 소비는 자신의 정체성을 표현하는 수단이기도 하다. 자신의 정체성을 과대하게 표현할 때는 결과적으로 과대한 소비가 따라온다. 그러나 과소비는 결국 청소년의 정신적 · 신체적 건강에도 해로울 뿐만 아니라 전반적인 청소년 소비문화의 긍정적 발전에도 적신호가 들어오게 한다. 즉, 명확한 자신의 정체성과 자신을 사랑할 줄 아는 자존감 및 자긍심이 먼저 건강하게 확립될 때 결과적으로 청소년의 긍정적인 소비문화가 정착될 수 있을 것이다.

자신의 신체 이미지와 조건이 부정적으로 인식될 때 자아존중감 역시 낮은 것으로 나타났다. 신체 이미지는 인간이 자신의 마음속에 가지고 있는 자신의 신체에 대한 이미지로, 이는 자신의 신체에 대해 가지는 느낌이나 태도 및 자신의 신체 각 부분과 기능에 대해 가지는 만족 또는 불만족의 정도를 말한다. 특히 신체 이미지는 개인의 자아존중감과 상관관계가 높게 나타났다(정명선, 2003). 또한 신체 이미지가 부정적일수록 광고 자체에 대한 호감이나 광고 상표에 대한 구매의도가 더 높게 나타났다. 즉, 자신의 신체 조건을 부정적으로 의식하는 경우 신체 관련된 소비행동에 보다 적극적인 자세를 취한다는 것이다. 또한 신체 이미지와 의복비 지출 간에는 매우 높은 인과관계를 보였다(남수정·이은희·황혜선, 2009). 이러한 결과들은 청소년들이 신체적인 것으로 인해 자신을 사랑하고 평가하는 기준이 정해져 있음을 나타낸다. 그러므로 바람직한 소비문화를 위한 더욱 근본적인 차원에서의 요인들이 간과돼서는 안 될 것이다.

우리나라와 독일 청소년의 소비를 비교한 연구(최순종, 2009)에서 특히 소비중독증의 정도 비교를 보면 중독적 소비 행태가 독일의 청소년에 비해 약 세 배에 달하는 높은 수치를 나타내고 있다. 소비중독증에 영향을 미치는 주된 요인은 자존감인 것으로 나타났는데, 실제로 한국 청소년과 독일 청소년의 자존감을 비교해 보았을 때 독일 청소년에 비해 한국 청소년의 자존감이 매우 부족한 것으로 나타났다. 독일 청소년은 90%가 자신에 대해 만족하고 더 나아가 스스로를 다른 사람에 비해 훌륭하다고 평가하는 반면, 한국 청소년은 60% 미만에 불과한 정도였다. 한국 청소년의 40% 이상이 자신에 대해 만족하지 못하거나 자기 스스로를 부족한 존재로 평가했다. 이렇게 낮은 자존감은 소비 중독증으로 이어질 가능성이 매우 높다는 것이다.

청소년으로 하여금 건강한 정체성과 자신을 사랑해 줄 수 있는 마음, 자존감과 자긍심이 높아질 수 있도록 개인적·가정적·사회적 요인들이 함께 뒷받침해 주어야 할 것이다. 더불어 청소년 스스로도 이와 같은 점을 인지하고 올바른 정체성 확립을 위해 노력해야 할 것이다.

3) 청소년을 대상으로 하는 홍보 및 광고의 배려

청소년의 소비문화는 특히 선전광고에 막대한 영향을 받는다. 청소년은 선전광고에 대해 친근감을 갖고 있고, 그에 따라 덜 비판적으로 수용하는 것으로 조사되었다. 선전광고에 대한 무비판적 수용 자세는 결국 선전광고에 직간접적으로 영향을 받을 가능성을 크게 만든다. 또한 우리나라의 청소년은 선전광고에 크게 의존하고 있으며 실제로 선전광고를 통해 물건을 구매하는 소비행동을 취하는 경향이 72%로 조사되었다(최순종, 2009). 과대한 선전광고는 소비경험과 소비교육이 부족한 현 청소년들에게 무분별한 소비행동을 부추기는 영향을 미치는 결과를 낳았다.

물론 선전광고를 과대하지 않게 해야 하는 노력도 필요하지만 그렇다고 선전광고가 어떠한 변화가 있기만을 바라서는 안 된다. 청소년 역시 충동을 자제하는 능력을 키우고, 선전과 광고를 무분별하게 수용하지 않는 자제력과 판단력을 길러야 할 것이다.

4) 건강한 경제관 및 경제력을 위한 경제교육

청소년들의 아르바이트가 그들의 인권과도 맞물려 사회적 이슈가 되고 있다. 실제로 청소년들은 더 이상 경제적으로 부모에게 의존하지 않고 자신이 하고싶은 것을 자유롭게 하기 위한 하나의 방편으로 아르바이트를 택하고 있다. 이제 청소년은 단순히 소비 생활만 하는 것이 아니라 소득의 주체로서도 자리를 잡고 있는 추세이다. 2018년 통계청 조사에 따르면 11.3%의 청소년들이 아르바이트를 경험하고 있는 것으로 나타났다. 10명 중 1명꼴로 아르바이트, 즉 경제활동을 한다는 것이다. 소득과 소비를 할 수 있는 존재로 점차 성장하는 추세임에도 불구하고 실제 청소년들이 올바른 소득과 소비를 할 수 있도록 안내하는 교육은 제대로 이루어지고 있지 않다.

그 원인을 다음과 같이 정리한다.

첫째, 가정에서의 경제교육이 부실하다. 우리 사회는 특히 다른 나라에 비해 가족주의적 전통이 매우 짙게 깔려 있고, 부모-자녀 간 상호 의존적 관계가 매우 강하게 나타난다. 경제적인 측면에서 본다면 우리 청소년의 다수는 부모의 용돈에만 의존하는 실정이다. 이는 한국사회의 문화적 특성인 가족주의에서 기인하며, 우리 사회가 가진 장점으로도 꼽히는 부모-자녀 간 강한 상호 의존성이 경제적 측면에서는 자녀의 자주적 판단력과 자립 의지 또는 책임 의식 형성에 있어서 저해 요소로 꼽히기도 한다.

둘째, 청소년이 경제적으로 부모에게 의존하게 된 데에는 사회의 책임도 배제할 수 없다. 청소년이 마음껏 아르바이트 등을 통해 경제적 자립심을 기를 수 있는 사회적·제도적 여건이 마련되어 있지 않다. 여전히 이슈가 되고 있는 청소년의 노동력 착취나 임금 갈취 등은 청소년이 마음껏 경제적으로 자립할 수 있도록 하는 기본적 여건조차 조성되고 있지 않음을 보여 주는 단적인 예일 것이다. 여건뿐만 아니라 상황도 그 걸림돌이 된다. 대학입시 위주의 교육제도가 여전히 지속되고 있고 경쟁은 나날이 심해져 가는 상황 속에서 청소년들은 경제교육이나 실제 생활에 반드시 필요한 경제 교육에 시간과 노력을 할애하는 것 자체가 매우 힘들 수밖에 없는 상황이다.

셋째, 공교육현장인 학교에서조차 제대로 된 경제교육이 이루어지고 있지 않다. 청소년들에게 체계적인 소비자교육이 행해짐으로써 올바른 소비가치관 확립과 건전한 소비문화를 형성할 수 있도록 돕는 것은 절대적으로 필요한 일이다. 이러한 것이 학교교육의 한 과정으로 수행되고, 효율적인 경제교육 프로그램이 개발 및 도입되어야 한다. 그렇다면 경제 과목을 배우며 실제 생활에서도 건강한 경제활동을 할 수 있도록 실제적인 도움이 될 것이다. 이 부분은 현실적으로도 얼마든지 실현가능하기 때문에 수업 시간에 무조건적인 이론 중심의 학습이 아니라 다양한 프로그램과 활동을 활용하여 올바른 경제활동이 가능하게 하는 교수법 개발이 시급하다. 유대인 청소년들의 경제교육은 그야말로 굉장하다. 그들은 저학년 때부터 가정과 학교 안에서 실질적인 경제교육을 받는다. 하나의 사업을 할 경우 무엇부터 시작해야 하며, 무엇이 고려되어야 하는지 함께 토의하고 실제로 시행해 보기도 한다. 그들이 미성년자의 나이를 지나 사회로 나갈 때는 이미 경제에 관한 눈이 열려 있다. 그러나 우리나라 청소년은 경제의 원리는 커녕 대학 입학 등록금에서부터 난관을 겪기 시작한다. 이러한 문제의 책임을 청소년에게서만 찾을 수 있는가?

이에 대한 문제 인식으로 인해 학교 교과과정을 분석함으로써 앞으로 더욱 현실적이고 실제적인 내용과 교육법으로 개정되어야 함을 피력하는 연구(유미란·구혜경, 2018)들이 등장하기 시작했다. 정부에서도 청소년을 대상으로 친환경 소비문화를 권장하는 소비자교육을 더욱 확대하겠다는 방침을 밝혔다.

또한 올바른 경제관을 위한 교육 및 캠페인도 필요하다. 특히 청소년들은 연예인을 비롯한 방송인들의 영향을 많이 받는다. 올바른 노블레스 오블리주(높은 사회적 신분에 상응하는 도덕적 의무)를 실천하고 있는 방송인들을 소개함으로써 선한 영향력을 받을 수 있도록 할 수 있다. 최근에도 중국의 유명한 영화배우가 자신의 전 재산을 사회에 기부함으로써 전 세계를 놀라게 한 것이 기사화되었다. 그는 평소에 지하철을 타고 다니는 등 매우 검소하고 절약하는 생활을 하였으며, 평생 영화를 통해 자신이 그동안 소유했던 한화 8천 1백억 원을 기부하겠다고 공식 발표하였다. 청소년들이 영웅화하는 방송인, 연예인들이 건강한 경제관을 갖고 실천하는 모습들을 보여 준다면, 청소년들이 올바른 경제관을 확립하는 것에 도움이 될 것이다.

이렇게 가정과 학교, 사회가 함께 손을 맞잡고 청소년의 올바른 경제관과 경제력을 위하여 다양하게 노력을 기하는 것이 곧 가정, 학교, 사회가 크게 발전할 수 있는 가장 빠른 길임을 기억해야 한다.

5) 청소년의 긍정적 소비를 위한 지속적 조사와 연구

여러 기업과 생산 관련한 시장에서는 청소년을 주요 고객이자 소비 계층으로 보고 그들의 요구를 파악하기 위하여 많은 조사를 실시하고 있다. 즉, 청소년들이 어떠한 소비를 하고 있는지를 파악함으로써 앞으로 미래의 주 소비 계층이 되는 그들의 소비를 집중시키기 위한 노력일 것이다.

실제로 미국투자은행 및 자산관리 회사인 파이퍼 재프리(Piper Jaffray)는 청소년을 대상으로 설문 조사를 실시하였다. 2001년부터 매년 2회, 6천 명 이상의 10대 청소년을 대상으로 실시한 결과를 대중에게 발표하였고 최근(2018년)에도 그 결과를 발표하였다([그림 8-1] 참조). 미국 전역의 지리적으로 다양한 고등학교의 하위집단을 조사하였으며, 청소년들의 지출 패턴과 패션 트렌드, 기술, 브랜드 및 미디어 선호도를 평가하였다. 이러한 평가를 토대로 기업들은 미래를 예측하고 청소년들의 소비 시장을 발 빠르게 준비하고 있었다. 학계에서도 마찬가지로 청소년의 소비문화에 그 현황을 조사하고 연구함으로써 추후 청소년들의 소비문화가 더욱 긍정적으로 발전할 수 있도록 기여해야 할 것이다.

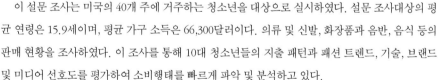

이 설문 조사는 미국의 40개 주에 거주하는 청소년을 대상으로 실시하였다. 설문 조사대상의 평균 연령은 15.9세이며, 평균 가구 소득은 66,300달러이다. 의류 및 신발, 화장품과 음반, 음식 등의 판매 현황을 조사하였다. 이 조사를 통해 10대 청소년들의 지출 패턴과 패션 트렌드, 기술, 브랜드 및 미디어 선호도를 평가하여 소비행태를 빠르게 파악 및 분석하고 있다.

[그림 8-1] 2018년 파이퍼 재프리 설문 조사 보고서

* 출처: http://www.piperjaffray.com

첫째, 청소년의 소비 경향을 조사하는 것이 우선이다. 물론 모든 것이 급변하는 시대이므로 청소년들의 소비 행태나 현황도 빠르게 변화할 수 있다. 그럼에도 불구하고 소비 경향을 통해 청소년의 정체성과 사회적·문화적으로 갖게 되는 다양한 의미를 읽을 수 있다. 그러므로 청소년의 소비 경향을 읽는 것은 단순한 시장 조사가 아니라 청소년을 더욱 깊게 이해하고, 어떠한 기제의 발현으로 인해 이러한 소비 경향이 이루어지는지를 밝혀낼 수 있을 것이다.

둘째, 현재 청소년들은 소비를 자신의 정체성과 이미지를 표현하기 위한 수단으로 사용하는 것이 대부분이다. 그러나 자신의 정체성 수립 및 확립과 이미지를 표현할 수 있는 수단은 다양하게 존재함을 알려 주어야 한다. 실제로 그 기회를 기존보다 많이 제공함으로써 자신을 표현하고자 하는 경향이 매우 강하게 나타나는 발달 시기적 욕구를 긍정적으로 해소할 수 있는 방법을 마련해 주어야 할 것이다.

셋째, 현황을 보는 것은 미래를 예상할 수 있는 근거가 된다. 그러므로 청소년의 소비 실태를 파악함으로써 청소년문화가 더욱 파급력 있는 문화로 뻗어 나갈 수 있는 토대를 마련할 수 있다. 정확한 조사는 미래 예측의 정확성을 높인다.

6) 청소년 아르바이트를 문화적 시각으로 바라보는 시도

청소년의 소비뿐 아니라 노동, 즉 아르바이트 역시 문화적 시각으로 바라보는 시도가 필요하다. 청소년의 아르바이트문화 역시 소비문화 못지않게 성인과는 다른 청소년만의 특성을 갖고 있다. 청소년 시기에 이루어지는 노동은 그 동기에 따라 크게 세 가지 유형으로 나누어진다(정아름, 2010).

첫째, 직업으로서의 노동이다. 이는 생계를 위해 지속적인 노동을 하는 경우에 해당된다. 대표적으로 고등학교 졸업 이후의 취업이 이 유형에 해당된다. 전문계 고등학생의 경우, 고등학생 시기에 실시되는 실습 기간의 노동도 이 유형에 해당된다고 볼 수 있다.

둘째, 용돈을 벌기 위한 노동이다. 우리가 일반적으로 말하는 청소년의 아르바이트 대부분이 이에 해당된다. 이 유형은 자신의 취미활동을 위해서나 필요한 것을 구매하는 등의 소비를 목적으로 단기간의 일을 하는 경우가 대부분이다. 우리가 앞서 살펴본 청소년의 소비문화가 유지되기 위한 방법이라 볼 수 있다.

셋째, 가출 청소년의 생활 유지를 위한 노동이다. 이 경우는 생계를 위한 것이라는 목적 측면에서는 직업으로서의 노동과도 흡사하지만 임시성이나 단기간 노동 등 일의 특성 측면에서 본다면 용돈을 벌기 위한 아르바이트로서의 노동과 유사성이 있다(구정화, 2017).

이와 같은 동기로 노동하는 청소년, 즉 아르바이트를 하는 청소년이 점점 증가 추세임에도 불구하고 청소년은 '소비자'로서만 인식되어 문화 관련한 연구 역시 '소비문화'에만 치중되어 있다. 그러나 현대 청소년들에게 소비뿐 아니라 노동, 즉 생산 활동인 아르바이트 역시 하나의 문화로 자리 잡고 있는 것이 현 실정이다. 몇몇의 특정 직종은 청소년이 하는 업이라 생각할 정도로 아르바이트 역시 청소년의 문화가 되었다 해도 과언이 아니다. 실제로 일하는 청소년들은 계속해서 증가 추세에 있으며, 고등학생 시기에 일을 시작하는 청소년들 역시 증가하고 있다. 그리하여 일각에서는 청소년의 노동권 보장과 그에 관련한 권리 보장을 제도화하는 움직임도 일어나고 있다.

이러한 분명한 움직임이 있음에도 불구하고 청소년문화 분야에서는 청소년의 소비 행태만 두드러지게 가시화되며, 상당 부분 청소년의 '소비문화'에 편중되어 있는 것이 사실이다. 물론 종전까지 청소년의 생산문화, 즉 아르바이트문화가 소비만큼 일반적이지 않으며, 청소년의 노동이 활발하게 이루어진 것이 근래의 일이라 경험적·실증적 자료 부족으로 인한 것일 수 있다. 그러나 더욱 근본적인 원인을 생각한다면, 청소년이 경제적 자원을 제공받기만 하는 존재로 인식되고, 노동 및 생산자 측에서는 아예 제외된 대상으로 생각되는 사회적 인식으로 인한 것이다. 뿐만 아니라 청소년의 노동 자체를 '사회 문제'의 한 양상이나 '청소년 문제' 중 하나의 현상으로 보려는 부정적 경향이 강하다는 이유 때문일 것이다. 이 외의 다양한 원인이 복합적으로 작용하여 청소년의 생산 활동은 문화로 조명받고 있지 못하다.

그러나 분명한 것은 청소년의 생산 활동에 분명한 움직임이 있다는 사실이다. 이것이 일시적으로 나타나는 하나의 현상에 지나지 않을지, 아니면 청소년의 문화로 자리 잡고 있는 것인지 분명한 확인과 더불어 이에 대한 꾸준한 연구도 필요하다.

청소년은 점차 소비자뿐 아니라 생산자의 역할 역시 주체적으로 하게 될 것이며,

이미 문화로 자리 잡은 소비문화가 청소년 내에서 더욱 긍정적으로 유지되기 위해서는 반드시 생산에 대한 올바른 이해 역시 필요하다. 그러므로 청소년의 생산분야 역시 주목되어야 할 것이 분명하다. 또한 청소년의 생산 활동도 문화라는 이름으로 다루어질 수 있는 분야일 것인지 지속적인 학계의 확인 및 검토가 필요하다.

청소년 소비문화는 전반적으로 앞으로 나아가야 할 방향 확립과 과제가 많은 듯하다. 이미 형성되어 있는 소비문화에 대하여 무조건적인 비판과 부정적인 시각만을 갖고 접근할 것이 아니라 현재 청소년 소비문화를 통해 엿볼 수 있는 특징들을 긍정적으로 발전시켜야 한다. 또한 그것이 청소년 개인과 나아가서는 다른 계층 및 사회 전반적으로 긍정적인 영향을 미칠 수 있도록 개선해 나가야 할 것이다.

요약

1. 현대 사회는 전반적인 소비 생활이 풍요로워지면서 소비가 지니는 사회적·문화적 의미와 상징이 다양해졌다.

2. 소비문화는 또 다른 문화와 연계되는 연계성을 갖고 있다.

3. 소비의 기능은 제품 구매, 사회적·상징적 의미 표현, 자신의 정체성 이미지 창출이 가능하며, 자신과 타인을 구별 짓는 수단이 된다.

4. 물질만능주의의 팽배, 지위의 상징이 되는 물질로 자신이 속한 사회계층 과시, 비합리적 소비 행위와 같은 소비의 역기능도 있다.

5. 청소년이 구매하는 상품이 '미학화'되고, 소비가 '기호'가 되는 현상이 발생하게 되었다.

6. 청소년 소비문화의 특징은, 첫째, 충동구매의 경향을 보이며, 둘째, 과시적이고, 셋째, 자신의 개성을 추구함과 동시에 소속감을 유지한다는 것이다.

7. 청소년의 바람직한 소비문화를 위해, 첫째, 친환경적 소비행동이 되어야 한다. 둘째, 명확한 정체성, 자존감, 자긍심이 있어야 한다. 셋째, 청소년의 자제력과 판단력을 신장시켜야한다. 넷째, 경제교육이 필요하다. 다섯째, 청소년 소비 점검에 관한 지속적인 조사 및 연구를 통해 긍정적인 방향을 제시해 줘야 한다. 마지막으로, 청소년 아르바이트를 문화적 시각으로 바라보기 위한 연구가 필요하다.

참고문헌

구정화(2017). 고등학생의 청소년 노동권리 인지 및 침해경험 관련 요인 분석. 법과인권교육연구, 10(1), 107-133.

김기헌 · 하형석 · 신인철 · 배진 · 손원빈(2016). 2016년 청년 사회 · 경제 실태조사–기초분석 보고서. 세종: 한국청소년정책연구원.

김주란 · 강승묵(2018). 10대 청소년 소비자의 MCN 파라소셜 관계와 광고 효과 연구. 한국광고홍보학보, 20(1), 186-213.

김지예 · 신혜원(2012). 서울지역 중 · 고등학생의 환경친화적 의복 소비행동. 한국가정과교육학회지, 24(1), 37-48.

남수정 · 이은희 · 황혜선(2009). 청소년 소비자의 신체 이미지 및 자아존중감에 따른 의복구매행동모델. 소비문화연구, 12(1), 123-146.

유두련(1991). 가정생활환경의 변화와 소비자문제. 소비자학연구, 2(2), 41-54.

유두련 · 박영미 · 함현정(2004). 중 · 고등학교 과시소비성향에 관한 연구. 소비문화연구, 7(1), 41-60.

유미란 · 구혜경(2018). 2015 개정 교육과정에 따른 중학교 기술 가정1 교과서 분석. 소비자정책교육연구, 14(3), 51-84.

윤철경(2004). 청소년의 소비관련 태도가 충동 구매성향과 강박 구매성향에 미치는 영향. 미래청소년학회지, 1(1), 111-123.

정아름(2010). 청소년 노동인권에 관한 연구. 청소년문화포럼, 24, 164-188.

정명선(2003). 성인여성의 신체적 매력상 자아지각이 자존심과 외모관리행동에 미치는 영향. 복식, 53(3), 165-179.

정유정(2007). 소비자 가치지향과 의복추구혜택에 따른 환경친화적 의류소비행동 연구. 경성 대학교 대학원 박사학위논문.

차경욱 · 최민영(2010). 청소년의 의류구매행동에서 나타난 과시소비성향과 동조소비성향 분석. 소비자교육정책연구, 6(1), 27-45.

최순종(2009). 한국청소년의 소비패턴과 경제교육의 필요성에 관한 연구. 미래청소년학회지, 6(4), 235-255.

허경옥(2006). 소비자 의사결정유형에 따른 소매점 평가 및 선호도 분석. 한국가족자원경영학 회지, 10(4), 27-45.

Bearden, W., Neterneyer, R., & Teel, J. (1989). Measurernent of consurner susceptibility to interpersonal influence. *Journal of Consumer Research, 15*(March), 473-481.

LaBabera, S. (1988). The nouveaux riches: conspicuous consumption and the Selffulfillment. *Research in Consumer Behavior, 3*, 179-210.

Lascu, D., & Zinkhan, G. (1999). Consurner conforrnity: Review and applications for marketing theory and practice. *Journal of Marketing: Theory and Practice, 7*(3), 1-11.

Veblen, T. (1934). *The Theory of the Leisure Class.* Modern Library Inc.

파이퍼 재프리 http://www.piperjaffray.com

통계청 http://www.kostat.go.kr

제9장

나에겐 아직 먼 이야기, 여가문화

여가는 오늘날 청소년에게 중요한 부분으로 부각되고 있다. 2012년부터 주5일 수업제가 확대되면서 가족의 여가 향유에 대한 사회적 관심도 증가되었다. 창의적 체험활동의 도입, 학교폭력 근절을 위한 체육활동 강화 등 비교과과정 비중의 확대도 청소년의 여가에 중요한 역할을 하고 있다.

그럼에도 불구하고 우리나라 청소년들의 여가 활용 실태는 매우 획일적이며 단순한 형태를 띠고 있다. 더욱이 청소년의 적극적 여가활동을 가능하게 하는 사회적 상황도 녹록지 않다. 그러나 여가는 청소년에게 매우 필요한 측면이 있으며 성인으로 성장해 가는 과정에서 긍정적이고 행복한 삶을 위한 필수적 요소라고 할 수 있다.

이 장에서는 여가에 대한 개념과 기능, 청소년 여가 문화 및 활동의 기능과 효과, 청소년 여가 · 문화 활동의 실태 및 건강한 여가문화 창조자로서의 청소년에 대한 방향을 함께 살펴보고자 한다.

01 청소년과 여가

　오늘날 여가는 일상생활의 중요한 부분으로 부각된다. 어떤 교육을 받고 어떤 직업을 선택할 것인가에 대한 결정만큼 어떤 여가활동을 선택할 것인가에 대한 결정도 개인의 삶의 방향에 중요한 영향을 미치고 있다(김기호·김기갑·문용, 2000).

　2000년대 이후, 노동시간의 감소와 여가시간의 증대로 삶의 질에 대한 논의가 확대되었으며 2011년 7월부터 주5일 근무제가 전면 시행되고 2012년부터 주5일 수업제가 초·중·고등학교에서 본격적으로 시작되면서 가족과의 여가시간이 확대되어 가족의 여가 향유가 사회적 관심으로 대두되었다(임영식·정경은, 2017). 그리고 창의적 체험활동의 도입, 학교 폭력 근절을 위한 체육활동 강화 등 비교과과정 비중의 확대도 청소년의 여가의 기능에 대한 관심을 증대시켰다(통계청, 2013). 특히 국민의 행복추구권의 측면에서 여가는 중요하게 논의되고 있다.

　그간 청소년의 여가와 문화는 국가 정책적인 범주에 속해져 있었고 법령인 「청소년 기본법」과 「청소년활동 진흥법」 등에서 청소년활동, 즉 수련활동, 문화활동, 교류활동 등에 대한 지원도 청소년들의 정기적이고 적극적인 여가활동 수행과 이에 대한 사회적 지원이 중요함을 강조하고 있다.

　스타인버그(Steinberg, 1993)도 청소년기 발달에 있어 가족, 친구, 학업, 직업과 여가가 중요한 맥락이라고 강조하였으며 청소년기의 건전한 여가 시간의 활용은 청소년의 지적·심리적·신체적 발달과 인격 형성에 많은 영향을 미친다고 하였다(조한범·이경일·김미향, 1999). 이렇듯 여가는 청소년의 진로발달과 인지적·정의적 학습의 기회를 제공하고(김종언·김상두·김구언, 2001), 청소년기 인격 형성에 도움을 주며, 다양한 인간관계를 경험하게 하고, 주체성과 정체성을 확립하는 데 긍정적인 기여를 한다(이명숙, 2004).

　그럼에도 불구하고 우리나라 청소년들의 여가 활용에 관한 실태 조사의 결과를 살펴보면, 청소년의 여가활동은 매우 획일적이며 단순한 형태를 띠고 있다(김예성,

2011). 무엇보다 근본적으로 우리 사회 청소년들의 적극적 여가활동을 가능케 하는 여가의 양도 다른 사회와 비교해서 부족한 수준이다(장근영·김기헌, 2009).

2017년 조사에 따르면 지난 1년간 문화예술 및 스포츠를 한 번이라도 관람한 청소년(13~24세)은 87.5%이며 이 중 영화 관람이 93.2%로 가장 많은 것으로 나타났다. 주중 여가 시간은 대부분 컴퓨터 게임, 인터넷 검색, TV 시청, 휴식 활동 순으로 높게 나타나고 있으며, 주말의 경우에도 컴퓨터 게임, 인터넷 검색, 휴식 활동, TV 시청 순으로 나타났다(통계청, 2017). 이러한 경향은 1999년 조사 자료에서부터 지속적으로 나타나는 양상이며 현대로 올수록 TV 시청 시간이 조금씩 줄어드는 반면 게임 시간이 급속히 증가하는 점에서만 차이가 있을 뿐이다(박진영, 2007).

2017년 10대 청소년은 일주일에 평균 16시간 54분(일평균 2시간 24분), 20대는 23시간 36분(일평균 3시간 24분)을 인터넷을 이용하는 것으로 나타났다. 즉, 우리나라 청소년들에게 적극적인 여가활동을 가능하게 하는 여가의 양이나 질적인 측면은 모두 부족한 수준임을 알 수 있으며, 여가활동에 대해 별다른 기회를 제공받지 못하고 있을 뿐만 아니라 여가활동의 폭 조차도 매우 한정적이다.

청소년에게 여가활동은 성인으로 성장해 가는 과정에서 긍정적이고 행복한 삶을 위해 매우 필수적이기 때문에 청소년 여가활동에 대한 양적·질적 연구가 필요한 실정이다.

02 여가의 개념과 기능

1) 여가의 개념

여가의 개념은 역사와 사회적 환경 변화에 따라 그 의미가 변화되어 왔다. 여가(餘暇)라는 의미는 영어로는 'leisure'이다. 이는 희랍어인 'schole'와 라틴어의 'licere'에서 유래하는 것으로, '학교(영어의 school)' 혹은 '학자(scholar)' 등을 의미하며 때로는 학자들의 토론을 위한 장소를 뜻한다(김경철, 1991). 따라서 여가는 교육적인 학습과정을 포함하고 있다. 그리고 'licere'는 허용되다(to be permitted), 자유롭다(to be free), 즉 '허가된 여유가 있는'이라는 의미도 가지고 있다(이종각, 1990).

이러한 측면에서 여가는 자유와 학습의 뜻을 모두 가지고 있으며 자유로운 시간을 인간 개개인이 자신의 발전을 추구하는 데 사용하는 것으로 볼 수 있다. 여가는 일반적으로 '여유'나 '겨를'이라는 매우 포괄적인 의미를 포함하는 것으로 받아들인다. 여기서 여가란 그 자체로 자유시간, 그 시간 동안 이루어지는 구체적인 활동, 자유로운 심리 상태 등을 포괄하는 매우 광범위한 용어이며, 스포츠활동, 예술작품 관람, 예술 창작활동, 국내외 관광, 취미 오락활동 등을 모두 포함한다(문화관광부·한국문화관광정책연구원, 2006).

여가를 개념화하는 방법은 매우 다양하다. 광범위하게 접근하면 여가활동은 즐거움이나 만족을 주는 활동이라는 특징을 가지고 있으며, 이러한 개념 규정 방법은 개인의 주관적인 판단에 근거하고 있다. 따라서 광범위한 여가 개념은 시간, 활동, 심리 상태 등 세 가지 관점을 통합적으로 고려하여 정의된다(하정화·박금식·허두진, 2012). 즉, 여가는 시간적·활동적·정의적 개념으로 이해된다. 시간적 개념의 여가는 "노동에서 벗어난 자유로운 시간"을, 활동적 개념의 여가는 "일이나 공부 외의 자유 시간에 행해지는 자발적인 활동"을, 정의적 개념의 여가는 "자유로운 마음의 상태"를 의미한다(노용구·박원임, 2000). 이렇게 여가를 개념화하는 방식이 상이하지만 여가를 자유 시간과 같은 수량으로 정의하면서(차승은, 2011) 해당 시간 내에 일어나는 여타의 활동들을 여가활동으로 개념하는 것이 널리 활용된다.

여가는 놀이와 혼용해서 사용하기도 한다. 그러나 놀이는 비교적 어린 시절 자기 목적성을 가지고 하는 활동을 의미하며 활동의 과정과 즐거움에 초점이 맞춰져 있고, 여가는 시간 개념을 포함하여 포괄적인 의미에서 시간과 활동의 총체성을 의미하고 상대적으로 목적 지향성과 선택의 의미가 강조된다. 따라서 청소년기 이후에 선택의 개념이 강조되는 측면에서는 놀이보다는 여가의 개념이 주로 사용된다(한국문화관광연구원, 2015).

여가활동을 소극적 여가활동과 적극적 여가활동으로 구분하기도 한다. 소극적 여가활동은 대체로 수동적인 성격을 가지고 있으며 중대한 물리적·정신적인 힘을 발휘하지 않는 유지활동과 연계가 되어 있다. TV 시청이나 주변인과의 담소 등은 대표적인 소극적 여가활동이다(한국문화관광연구원, 2014). 적극적 여가활동은 육체적이며 정신적인 힘을 이용한다. 예를 들어, 스포츠 활동이나 취미활동과 같은 것이다. 여기에서는 해당 활동의 수행 과정에서 요구되는 동기와 능력을 기준으로 구분한다. TV를 시청하는 것은 큰 기술을 요구하지 않지만, 바둑을 즐긴다는 것은 상당한 지적 능력이나 기술이 요구된다. 즉, 소극적 여가활동과 적극적 여가활동은 표면적으로는 모두 자유의지로 이뤄진 활동이지만, 두 활동의 수행을 가능케 하는 제반 조건은 다르다. 그리고 그러한 제반 조건들은 여가활동의 정의에 활용되는 시간적인 측면에서 설명될 수 있다(유비, 2017).

이를 종합하면, 청소년여가는 청소년이 자유롭게 선택하고 쓸 수 있는 자유 시간에 각종 의무로부터 벗어난 자발적인 활동을 통하여 즐거움이나 행복을 느끼는 것으로 정의할 수 있다. 여기에는 어떤 시간 동안 어떠한 활동을 선택할 것인지에 대한 자유의지가 포함되어 있다고 할 수 있다.

2) 여가의 기능

여가는 개인의 성장과 발전에 있어서 유용하게 작용하며 삶의 가치를 부여하는 촉진제로서의 역할을 한다. 그리고 더 나아가 사회와 국가 전체에 미치는 영향 또한 매우 크다고 할 수 있다.

(1) 개인에 대한 기능

듀마즈디에르(Dumazedier, 1967)는 여가의 개인에 대한 세 가지 기능을 제시하였다. 첫째, 여가는 일상생활에서 비롯되는 육체적 · 정신적 피로를 보완시켜 주는 휴식의 기능이 있다. 둘째, 일상에서 조금 떨어져서 다양한 경험이나 새로운 세계를 만나는 기분 전환의 기능을 갖는다. 셋째, 여가는 일상적 사고나 행동으로부터 보다 폭넓고 자유로운 사회적 활동에의 참가나 새로운 창조적 태도를 형성한다.

청소년은 발달 과정 속에서 학교와 입시라는 틀에서 갖게 되는 심리적 긴장감과 스트레스를 해소할 수 있으며, 이는 신체발달과 인지발달에도 도움을 준다.

(2) 사회에 대한 기능

여가는 사회적 현상이다. 여가의 사회적 기능으로는 사회적 역할 수행의 습득, 사회 또는 집단의 목표 수행 보조, 사회적 결속 유지 등이 있다. 여가는 인간이 사회생활을 하는 데 필요한 경험을 하게 하며 단체나 집단의 구성원으로 참여하면서 구성원 간의 공동 가치를 부여받음으로써 연대감과 일체감을 느끼고 집단의 통합을 이루는 데 적극적으로 협조하게 된다. 또한 여가는 범죄나 비행, 문제행동을 예방하는 데도 큰 역할을 한다.

여가활동은 청소년의 대인관계 형성에 도움을 준다. 여가활동은 대부분 소집단으로 이루어지기 때문에 이를 통해 공동체적 가치를 배울 수 있으며, 청소년들이 문제 상황에 대한 해결방법을 획득하는 데도 도움을 준다.

(3) 문화 창조의 기능

여가의 양적 · 질적 변화는 여가산업의 발달과 문화적인 역할 증대를 가져온다. 스포츠, 레크리에이션, 관광, 놀이 등의 문화가 새롭게 등장하고 최근에 음식과 관련한 문화는 사람들의 여가활동에 큰 영향을 준다. 즉, 이러한 문화적 경험들은 곧 문화의 창조자로서의 역할을 돕는다. 이는 청소년의 자아개발과 관련이 있다.

03 청소년 여가 및 문화 활동의 기능과 효과

1) 바람직한 사회화

청소년기의 여가활동은 다른 시기보다 교육적 기능이 큰 의미를 가진다. 성장기 청소년들의 여가활동은 학교에서 경험하는 활동보다 더 다양한 인지적 · 정의적 · 심동적(심리 운동적) 학습을 경험하게 함으로써 청소년들의 삶의 질 향상에 기여할 수 있다(김중언 · 김상두 · 김구언, 2001). 기계적인 일상적 사고나 행동에서 벗어나 보다 폭넓은 사회적 활동에 참여함으로써 자발적이며 창조적인 태도를 형성하도록 돕는다. 그리고 내가 누구인지에 대한 질문을 던지는 청소년기에 자신을 찾아나가는 데 도움을 준다.

머피(Murphy, 1975)는 여가의 사회적 기능으로 사회적 역할 수행의 습득, 사회 또는 집단의 목표 수행 보조, 사회적 결속 유지 등을 주장하였다. 첫째, 여가는 한 사회나 집단에 공동적인 가치나 의식을 부여한다. 왜냐하면 여가활동의 본질이 자유에 있으며 자기능력의 개발을 위한 기회를 제공하는 인간 활동이기 때문이다. 둘째, 여가는 사회생활 속에서 받게 되는 스트레스, 욕구불만, 갈등, 좌절감, 무기력, 정서적 불안 등을 해소시켜 준다. 셋째, 여가는 인간이 사회생활을 하는 데 필요한 경험을 하게 하며, 같은 형태의 여가활동을 즐기는 단체나 집단의 구성원들은 공동 가치를 부여받음으로써 연대감과 일체감을 느끼고 집단의 통합을 이루는 데 적극적으로 협조하게 된다. 따라서 청소년기의 여가생활은 사회 구성원으로서의 사회화에 도움을 준다.

2) 생활 전반에 대한 긍정적인 태도와 역량 강화

여가활동은 정신적 · 신체적 피로를 풀어 주며 새로운 힘을 가지고 일할 수 있도록 한다. 사회생활 속에서 받게 되는 스트레스, 욕구불만, 갈등, 좌절감, 정서적 불안 등을 해소시켜 줌으로써 정서적으로 안정을 찾을 수 있도록 하며 사회생활을 영위하는 데 필요한 사회적 역할수행의 기술을 터득할 수 있고 조화로운 인간관계를 형성할 수 있는 능력과 기술을 터득함으로써 타인과의 원만한 공동생활 속에서 생활에 대한 긍정적인 변화를 가져올 수 있다.

문화예술 참여활동, 스포츠 활동, 사회관계 활동 등은 행복에 영향을 주는 것으로 나타나고 있다. 특히 앞서 살펴본 TV 시청, 인터넷 검색, 음악 듣기 등의 소극적인 여가활동보다 운동, 산책, 영화관람, 취미활동 등의 적극적인 여가활동이 행복에 더 긍정적인 영향을 미치는 것으로 나타났다(구재선 · 서은국, 2011). 문화예술활동도 스트레스를 해소하고 자존감, 자기효능감을 증진시키며 우울, 불안, 공격성을 감소시켜 학교생활 적응에 긍정적인 영향을 미친다(김예성 · 이미숙 · 남정훈, 2012).

3) 자기성장과 성숙

청소년 여가활동은 좋은 인간관계를 형성하게 한다. 좋은 인간관계 형성을 위해서는 타인의 견해와 의견을 이해하고 서로 존중하면서 상부상조하는 일이 필요하다. 또한 문화예술 작품을 창작하고 감상하며 즐기는 법을 배우면서 남들과 다른 방식으로 생각하는 기회를 가짐으로써 보다 성숙해질 수 있다.

04 청소년 여가 및 문화 생활 실태

여가 시간은 개인의 생활방식(life style)과 삶의 질을 높여 주는 지표이다. 우리나라 청소년은 문화 및 여가 활동에 쓰는 절대적인 시간이 부족한 것으로 나타나고 있다.

여기서는 청소년을 대상으로 한 2017 청소년종합실태조사(여성가족부, 2017)[1]와 2018 청소년 통계(통계청·여성가족부, 2018)에서의 여가문화에 대한 현황, 그리고 청소년문화예술교육 현황조사 및 정책방향 연구(정경은·임영식·신혜선·조영미, 2018) 등의 결과를 토대로 청소년 여가와 여가 및 문화 생활의 실태를 살펴보고자 한다.

1) 청소년의 수면시간

2017년 청소년의 수면시간은 주중 7시간 52분, 주말 9시간 4분으로, 주중보다 주말이 1시간 12분 더 긴 것으로 나타났으며, 3년 전보다 주중은 25분, 주말은 14분 증가하였다. 연령에 따른 수면시간을 보면 주중은 9~12세(9시간 4분), 19~24세(7시간 39분), 13~18세(7시간 28분) 순으로 많이 자며, 주말은 연령이 높아질수록 적게 자는

---

1) '청소년종합실태조사'는 청소년 중장기 정책의 비전과 목표 수립을 위한 기초 자료의 수집 및 관리를 목표로 2011년과 2014년에 이어 2017년에 세 번째 조사가 수행되었다. 「청소년 기본법」에 명시된 청소년을 조사대상으로 포괄하기 위해 학교가 아닌 가구를 표본추출 단위로 하여 다단계층화집락추출법을 사용하여 전국 5,086가구(청소년 7,676명, 주 양육자 5,086명)를 대상으로 조사를 실시하였다.

표 9-1	청소년의 수면시간						(단위: 시간)	
구분	2011	2014	2017	남자	여자	9~12세	13~18세	19~24세
주중	7:17	7:27	7:52	7:53	7:50	9:04	7:28	7:39
주말	8:46	8:50	9:04	9:01	9:07	9:49	8:57	8:49

* 출처: 여성가족부(2017).

것으로 나타났다(〈표 9-1〉 참조).

2) 청소년의 방과후활동

청소년의 방과후활동은 학원 및 공부, 방과후학교와 자율학습 등 학습활동을 1순위 주요 활동으로 꼽고 있다.

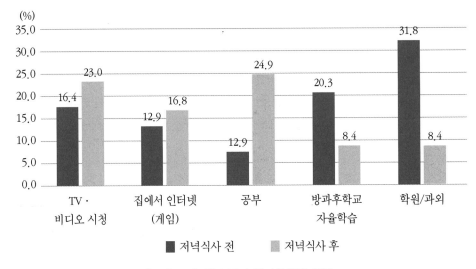

[그림 9-1] 청소년의 방과후활동 현황

* 출처: 여성가족부(2017).

공부와 학원/과외 활동을 하는 비율은 농산어촌 청소년들(저녁식사 전과 후 각각 34.2%, 27.3%) 및 중소도시 청소년들(저녁식사 전과 후 각각 37.6%, 33.3%)에 비해 대도시 청소년들(저녁식사 전과 후 각각 42.7%, 36%)에게서 더 높았고, TV · 비디오 시청, 인터넷(게임), 휴식을 취하는 비율은 대도시 청소년들에 비해 중소도시 및 농산어촌 청소년들에게서 더 높았다. 따라서 대도시 지역의 청소년들이 타 지역 청소년들보다 더 많은 학습 부담을 갖고 있는 것으로 판단된다(여성가족부, 2017).

3) 여가활동

(1) 평일 여가활동 시간

2018년 초 · 중 · 고 학생의 평일 여가활동 시간은 하루에 '1~2시간(27.4%)'이 가장 많고, 다음으로 '2~3시간(21.5%)' '1시간 미만(16.8%)' '3~4시간(15.4%)' 순으로 나타났다. 2017년 대비 여가활동 시간은 2시간 미만은 감소하고, 2시간 이상은 증가하였다([그림 9-2] 참조).

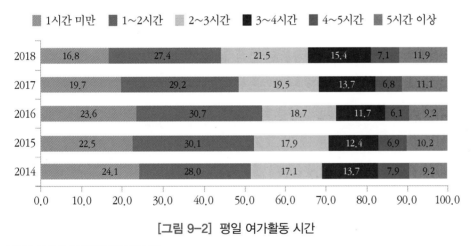

	1시간 미만	1~2시간	2~3시간	3~4시간	4~5시간	5시간 이상
2018	16.8	27.4	21.5	15.4	7.1	11.9
2017	19.7	29.2	19.5	13.7	6.8	11.1
2016	23.6	30.7	18.7	11.7	6.1	9.2
2015	22.5	30.1	17.9	12.4	6.9	10.2
2014	24.1	28.0	17.1	13.7	7.9	9.2

[그림 9-2] 평일 여가활동 시간

* 출처: 한국청소년정책연구원(2017).

(2) 여가활동

2017년 13~24세 청소년 주중 여가시간은 '컴퓨터 게임, 인터넷 검색' 'TV 시청' '휴식활동' 순으로 많이 활용하며, 주말 여가시간은 '컴퓨터 게임, 인터넷 검색' '휴식활동' 'TV 시청' 순으로 많이 활용하는 것으로 나타났다([그림 9-3] 참조).

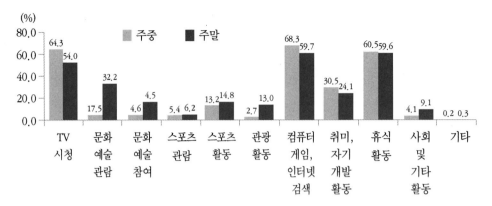

[그림 9-3] 주중 · 주말 여가활동의 종류

* 출처: 통계청 · 여성가족부(2018).

13~24세 청소년이 앞으로 시간적 · 경제적 여유가 생긴다면 여가시간에 가장 많이 하고 싶은 활동은 국내외 여행이나 캠핑 등 '관광활동(61.0%)'이 가장 많으며 '문화예술관람(49.3%)' '취미, 자기개발 활동(48.7%)' 순인 것으로 나타났다.

(3) 여가활용을 함께 하는 사람

2017년 13~24세 청소년은 친구(연인 포함)와 함께 여가활용을 하는 사람이 주중 (41.2%)과 주말(47.3%) 모두 가장 많고, 그다음으로 주중에는 혼자서(33.6%) 하는 사람이 많고, 주말에는 가족(31.7%)과 함께 하는 사람이 많은 것으로 나타났다(〈표 9-2〉 참조).

표 9-2 **여가 활용을 함께 하는 사람**   (단위: %)

구분	계	가족	친구 (연인 포함)	동호회 (종교단체 등)	혼자서	직장동료	기타
주중	100.0	23.1	41.2	1.0	33.6	1.1	—
주말	100.0	31.7	47.3	2.8	17.6	0.6	—

* 출처: 여성가족부(2017).

4) 문화활동

2017년 통계청 사회조사 보고서에 따르면 지난 1년 동안 문화예술활동을 경험한 청소년은 87.5%로([그림 9-4] 참조), 이 중 영화관람이 93.2%로 가장 높게 나타났다 ([그림 9-5] 참조). 영화 관람 비율은 꾸준히 증가하고 있으나 연극, 마당극, 뮤지컬과 박물관 관람 등의 비율은 점점 감소하고 있다.

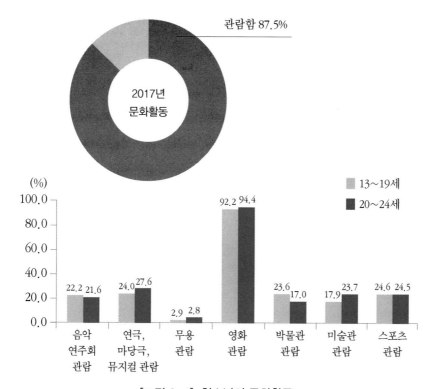

[그림 9-4] 청소년의 문화활동

* 출처: 통계청 · 여성가족부(2018).

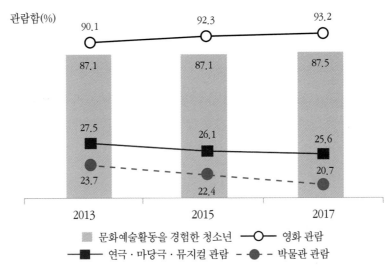

관람함(%)

[그림 9-5] 청소년의 문화활동

* 출처: 통계청 · 여성가족부(2018).

(1) 문화예술활동²⁾

청소년의 생애주기 동안 문화예술교육을 받은 경험이 있는지와 최초 참여 시기

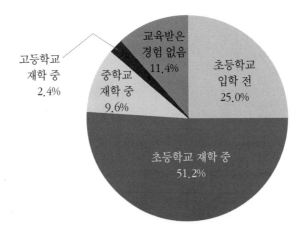

[그림 9-6] 청소년의 문화예술활동 최초 참여 시기

* 출처: 정경은 외(2018).

---

2) 청소년문화예술활동은 2017년 10~11월 동안 2016년 교육통계자료에 근거하여 모집단별로 추출한 전국의
학생 3,076명과 학교 밖 청소년을 모집단별로 추출한 411명을 대상으로 조사한 결과이다.

를 알아본 결과, '초등학교 재학 중'이 51.2%로 가장 높았으며 그 다음이 '초등학교 입학 전'이 25.0%, '중학교 재학 중'이 9.6%, '고등학교 재학 중'이 2.4% 순으로 나타났다([그림 9-6] 참조). 최근 1년간 문화예술교육 참여 여부에 있어서는 59.6%가 참여한 경험이 있는 것으로 나타났다([그림 9-7] 참조).

[그림 9-7] 청소년의 최근 1년간 문화예술교육 참여 여부

* 출처: 정경은 외(2018).

(2) 최근 1년간 참여한 문화예술교육 분야

최근 1년간 참여한 문화예술교육 분야는 서양악기가 32.7%로 가장 많았으며, 그 다음으로 드로잉/스케치 26.2%, 독서토론 18.9%, 대중음악 15.8%, 대중무용 14.3%, 합창 13.8%, 문예창작 13.4%, 전통악기와 서예/캘리그래피 각각 12.7%, 연극 12.6% 등의 순으로 나타났다.

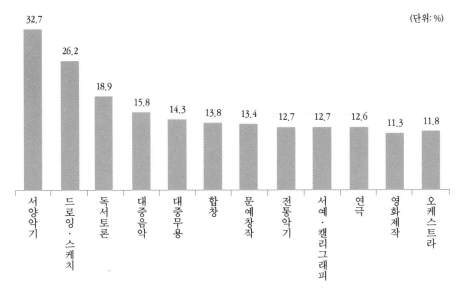

(단위: %)

32.7 서양악기
26.2 드로잉·스케치
18.9 독서토론
15.8 대중음악
14.3 대중무용
13.8 합창
13.4 문예창작
12.7 전통악기
12.7 서예·캘리그래피
12.6 연극
11.3 영화제작
11.8 오케스트라

[그림 9-8] 최근 1년간 참여한 문화예술교육 분야

* 출처: 정경은 외(2018).

05 건강한 여가문화 창조자, 청소년

1) 적극적 여가문화 향유 기회 확대

여가란 틈나는 시간이 아닌, 인간의 성장과 발달을 지향하는 '자유 및 창조적 시간'을 의미한다. 그러나 청소년 여가문화의 실태를 통해 알 수 있는 것은 아직도 청소년 여가문화에 대한 인식이 확대되지 못하고 있고 여가문화 활동도 TV 시청, 라디오 청취, 게임하기, 영화 관람 등 소극적이고 수동적으로 이루어지고 있다는 것이다. 이는 가정과 학교 그리고 사회에서 청소년의 여가문화에 대한 모델이나 건전한 여가를 체험할 수 있는 기회가 부족했기 때문으로 보인다.

여가는 청소년의 진로발달과 인지적·정의적 학습의 기회가 되며, 다양한 인간관계의 경험을 통해 주체성과 정체성을 확립하는 데 긍정적인 효과가 있으므로 획일적이고 단순한 형태의 여가에서 적극적으로 참여하고 만들어 나가는 여가문화를 향유할 수 있도록 기회를 제공해야 한다. 따라서 청소년이 건전하고 다양하게 여가를 보낼 수 있는 방법 등에 관한 구체적인 정보를 제공하고 여가와 관련한 프로그램을 개발하고 보급할 필요가 있다.

2) 가정 내 여가선용의 문화 개선

여가를 선용하는 방법을 배우는 기회는 가정에서부터 제공되어야 한다. 여가는 삶의 면면과 분리되어 있지 않으므로 긍정적이고 건전한 여가선용의 문화는 가정생활에서부터 배워야 한다. 그러나 부모나 보호자들은 청소년 여가를 시간을 낭비하는 것으로 인식하기도 한다. 따라서 청소년의 여가를 바라보는 부모나 보호자의 태도가 변화될 필요가 있다. 청소년 시기에 여가가 주는 가치를 이해하고 학업과 학교 밖 활동에 대한 균형을 맞추는 것이 중요하다.

더 나아가 부모가 여가시간을 어떻게 보내느냐에 따라서 자녀의 여가선용 및 그 문화가 긍정적 또는 부정적으로 형성되는 데 영향을 미친다. 따라서 가정 내 여가문화에 대한 지원과 더불어 가족 중심의 여가문화를 향유할 수 있는 기회를 확대해야 한다.

3) 학교현장에서 진로와 적성에 따른 여가활동 프로그램 운영

학업이 중시되는 우리나라의 교육풍토로 인해 학교 안에서의 여가활동은 여러 가지 제약이 있으나 방과후교육 프로그램 외에도 청소년 스스로 개인의 진로와 적성에 따른 여가 프로그램이 연계될 수 있도록 정책적 지원을 강화할 필요가 있다. 특히 당사자인 청소년의 의견과 생활양식을 고려하여 여가활동이 이루어질 수 있는 토대를 마련해야 한다. 더욱이 여가활동은 정신적 · 신체적 피로를 풀어 주고 새로운 힘을 가지고 생활할 수 있도록 해 주기 때문에 학업에서 받는 스트레스와 갈등, 불안 등을 해소할 수 있도록 다양한 학교 여가활동 프로그램이 운영될 필요가 있다.

4) 청소년동아리활동 활성화

청소년문화활동은 특별한 프로그램을 제공한다는 측면보다는 상시적으로 청소년들의 자발성을 통해 지역을 중심으로 이들의 문화를 창출해 가는 것을 의미한다. 청소년문화활동은 청소년의 상시적이고 자율적인 참여를 통해 지역사회 중심으로 청소년 건전문화를 형성하는 데 목적을 두고 있으며, 지역사회 내에서 지방자치단체와 지역 내 청소년 단체·기관·시설 등이 협력하여 청소년문화활동을 지원하고 있다.

「청소년활동 진흥법」 제2조(정의)에서는 "청소년이 예술·스포츠·동아리·봉사활동 등을 통하여 문화적 감성과 더불어 살아가는 능력을 함양하는 체험활동"을 문화활동으로 정의하고 있다. 이 중 청소년동아리활동은 다양한 영역에서 건전한 또래관계 형성 및 자신의 특기와 소질을 개발할 수 있는 자율적 활동으로 취미나 소질, 가치관 등을 공유하는 청소년 소집단활동이다. 그리고 청소년동아리활동은 구성원 간의 상호작용을 기본으로 하기 때문에 청소년의 여가활동 및 발달에도 큰 도움이 될 수 있다. 청소년들도 개개인의 개별적 차원보다는 청소년들이 좋아하고 공통적으로 공유할 수 있는 것들을 선호한다. 따라서 청소년들이 여가활동을 건강하게 보내기 위한 청소년동아리활동에 대해 보다 확대된 지원책이 마련될 필요가 있으며 학교, 청소년 시설 및 단체 등 지역사회 네트워크를 활용한 동아리활동이 활성화될 수 있도록 노력할 필요가 있다.

5) 청소년 여가정책에서의 청소년의 의견 수렴 및 여가문화에 대한 연구 확대

청소년의 여가문화 확대를 위해서는 청소년 스스로가 자신의 목소리를 내어 청소년의 여가정책에 반영될 수 있도록 해야 한다. 따라서 여가 시설 및 프로그램 수립 시에 청소년이 의견을 개진할 수 있는 공식적인 통로를 제공하고, 청소년 여가문화를 위한 시설도 중요하나 청소년이 참여할 수 있는 여가문화에 대한 정책적 방향과 내용을 실제적으로 고민하는 청소년 여가문화에 대한 연구가 확대될 필요가 있다.

요약

1. 청소년여가는 청소년이 자유롭게 선택하고 쓸 수 있는 자유시간에 각종 의무로부터 벗어나 자발적인 활동을 통하여 즐거움이나 행복을 느끼는 것으로 정의할 수 있다. 여기에는 이러한 시간 동안 어떠한 활동을 선택할 것인지에 대한 자유의지가 포함되어 있다고 할 수 있다.

2. 여가의 기능은 개인에 대한 기능, 사회에 대한 기능, 문화창조의 기능으로 나눌 수 있다.

3. 청소년여가와 문화활동의 기능과 효과는 바람직한 사회화, 생활 전반에 대한 긍정적인 태도와 역량 강화, 자기성장과 성숙 등이다.

4. 우리나라 청소년의 여가·문화생활 실태는 학습 부담으로 인한 여가활동에 투입하는 절대적인 시간이 부족한 것으로 나타나고 있다. 컴퓨터 게임, 인터넷 검색, TV 시청, 휴식활동 등 소극적 여가활동이 대부분인 것으로 나타났다.

5. 건강한 여가문화 창조자로서의 청소년을 위해서는 적극적 여가문화 향유 기회 확대, 가정 내 여가선용의 문화 개선, 학교현장에서 진로와 적성에 따른 여가활동 프로그램 운영, 청소년동아리활동 활성화 및 청소년여가정책에서의 청소년 의견수렴, 여가문화에 대한 연구 확대 등이 필요하다.

 참고문헌

구재선·서은국(2011). 한국인, 누가 언제 행복한가?. 한국심리학회지: 사회 및 성격, 25(2), 143-166.

김경철(1991). 여가와 레크리에이션. 서울: 보경문화사.

김기호·김기갑·문용(2000). 대학생의 여가활동 유형과 성격특성 및 생활 만족도 간의 인과관계. 한국사회체육학회지, 13, 123-135.

김예성(2011). 청소년의 여가활동유형과 개인 및 가족 관련 특성 연구. 청소년학연구, 18(7), 115-138.

김예성·이미숙·남정훈(2012). 대학생들의 여가 스포츠활동 참여수준이 대학생활적응에 미치는 영향. 청소년문화포럼, 31, 8-29.

김중언·김상두·김구언(2001). 중학생의 여가활동참가유형과 사회적 능력 및 자신감에 관한 연구. 한국사회체육학회지, 15, 349-362

노용우·박원임(2000). 여가의 개념정립을 위한 연구. 한국여가레크리에이션학회지, 19(1), 91-103.

문화관광부·한국문화관광정책연구원(2006). 2006 여가백서. 서울: 문화관광부·한국문화관광정책연구원.

박진영(2007). 고등학생의 여가참여가 사회성 발달 및 여가만족에 미치는 영향에 관한 연구. 관광연구, 22(1), 421-440.

여성가족부(2017). 2017년 청소년종합실태 조사. 서울: 여성가족부.

유비(2017). 청소년의 적극적 여가활동 시간가용성과 투자시간 관계 연구. 한국아동복지학, 60, 25-57.

이명숙(2004). 청소년의 게임물 접촉현황 및 개선방안 연구. 소년보호연구, 3, 245-268.

이종각(1990). 현대사회와 레크리에이션. 서울: 보경문화사.

임영식·정경은(2017). 청소년 문화예술교육의 사회적 효과 척도개발: 토요문화학교 프로그램을 중심으로. 청소년문화포럼, 52, 104-132.

정경은·임영식·신혜선·조영미(2018). 청소년 문화예술교육 현황조사 및 정책방향연구. 서울: 한국문화예술교육진흥원.

장근영·김기헌(2009). 한국 청소년의 생활시간 국제비교와 라이프스타일 분석. 미래청소년학회지, 6(4), 139-155.

조한범·이경일·김미향(1999). 여가 활동 참여와 진로 성숙의 관계-중학생을 중심으로. 한국체육학회지, 38(4), 950-959.

차승은(2011). 노동시간에 따른 시간압박과 여가제약: 건강행동의 선택 혹은 희생. 한국인구학, 34(2), 65-90.

통계청(2013). 한국의 사회동향 2013. 대전: 통계청.

통계청(2017). 2017년 사회조사결과. 대전: 통계청.

통계청·여성가족부(2018). 2018 청소년통계 보도자료. 통계청. 여성가족부.

하정화·박금식·허두진(2012) 주5일 수업제와 청소년친화 여가문화 조성 연구. 부산: (재)부산여성가족개발원.

한국문화관광연구원(2014). 2014 국민여가활동조사. 서울: 한국문화관광연구원.

한국문화관광연구원(2015). 2015 국민여가활동조사. 서울: 한국문화관광연구원.

한국청소년정책연구원(2017). 아동청소년인권실태조사. 세종: 한국청소년정책연구원.

한국청소년정책연구원(2018). 아동청소년인권실태조사. 세종: 한국청소년정책연구원.

Dumazedier, J. (1967). *Toward a society of Leisure*. New York: Free press.

Murphy, J. (1975). *The Concept of Leisure*. Engelwood Cliffs, NJ: Prentice-Hall.

Steinberg, L. (1993). *Adolescence*. New York: McGraw-Hill.

제10장

성 주체로서의 청소년

학습개요

건강한 성을 누리는 삶의 길을 발견하는 문제는 사춘기의 숙명적인 문제이다.

−빌헬름 라이히−

청소년들에게는 건강한 성을 누릴 수 있도록 하는 것은 무엇인지를 알려 주어야 하며, 또한 성을 회피해서 청소년들에게 불행한 성문화를 선물하는 것이 아니라 청소년들에게 성에 대한 모든 것을 알려 주고, 그에 따른 자기결정권을 갖도록 하는 성교육과 성문화를 통해 행복한 성에 대한 관점을 갖도록 도와주어야 한다.

이 장에서는 성의 이해와 청소년의 성의식과 성행동, 그리고 청소년과 이성교제, 주체적 성문화를 만드는 청소년에 대해 살펴보고자 한다.

01 성(性)의 이해

청소년의 성문화는 무엇인가? 청소년과 성이라고 할 때, 청소년 성문화보다 청소년 성문제가 먼저 떠오르는 이유는 무엇인가? 과도기적 발달단계로 인식되는 청소년기에 자신의 몸을 발견하고 성에 관심을 갖는다는 것, 더 나아가서 문화적 관점으로 성을 대한다는 것은 어떤 의미이며 이는 어려운 것인가?

지금까지 우리 사회는 청소년을 성(性)과는 무관한 존재로 인식하고 있다. 그리고 청소년의 성문제가 발생하면 이를 비난하기에 급급하고 심지어는 순결 중심의 성교육에 집중하기도 한다.

그러나 후기 현대 사회에서 청소년 성문화는 성적 주체의 형성이며 나아가 타인과의 관계 형성과 밀접하게 연관되어 있다(Giddens, 2009). 따라서 성적 주체의 형성과 관계 형성이라는 관점에서 청소년 성문화를 바라보는 것이 필요하다.

그럼에도 불구하고 여전히 청소년들에게 성은 사적인 것이며 위험하고 은밀하며 금지해야 하는 것으로 여겨진다. 청소년을 성의 주체로 바라보고 성에 대한 관점과 자기역량을 강화하는 측면보다는 성을 외면하고 도외시하도록 강요한다.

성교육도 여전히 구시대적으로 퇴보하는 모습을 보인다. 교육부가 2015년에 발표한 학생 성교육 표준안(교육부, 2015)을 살펴보면 결혼과 임신, 출산을 강조하는 생물학적 성지식만을 중시하는 성교육을 내세우고 있다. 더 나아가 청소년의 금욕을 강조하고 다양한 가족관계에 대한 관점이 정립되어 있지 않은 채, 성역할 고정관념을 더욱 강화하는 내용으로 구성되어 청소년의 성에 대한 정보나 지식과는 정반대로 과거로의 회귀적 모습을 보여 주었다. 2018년 교육부는 학생 성교육 표준안에 대해 재검토하기로 하였으며, 인권보장과 양성평등을 반영하고 연령대별로 체계적이고 실효성 있는 성교육을 통해 건강한 가치관을 배양하도록 하겠다고 밝혔다(에듀프레스, 2018. 3. 23.).

청소년의 성지식과 성행동은 급격한 변화를 겪고 있다. 생리적으로는 성기능이 갖춰졌음에도 불구하고 사회적으로는 성적 자기결정권을 금지당하는 데서 비롯되는 갈등으로 인해 성문제가 발생하기도 한다. 따라서 청소년들이 성적 자기결정권을 갖는 것을 터부시하고 기성세대의 성규범만을 강조하는 것은 왜곡된 성 일탈이나 성문제로 나타날 수 있으며, 우리 사회 도처에서 제공되는 다양한 성적 자극이나 유혹을 건강하게 대처하기 힘들게 할 수 있다.

청소년들의 건강한 성문화 조성을 위해서는 비공식적인 성 담론들을 수면 위로 끌어올려야 하며, 왜곡된 성 인식과 지식, 행동이 낳고 있는 다양한 문제 앞에 건강한 성적 주체로 살아갈 수 있도록 실질적인 성교육이 이루어져야 할 것이다.

1) 성의 개념

성(性)은 매우 포괄적인 의미를 지니고 있다. 특히 성은 생물학적인 동시에 사회적인 의미를 가진다. 따라서 성은 섹스, 젠더, 섹슈얼리티라는 3가지 개념으로 대별된다(이나영, 1999). 청소년의 성은 생물학적 · 심리사회적 · 행동적 · 문화적 차원을 모두 포괄한다.

(1) 섹스(sex)

섹스는 생물학적으로 구분되는 성을 말한다. 구체적으로는 남녀의 구분이다. 섹스는 남녀를 신체구조, 즉 남성과 여성의 생식기를 기반으로 구분하거나 남녀 간의 육체적인 관계를 가리킬 때 사용된다. 그러나 이 개념은 신체 중심적, 특히 성기 중심적으로 성을 이해하는 것으로 성적 주체로서의 여성은 배제한 채 남성의 몸을 중심으로 성을 이해하는 한계를 가진다(김대군, 2015).

(2) 젠더(gender)

젠더는 사회문화적으로 구성된 성으로 여성과 남성에게 적합하다고 여겨지는 사회적 행동양식, 태도나 가치, 남녀의 관계성 등을 총체적으로 아우르는 개념이다(김대군, 2015). 이러한 개념은 여성다움이나 남성다움 등 우리가 속한 사회나 집단에 의해서 규정되는 성이다.

여자 아이는 어릴 때부터 어떻게 행동해야 하고 어떤 사람이어야 하는지, 사회에서 기대하는 모습을 바람직한 것으로 받아들이도록 교육받는다. 만일 여성이 사회가 규정해 놓은 방식이 아닌 능동적인 삶을 살아가고자 한다면 가부장적 사회의 관점에서는 이를 허용하지 않는다(이윤애, 2013). 이러한 과정에서 여성은 사회의 요구에 순응하면서 주체적 자아가 약화될 수 있는 성역할 사회화의 과정을 맞게 된다.

젠더는 특정 사회를 지배하고 있는 가치, 규범, 성역할 기대 등에 의해 학습되고 내재화된 성이다. 그러므로 시대와 사회에 따라 남자로 존재하는 것과 여자로 존재하는 것의 내용이 달라질 수 있다. 특히 젠더의 정의는 환경 속에서 타인과 교류하면서 습득하는 일종의 정체성과 자아에 대한 관념으로, 각 집단의 사회문화적 환경에 따라 다양하게 규정된다.

현대사회로 넘어오면서 여성의 교육의 기회가 증대되고, 사회진출이 확대됨에 따라 전통적인 젠더 역할의 변화가 찾아왔다. 여성은 가정 내에서 가사와 육아를 전담하는 존재에서 탈피하여 사회적으로 자아를 실현해 나가는 주체로서의 역할을 하고 있다. 그럼에도 불구하고 남성들은 여전히 기존의 왜곡된 여성에 대한 젠더 역할을 버리지 못하고 있으며 억압과 혐오로써 여성을 제한하기도 한다(권혁남, 2017).

(3) 섹슈얼리티(sexuality)

섹슈얼리티는 성행위에 대한 인간의 성적 욕망과 성적 행위, 그리고 이와 관련된 사회제도와 규범을 의미한다. 즉, '성적인 것'에 보다 더 가까운 의미로 "육체적 성행위에서 확대되어 성적 실천과 정체성, 성적 욕망, 감정과 관계들까지 포함하는 개념"(부산대학교 여성연구소, 2011)이다.

섹슈얼리티는 다음과 같이 다양한 내용을 포함한다. 첫째, 성적 욕망(erotic desire)이나 정서, 판타지, 성적 매력을 의미한다. 신체적 영역을 넘어서 정서, 심리, 무의식 차원의 심층적 의미구조들로 성의 범위를 확대한다. 둘째, 성적 정체성(sexual identity)을 포함한다. 동성애, 이성애, 트랜스젠더 등과 같은 성과 관련된 자기규정이나 성적인 삶의 스타일을 말한다. 셋째, 성적 지위(sexual status)를 의미한다. 이는 사회적으로 특정한 성적 정체성이나 관행, 욕망에 부여되는 지위를 가리킨다. 가부장적 성 규범에서는 성적으로 개방적인 여성보다 성경험이 없고 순진한 여성이 높은 가치를 인정받는 것과 같은 것이다. 섹슈얼리티는 이처럼 성과 관련된 위계와 차별화된 지위를 포함한다. 따라서 섹슈얼리티의 개념을 도입하는 것은 성을 사회적으로 논의하기 위함이며 성이 사회적으로 구성된 것이라는 의미가 포함된다(이재경 외, 2007). 우리가 흔히 성격, 인성, 본성 등에서 성을 포함하는 것은 섹슈얼리티가 반영된 것이다.

2) 성역할 사회화, 성주체성, 성적 자기결정권

(1) 성역할 사회화

성역할은 남녀가 맡은 각기 다른 고유한 사회적 기능을 가리킨다. 이 개념에 따르면 남성적 또는 여성적이라는 특징이나 기질은 태생적으로 결정되는 것이 아니라 사회적으로 부여되는 것으로 볼 수 있다.

따라서 성역할 사회화는 부모나 또래 친구, 학교, 대중매체 등 복합적 요인에 영향을 받는다. 부모의 관계 행동의 모방, 또래 친구들의 관점 수용, 그리고 무엇보다 TV, 영화, 인터넷, 신문, 잡지, 광고 등의 대중매체 등에 의해 영향을 받는다.

성역할이 사회적으로 구성되었다고 하더라도 차별과 불평등을 야기하지 않는다면 문제가 되지는 않는다. 그러나 여성과 남성을 둘러싼 성차에 대한 오해와 이를 토대로 한 문화적 규범이 성역할을 규정함으로써 불평등을 만들어 내기 때문에 이는 사회문제로 지적된다(이재경 외, 2007). 따라서 성차별이나 불평등이 사회적 차별과 혐오의 근거로 어떻게 진화하고 있는지를 청소년기부터 잘 살펴보아야 하며, 성적 자기결정권과 인권을 존중하는 의미에서 우리의 일상에서 성역할 사회화로 인한 차별과 불평등의 사례가 없는지 살펴보아야 한다.

(2) 성주체성

청소년의 성주체성(sexual subjectivity)은 청소년이 사회적 관행이나 기성세대의 압력에 구속받지 않고, 자신의 의지나 판단에 의해 자율성과 책임성 있는 애정적 성행동의 관념적 실천적 총체이다. 청소년들이 자신에게 적합한 성행동을 결정하고 그에 따른 책임 있는 행동을 하게 되는 것은 매우 중요한 문제이다. 청소년기에 이성과의 관계를 통해 상대방과 자신의 의사를 존중하면서 자신에게 적합한 것을 선택하고 그것을 행동에 옮기고 그 결과를 받아들이는 것은 쉽게 되는 것이 아니라 오랜 시간의 노력의 결과이다(홍봉선, 2002). 따라서 청소년이 어떻게 성을 받아들이고 이를 표현하는 것인지에 대한 부분은 청소년의 성정체감과 사회화에 중요한 역할을 한다.

(3) 성적 자기결정권

성적 자기결정권은 '성적 행위'의 여부 및 그 상대방을 결정할 수 있는 기본권이다. 이 기본권은 「헌법」제10조에서 유래된다. 그리고 「헌법」제17조의 사생활의 비밀과 자유를 근거로 한다. 적극적인 의미로는 자신이 원하는 성생활을 스스로 결정하고 이에 동의하는 사람과 이를 함께 할 것을 결정할 권리를 의미한다. 소극적인 의미로는 자신이 원하지 않는 사람과의 성관계를 거부할 자유와 권리를 포함하기도 한다. 즉, 인간은 자기결정권의 주체로서 성에 대해서도 결정권을 갖는다는 의미이다.

따라서 성적 자기결정권에 있어 중요한 것은 성적 수치심이나 모욕감 등 타인의 자유와 권리를 침해하지 않아야 한다는 것이다. 특히, 여성에게 있어서 성적 자기결정권을 침해받는 상황들이 폭력과 연결될 경우에 신체적·정신적 어려움이 더욱

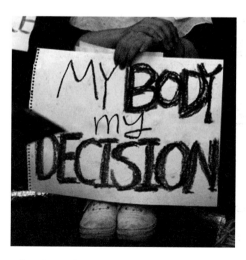

[그림 10-1] 성적 자기결정권 관련 이미지

* 출처: 주간경향(2017. 2. 21.).

가속화되는 것으로 나타났다(이은진, 2015). 따라서 스스로 원하기만 하면 어떠한 성적 행동이든 무제한적으로 할 수 있다는 사고를 의미하는 것이 아니다. 책임 있는 태도와 인격을 존중하는 성숙한 자기결정권에 대해 이해하고 이를 실천해야 한다.

성적 자기결정권은 이미 인권으로 공인되어 있다. 중요한 것은 청소년에게도 이러한 권리가 있다는 것을 인정해야 하며, 더불어 보호적인 관점보다는 권리적인 관점에서 청소년의 성적 자기결정권을 보장하기 위해서 무엇이 필요한지, 그리고 어떠한 교육이 필요한 것인지를 논의해야 한다.

02 청소년기의 불타는 비밀, 청소년 성의식과 성행동

1) 청소년 성의식과 성행동

(1) 성의식의 개념

성의식이란 일반적으로 '성태도'를 말하며 학자마다 다르게 정의하고 있다. 성에 대한 가치관으로, 그로 인해 드러나는 태도 및 행동과 성에 대한 지식들을 포함하는 것으로 정의한다(채규만 · 정민철, 2004). 이는 성의식의 범주를 상당히 넓게 바라보고 있다. 이에 비해 성에 대한 인지적인 요소로서 성에 대한 개방성, 허용성, 쾌락성 등의 요소를 결합한 것으로 정의하기도 한다(김윤정 · 이창식, 2003). 개인에게 내재되어 있는 성에 대한 신념과 형태 및 정도(백혜정 · 김은정, 2008)로 정의하기도 한다. 이는 행동적인 부분은 포함되지 않고 인지적인 요인으로서 성의식을 정의하는 것으로 볼 수 있다. 이들을 종합하면 성의식은 성에 대한 사고 및 감정, 지식적인 측면으로 정의할 수 있다.

(2) 성행동의 개념

청소년기에는 성적인 욕구와 개인의 성 가치관 그리고 사회 규범 사이에서 갈등을 겪으며 다양한 수준의 성행동을 경험하기도 한다.

성행동이란 성과 관련하여 겉으로 드러나는 행동으로 정의할 수 있으며(하상희 ·

이주연·정혜정, 2006), 이러한 성행동에는 간접적인 성행동과 직접적인 성행동으로 나눌 수 있다(박지현·김태현, 2005). 간접적인 성행동은 잡지, 만화, 영화, 인터넷, 비디오 등을 통한 음란물 접촉과 같이 개인 간의 신체적 접촉이 없는 성행동을 포함한다. 직접적인 성행동은 개인 간의 신체적 접촉에 의해서 이루어지는 것으로 성관계, 키스, 애무, 포옹, 손잡기 등 다양한 차원의 행동을 포함한다. 이러한 성행동은 각기 독립적인 것이라기보다는 하나의 스펙트럼처럼 일련의 행위 과정으로 이루어져 있다고 볼 수 있다(김윤정·이창식, 2005).

성의식이 성행동에 영향을 미치기도 하지만 성행동이 성의식에 영향을 미치기도 한다. 즉, 성의식과 성행동은 서로 관련이 있다고 할 수 있다.

(3) 청소년의 성의식과 성행동 실태

① 청소년 성의식 실태

김윤정과 이창식(2005)의 연구에 따르면 청소년들의 성의식은 보수적인 측면과 개방적인 측면이 혼재되어 있다. 청소년들의 보수적인 성태도는 5점 만점에 3.74, 개방적인 성태도는 3.85로 나타나고 있어, 청소년들은 대체로 성에 대해 보수성과 개방성을 모두 가지는 이중적인 경향성을 보이는 것으로 나타났다. 2013년 우리나라와 네덜란드의 성의식에 대한 조사결과에 따르면, 한국 청소년 대다수는 성을 인간욕구의 하나로 자연스러운 것이라고 생각하고 있다고 한다. 또한 성행위가 더럽거나 부정한 것이 아니라고 생각하는 청소년들이 80%가 넘는 것으로 나타났다. 성적 욕구의 표현에 대해서는 과반수 이상인 57%의 청소년이 표현할 수 없다고 응답했다(박은하, 2016).

한국여성정책연구원(2012)의 연구에서는 청소년의 성지식과 성태도가 남녀의 생물학적 차이 인식 및 성의식 향상뿐만 아니라 본인과 타인의 성에 대한 소중함을 인지하는 데 있어 중요한 요소라는 것을 확인하였다. 즉, 남녀의 생물학적 차이에 있어서, 성충동과 성관계 및 임신에서의 남녀 차이를 바르게 이해하고 있는 청소년은 그렇지 않은 청소년보다 성의식이 높고, 본인과 타인의 성에 대한 소중함을 더 많이 인지하고 있었다. 그리고 성을 남성 지향적 사고로 보는 청소년보다는 성을 남성과 여성이 상호 간 존중하며 함께 공유하는 것으로 인지하는 청소년일수록 성의식이 높으며 본인과 타인의 성을 소중하게 생각하는 인지 수준도 높은 것으로 나타났다. 이러한 성에 대한 긍정적 태도와 높은 성지식 수준은 남성 청소년보다는 여성 청소년에게서 많이 관찰되었다. 그렇지만 절대적인 성별 차이가 있다고는 말할 수 없다고 지적한다. 왜냐하면 우리 청소년 세대들은 우리 사회가 성을 여전히 가부장적 시각과 사고로 판단하고 대응함에 따라서 성에 상관없이 성을 사회학습 과정에서 습득하기 때문이다. 따라서 성지식이 높을수록 남녀 청소년 모두 성인지적인 성태도가 강한 것으로 나타났다고 해서 성 지식이 성인지적 성태도로 이어진다고는 볼 수 없다고 강조하고 있다. 성지식은 비록 높지만 막상 성관계를 할 경우 혹은 했을 경우, 피임 등에 대한 대처방법을 알지 못하거나 피임의 주체(대상)를 여성에게 강요하는 경향이 많기 때문이다.

② 성관계 경험률

우리나라 청소년의 건강행태 현황과 추이를 파악하기 위하여 2005년도부터 청소년건강행태온라인조사를 실시하고 있다. 2017년 청소년건강행태온라인조사는

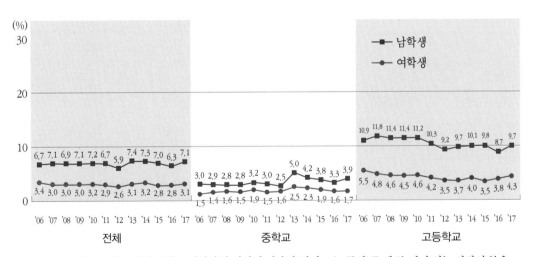

※ 중학교 1학년 학생 중에서 중학교 입학하기 이전에 성관계(이성 또는 동성)를 해 본 적이 있는 사람의 분율

[그림 10-2] 성관계 경험률

* 출처: 교육부 · 보건복지부 · 질병관리본부(2017).

800개 표본학교의 중·고등학생의 약 7만 명을 대상으로 실시하여, 799개교 약 6만 2천 명이 참여하였다(교육부·보건복지부·질병관리본부, 2017). 2017년 조사에 따르면, 평생 동안 성관계 경험이 있는 남학생은 7.1%, 여학생 3.1%이었다([그림 10-2] 참조).

2017년도 조사에서 성관계 경험률의 전체 평균은 5.2%로 나타났고, 중학생은 2.8%인 데 비해 고등학생은 7.1%로 나타났다. 2012년도부터 2017년도까지의 조사 결과를 살펴보면 2014년보다는 다소 낮아진 것으로 나타났다(〈표 10-1〉 참조).

표 10-1
성관계 경험률　　　　　　　　　　　　　　　　　　　　　　　(단위: %)

구분	2012		2013		2014		2015		2016		2017	
	분석대상자수	분율(표준오차)	분석대상자수	분율(표준오차)	분석대상자수	분율(표준오차)	분석대상자수	분율(표준오차)	분석대상자수	분율(표준오차)	분석대상자수	분율(표준오차)
전체	74,186	4.3 (0.1)	72,435	5.3 (0.1)	72,060	5.3 (0.1)	68,043	5.0 (0.1)	65,528	4.6 (0.1)	62,276	5.2 (0.2)
학년												
중1	12,362	1.9 (0.1)	12,199	4.4 (0.2)	11,661	3.5 (0.2)	10,786	3.4 (0.2)	10,483	2.7 (0.2)	10,189	1.6 (0.1)
중2	12,384	1.7 (0.1)	12,113	3.5 (0.2)	12,275	2.8 (0.2)	11,442	2.4 (0.2)	10,517	2.1 (0.2)	10,377	3.0 (0.2)
중3	12,551	2.6 (0.2)	12,218	3.5 (0.2)	12,220	3.7 (0.2)	12,071	3.0 (0.2)	11,219	2.7 (0.2)	10,319	3.8 (0.2)
고1	12,451	3.8 (0.2)	12,028	4.6 (0.3)	11,824	4.6 (0.2)	11,122	4.6 (0.3)	11,355	4.2 (0.2)	10,165	4.8 (0.3)
고2	12,315	6.6 (0.3)	11,865	6.8 (0.3)	12,152	6.6 (0.3)	11,113	6.8 (0.3)	11,070	5.7 (0.3)	10,800	7.2 (0.4)
고3	12,123	9.2 (0.4)	12,012	9.0 (0.4)	11,928	10.2 (0.4)	11,509	9.0 (0.4)	10,884	9.2 (0.4)	10,426	9.1 (0.4)
학교급												
중학교	37,297	2.1 (0.1)	36,530	3.8 (0.1)	36,156	3.3 (0.1)	34,299	2.9 (0.1)	32,219	2.5 (0.1)	30,885	2.8 (0.1)
고등학교	36,889	6.5 (0.2)	35,905	6.8 (0.3)	35,904	7.2 (0.2)	33,744	6.8 (0.2)	33,309	6.4 (0.2)	31,391	7.1 (0.3)

* 출처: 교육부·보건복지부·질병관리본부(2017).

표 10-2	남학생 성관계 경험률											(단위: %)
구분	2012		2013		2014		2015		2016		2017	
	분석대상자수	분율(표준오차)	분석대상자수	분율(표준오차)	분석대상자수	분율(표준오차)	분석대상자수	분율(표준오차)	분석대상자수	분율(표준오차)	분석대상자수	분율(표준오차)
전체	38,221	5.9 (0.2)	36,655	7.4 (0.2)	36,470	7.3 (0.2)	35,204	7.0 (0.2)	33,803	6.3 (0.2)	31,624	7.1 (0.2)
학년												
중1	6,364	2.2 (0.2)	6,411	5.3 (0.3)	6,078	4.5 (0.3)	5,576	4.3 (0.3)	5,516	3.3 (0.3)	5,178	2.3 (0.2)
중2	6,394	2.2 (0.2)	6,261	4.8 (0.3)	6,331	3.4 (0.3)	6,038	3.2 (0.3)	5,466	2.8 (0.3)	5,272	4.0 (0.3)
중3	6,525	3.1 (0.2)	6,249	4.9 (0.3)	6,154	5.0 (0.3)	6,244	3.9 (0.3)	5,760	3.9 (0.3)	5,202	5.2 (0.4)
고1	6,606	5.3 (0.3)	6,098	6.5 (0.4)	6,048	6.4 (0.3)	5,785	6.7 (0.4)	5,861	5.7 (0.3)	5,069	7.0 (0.4)
고2	6,221	9.2 (0.5	5,595	9.8 (0.5)	6,009	9.5 (0.4)	5,777	9.7 (0.4)	5,744	8.1 (0.4)	5,610	9.8 (0.5)
고3	6,111	13.1 (0.6)	6,041	12.9 (0.6)	5,850	14.3 (0.6)	5,784	13.0 (0.5)	5,456	12.4 (0.6)	5,293	12.1 (0.5)
학교급												
중학교	19,283	2.5 (0.1)	18,921	5.0 (0.2)	18,563	4.2 (0.2)	17,858	3.8 (0.2)	16,742	3.3 (0.2)	15,652	3.9 (0.2)
고등학교	18,938	9.2 (0.3)	17,734	9.7 (0.3)	17,907	10.1 (0.3)	17,346	9.8 (0.3)	17,061	8.7 (0.3)	15,972	9.7 (0.3)

* 출처: 교육부 · 보건복지부 · 질병관리본부(2017).

남학생의 성관계 경험률은 중학교 1학년은 2.3%였으나 고등학교 3학년의 경우는 12.1%로 높은 학년으로 올라갈수록 성관계 경험률이 높아지고 있는 것을 알 수 있다. 중학교의 성관계 경험률의 평균은 3.9%인 데 비해 고등학생의 평균은 9.7%인 것으로 나타나 학교급이 올라갈수록 성관계 경험률이 높아지고 있는 것을 알 수 있다.

여학생의 성관계 경험률을 살펴보면 전체 3.1% 중 중학교 1학년이 0.9%로 가장 낮았으나, 고등학교로 갈수록 증가하여 고등학교 3학년의 경우, 5.7%인 것으로 나타났다. 중학생의 성관계 경험률 평균은 1.7%였으나 고등학교의 경우에는 4.3%인 것으로 나타나 남학생의 성관계 경험률과 동일하게 높은 학년으로 올라갈수록 성관계 경험률이 높고, 중학교보다 고등학교가 성관계 경험률이 높은 것을 알 수 있다 (〈표 10-3〉 참조).

구분	2012		2013		2014		2015		2016		2017	
	분석 대상자 수	분율 (표준 오차)	분석 대상자 수	분율 (표준 오차)	분석 대상자 수	분율 (표준 오차)	분석 대상자 수	분율 (표준 오차)	분석 대상자 수	분율 (표준 오차)	분석 대상자 수	분율 (표준 오차)
전체	35,965	2.6 (0.1)	35,780	3.1 (0.1)	35,590	3.2 (0.1)	32,839	2.8 (0.1)	31,725	2.8 (0.1)	30,652	3.1 (0.1)
학년												
중1	5,998	1.6 (0.2)	5,788	3.3 (0.3)	5,583	2.4 (0.2)	5,210	2.4 (0.2)	4,967	2.0 (0.2)	5,011	0.9 (0.2)
중2	5,990	1.2 (0.1)	5,852	2.1 (0.2)	5,944	2.1 (0.2)	5,404	1.6 (0.2)	5,051	1.4 (0.2)	5,105	1.8 (0.2)
중3	6,026	2.0 (0.3)	5,969	2.0 (0.2)	6,066	2.3 (0.2)	5,827	1.9 (0.2)	5,459	1.4 (0.2)	5,117	2.4 (0.2)
고1	5,845	2.2 (0.2)	5,930	2.6 (0.2)	5,776	2.7 (0.3)	5,337	2.2 (0.3)	5,494	2.5 (0.2)	5,096	2.5 (0.2)
고2	6,094	3.6 (0.3)	6,270	3.6 (0.3)	6,143	3.5 (0.3)	5,336	3.6 (0.3)	5,326	3.2 (0.3)	5,190	4.4 (0.3)
고3	6,012	4.8 (0.4)	5,971	4.8 (0.3)	6,078	5.7 (0.4)	5,725	4.6 (0.4)	5,428	5.7 (0.4)	5,133	5.7 (0.4)
학교급												
중학교	18,014	1.6 (0.1)	17,609	2.5 (0.1)	17,593	2.3 (0.1)	16,441	1.9 (0.1)	15,477	1.6 (0.1)	15,233	1.7 (0.1)
고등학교	17,951	3.5 (0.2)	18,171	3.7 (0.2)	17,997	4.0 (0.2)	16,398	3.5 (0.2)	16,248	3.8 (0.2)	15,419	4.3 (0.2)

표 10-3 여학생 성관계 경험률 (단위: %)

* 출처: 교육부 · 보건복지부 · 질병관리본부(2017).

2014년부터 2016년까지 청소년건강행태온라인조사에 참여한 중·고등학생 20만 5,631명을 대상으로 청소년의 성매개 감염에 영향을 미치는 개인, 가족 및 학교요인 자료분석(권미영·정수경, 2018)에 따르면 전체 조사 대상 중·고등학생 중 성관계 경험이 있는 학생은 남학생 6,905명, 여학생 2,810명으로 총 9,760명(5.0%)로 나타났다.

첫 성관계 시작 연령이 평균 13.1세로 매년 점차 빨라지고 있는 가운데, 특히 성경험이 있는 중·고등학생의 9.7%가 성관계로 인해 성병 등 성매개 감염(임질, 매독, 클라미디아, 성기 단순포진, 성기사마귀, 요도염, 골반염, 에이즈 등)의 경험이 있는 것으로 나타났다.

남학생의 경우, 성관계 경험률은 중학교 1학년 때 8.5%였던 것이 고등학교 3학

02
청소년기의 불타는 비밀, 청소년 성의식과 성행동

223

년에 이르면 34.4%로 높아져 10명 중 3명이 성관계 경험이 있는 것으로 나타났다. 성매개 감염 비율은 중학교 3학년에서 15.3%로 가장 높았으며 중학교 2학년은 12.1%, 고등학교 1학년은 10.0%, 고등학교 2학년은 8.4%, 고등학교 3학년은 8.4%였다. 또한 초등학교 때 성관계 경험을 가진 학생의 27.2%, 중학생 6.1%, 고등학생 3.2%가 성병에 걸린 적이 있는 것으로 나타났다. 이와 같은 결과는 성관계 경험 시기가 빠를수록 성병에 노출되기 쉽다는 것을 의미한다.

여학생의 경우에도 초등학교 때 성관계 경험을 가진 학생의 27.2%, 중학생 6.1%, 고등학생 3.2%가 성병에 걸린 적 있는 것으로 나타나(한국일보, 2018. 05. 10.), 첫 성관계 시기가 빠를수록 성병에 대한 노출이 높았다.

③ 성관계 경험자의 피임 실천율

2017년 성관계 경험 학생의 피임 실천율은 남학생 49.7%, 여학생은 50.4%로, 여학생보다 남학생의 피임 실천율이 조금 낮은 것으로 나타났다(〈표 10-4〉 참조).

우리나라 여자 청소년의 피임 실천 영향요인을 살펴본 연구(이재영, 2017)에 따르면, 과거에 비해 현재 여자 청소년들의 피임 실천율은 상승한 것으로 확인되었다. 그러나 이는 선진국의 피임 실천율과 비교하면 낮은 수준이라고 밝혔다. 미국 질병통제예방센터(Center for Disease Control and Prevention: CDC)의 청소년건강위험행태조사(Youth Risk Behavior Survey: YRBS)에 따르면, 미국의 여자 고등학생 9~12학년

표 10-4 성관계 경험자의 피임 실천율 (단위: %)

구분	2012		2013		2014		2015		2016		2017	
	분석대상자수	분율(표준오차)	분석대상자수	분율(표준오차)	분석대상자수	분율(표준오차)	분석대상자수	분율(표준오차)	분석대상자수	분율(표준오차)	분석대상자수	분율(표준오차)
전체	2,860	42.3 (1.0)	3,172	39.0 (0.9)	2,930	43.6 (1.0)	2,653	48.7 (1.0)	2,287	51.9 (1.1)	3,033	49.9 (0.9)
남학생	2,025	42.8 (1.1)	2,266	38.5 (1.1)	2,050	44.1 (1.3)	1,962	48.6 (1.2)	1,616	52.0 (1.3)	2,119	49.7 (1.1)
여학생	835	41.1 (1.7)	906	40.5 (1.8)	880	42.2 (1.7)	691	48.8 (1.9)	671	51.8 (2.1)	914	50.4 (1.8)

※ 평생 성관계 경험자 중 성관계 시 '항상' 또는 '대부분' 피임을 한 사람의 분율

* 출처: 교육부 · 보건복지부 · 질병관리본부(2017).

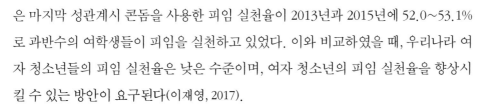

은 마지막 성관계시 콘돔을 사용한 피임 실천율이 2013년과 2015년에 52.0~53.1%로 과반수의 여학생들이 피임을 실천하고 있었다. 이와 비교하였을 때, 우리나라 여자 청소년들의 피임 실천율은 낮은 수준이며, 여자 청소년의 피임 실천율을 향상시킬 수 있는 방안이 요구된다(이재영, 2017).

또한 2016년 청소년건강행태온라인조사와 여성가족부의 2014 청소년 유해환경 접촉 종합실태를 살펴보면, 성관계 경험자 중 임신 경험이 있는 청소년은 21.4%로 나타났고 임신 경험이 있는 여학생 중 인공임신중절수술 경험률은 81.0%인 것으로 나타났다(교육부 · 보건복지부 · 질병관리본부, 2016; [그림 10-3] 참조).

이와 같이 청소년의 임신과 출산 혹은 낙태는 소수의 비행이나 비극으로 여겨지고 임신한 청소년에 대한 자퇴권유가 공공연하게 이뤄질 정도로 이들은 사회에서

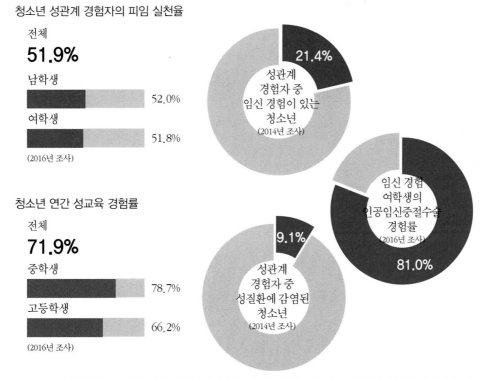

청소년 성관계 경험자의 피임 실천율

전체
51.9%

남학생
52.0%

여학생
51.8%

(2016년 조사)

성관계
경험자 중
임신 경험이 있는
청소년
(2014년 조사)
21.4%

임신 경험
여학생의
인공임신중절수술
경험률
(2016년 조사)
81.0%

청소년 연간 성교육 경험률

전체
71.9%

중학생
78.7%

고등학생
66.2%

(2016년 조사)

성관계
경험자 중
성질환에 감염된
청소년
(2014년 조사)
9.1%

자료: 질병관리본부 '2016년 청소년건강형태온라인조사', 여성가족부 '2014년 청소년 유해환경 접촉 종합실태조사'

[그림 10-3] 청소년 성관계 경험자의 피임 실천율, 청소년 연간 성교육 경험률

* 출처: 주간경향(2017. 02. 21.).

수용 불가능한 존재로 취급되고 있다고 한다. 그러나 청소년의 성적 행위를 무조건 금기하고 외면하는 것이 바람직한 것인지에 대한 사회적 인식 제고와 피임교육을 위한 합리적인 예방교육 방안과 정책에 대한 사회적 합의가 필요해 보인다.

세계 최초로 성교육을 의무화한 스웨덴은 1944년부터 공립학교에서 성교육을 실시했고 현재는 만 5세부터 성교육을 실시하고 있다. 그 결과 스웨덴의 10대 임신율은 전 세계 최저 수준이다. 독일의 경우에도 18세 미만의 청소년에 대한 의사의 처방을 받은 피임법과 비용을 전액 지원하고 있다. 프랑스는 15~18세 청소년에게 응급피임약과 일반 경구피임약, 호르몬 루프와 같은 피임 도구를 무상 제공한다. 영국은 비영리단체에서 20세 이하 청소년을 위해 무료 성 건강 서비스와 클리닉을 운영한다. 캐나다 역시 안전하고 위생적인 자위 방법을 학생들에게 가르치는 등 적극적인 성교육을 실시해 임신율을 끌어내렸다(주간경향, 2017. 02. 21.). 네덜란드의 경우, 약 40년 전 10대들의 무분별한 성관계, 임신 등이 사회문제로 떠오르자 성적 자기결정 능력을 키우기 위한 소통 중심의 성교육 프로그램을 체계적으로 실시해 왔으며, 그 결과 당시 처음 성관계 연령이 12.4세였던 것에서 최근에는 17.7세로 나타났다. 이 사실은 우리의 성교육이 어떤 방향으로 나아가야 할지를 단적으로 보여 준다.

④ 연간 성교육 경험률

2017년 중·고등학교의 연간 성교육 경험률은 전체 76.2%로 높은 것으로 나타났다. 중학교 시기의 성교육 경험률은 82.6%인 데 비해 고등학교 시기의 성교육 경험률은 70.9%로 나타났다. 남학생의 성교육 경험률은 73.6%로 나타났고 여학생의 경우에는 78.9%로 나타났다(〈표 10-5〉 참조).

성교육의 경우, 성교육 자체를 실시하는 것도 의미가 있겠지만 현재 중학교와 고등학교에서 어떠한 내용으로 성교육을 실시하고 있는지를 분석하고 학교급에 따른 차별화된 성교육을 실시해야 한다. 청소년들은 대부분 성교육을 받고 있지만 내용이 지나치게 피상적이다. 최근에 성교육 프로그램을 전문적으로 운영하는 기관에서는 데이트 성폭력이나 성관계로 인한 갈등 사례를 통해서 자기를 돌아보게 한다. 또한 일상생활에서 경험하는 또래 사이의 음담패설이나 야한 성행동 묘사, 엉덩이나 가슴, 성기 치기 등의 문제 상황을 목격했을 때 어떻게 개입하고 행동해야 하는지 생

표 10–5	연간 성교육 경험률										(단위: %)
구분	2012		2013		2014		2015		2016		2017	
	분석 대상자 수	분율 (표준 오차)	분석 대상자 수	분율 (표준 오차)	분석 대상자 수	분율 (표준 오차)	분석 대상자 수	분율 (표준 오차)	분석 대상자 수	분율 (표준 오차)	분석 대상자 수	분율 (표준 오차)
전체	74,186	68.0 (0.5)	72,435	71.6 (0.5)	72,060	71.8 (0.5)	68,043	73.3 (0.4)	65,528	71.9 (0.5)	62,276	76.2 (0.4)
중학교	37,297	73.7 (0.6)	36,530	78.1 (0.6)	36,156	77.6 (0.5)	34,299	79.8 (0.5)	32,219	78.7 (0.5)	30,885	82.6 (0.4)
고등학교	36,889	62.5 (0.7)	35,905	65.5 (0.7)	35,904	66.3 (0.7)	33,744	67.6 (0.6)	33,309	66.2 (0.7)	31,391	70.9 (0.6)
남학생	38,221	65.2 (0.6)	36,655	68.0 (0.6)	36,470	68.4 (0.5)	35,204	71.0 (0.5)	33,803	69.2 (0.6)	31,624	73.6 (0.5)
여학생	35,965	71.0 (0.7)	35,780	75.6 (0.6)	35,590	75.5 (0.6)	32,839	75.9 (0.6)	31,725	74.8 (0.6)	30,652	78.9 (0.5)

* 출처: 교육부 · 보건복지부 · 질병관리본부(2017).

각해 보게 한다(여성조선, 2017. 01. 27.). 따라서 우리나라의 성교육 또한 가해행위가 어떠한 이유에서라도 정당화될 수 없으며 일상생활에서 경험하는 신체적인 접촉이나 성적인 농담, 외모에 대한 평가 등이 성폭력 범주에 포함될 수 있다는 사실까지 넓혀서 성교육을 실시해야 한다.

03 청소년과 이성교제

청소년기는 급격하게 신체가 발달하면서 성적 성숙이 가장 현저하게 일어나는 시기이다. 청소년기에는 신체적 성장과 함께 심리적 변화를 겪게 되면서 이성에 대한 관심과 동경이 일기 시작해(곽금주, 2013) 이성을 만나는 것이 자연스럽게 느껴지기도 한다. 이 무렵부터 청소년들은 동성보다 이성에 대한 새로운 관심과 호기심을 갖고, 이성을 사귀고 싶어 하는 강한 열망을 갖게 되며, 이성 친구와의 친밀감, 자신감, 관계를 맺는 능력이 증가한다(이창식 · 김용미 · 박미자, 2006). 이러한 청소년의 발달적 특성을 고려할 때, 청소년이 이성 친구를 사귀는 것은 하나의 문화로 정착하고 있다(김은영 · 김혜림 · 서은숙 · 임경선 · 최한나, 2003).

실제로 청소년기에는 이전 시기에 비해 이성 또래와 더 많은 시간을 보낸다. 초등학생의 60.8%(하수정, 2011), 중학생의 53.0%(한국청소년상담복지개발원, 2013)가 이성교제 중이며, 근래에는 이성교제를 시작하는 연령은 점차 낮아지고 있는 추세이다. 우리나라 남녀 학생 중 대부분이 이성을 좋아해 본 경험이 있을 정도로 이성과의 관계는 청소년들의 삶의 한 부분이 되고 있다. 따라서 이성교제는 신체 발육과 성적 발달이 가속화되고 있기 때문에 이르게 찾아오는 사춘기와 성적 자기결정권 등의 담론에 의해서 보편적이고 자연스러운 현상으로 인식해야 한다(이은주, 2014). 그리고 건강한 이성교제를 할 수 있는 장을 마련하여 이를 통해 사회적 관계망을 확장시키며 건강한 성인으로 성장할 수 있도록 도와주어야 한다.

1) 이성교제의 기능

현대 사회에서 청소년의 이성교제는 매우 보편화된 현상이며 긍정적인 영향을 주기도 한다. 청소년들의 사회적 관계망 속에 이성이 포함되면서 청소년들의 사회적 관계가 확대된다는 점에 주목할 필요가 있다. 말하자면 청소년의 또래집단과의 우정관계망이 확대된다고 생각해 볼 수 있다. 이성적 존재가 우정관계망 속에 포함되면서 남녀 간의 이해와 친화를 확대시켜 줄 수 있게 된다. 이성관계는 청소년들의 세계에서 사회적 유능성과 사회인지 능력의 발달을 촉진하는 가장 중요한 요인으로 인정되고 있다(한상철, 2004). 이성교제가 갖는 기능은 다음과 같다.

(1) 사회화 기능

청소년들은 이성교제를 통해 이성의 역할 및 이성과의 적응 방법을 경험하게 되면서 사회화의 기능을 학습한다(김제한, 1999). 다른 사람과 어울리는 법을 배우고, 예의범절과 사회적 기술을 터득한다. 그리고 의사소통 능력, 친밀한 관계 유지, 공감 능력 등을 향상시킬 수 있는 기회를 얻을 수 있을 뿐만 아니라 성숙한 두 남녀에게 접촉할 수 있는 기회를 제공하여 각자의 성 역할을 인지하게 되고, 상호관계의 기술을 발전시켜 사회인으로서의 역할 수행을 돕는다(김원중, 1998). 즉, 사회적 관계의 확장을 통해 청소년의 자아중심성을 극복하게 되며 청소년들의 세계에서 유능성과 사회인지 능력의 발달을 돕는다(이명신, 2009).

(2) 자아정체감 형성의 기능

청소년들은 자신들의 잠정적인 정체감을 이성 간의 상호 접촉과 상대방의 반응을 통해 이해할 수 있다. 또한 자신의 장단점을 알게 되어 자기평가와 자기성찰의 계기가 되기도 한다(김원중, 1998). 이성과의 관계 형성은 자신을 알고 자신만의 가치를 깨달을 수 있도록 촉진하는 과정이며, 자아존중감을 향상시켜 주는 역할을 하기도 한다.

(3) 인격형성의 기능

청소년들은 이성교제를 하는 동안 자신의 말과 행동이 상대 이성에게 미치는 영향에 대해 주의를 기울이게 되고, 이성의 행위에 대처하는 역할 수행을 경험하면서 인격이 형성될 수 있다(김제한, 1999).

(4) 성적 정체감과 성역할 형성

이성관계는 청소년들에게 성적 정체감과 성역할 형성에 중요한 영향을 준다. 청소년 초기에는 또래집단 내에서 전통적인 성역할 고정관념을 확인하려는 욕구가 크지만, 청소년 중기와 후기에 이르게 되면 이성과의 상호작용에 필요한 기능과 자신감을 획득하는 것을 더 필요로 한다. 이 시기는 이성과의 의미 있는 관계를 발달시키고 새로운 성정체성과 성역할을 획득해 나갈 수 있다(권이종 · 김천기 · 이상오, 2010).

(5) 자신감과 정서적 안정

이성교제는 청소년들에게 큰 만족감을 주는 경험이 될 수 있다. 이성과의 관계에서 소중한 마음을 갖고 표현함으로써 형성되는 친밀감을 통해 정서적 안정을 느끼고 생활의 즐거움을 얻게 된다(이명신, 2009). 실제로 이성친구는 지지와 친밀감을 제공하며 청소년기 중반 즈음의 이성 친구의 지지는 어머니와의 관계에서 느끼는 지지와 비슷한 수준으로, 친구와의 관계 바로 다음인 것으로 나타나고 있다(Furman & Collins, 2008). 이와 같이 이성 친구는 정서적 지지, 안정, 보호의 자원을 제공해 줄 수 있다. 또한 일탈적인 또래친구와의 관계에서 파생되는 부정적인 효과를 완충

해 주는 역할도 한다(권이종 · 김천기 · 이상오, 2010).

2) 청소년기 이성교제의 문제점

청소년들에게 이성교제의 경험은 여러 측면에서 긍정적인 요소를 가지기도 하지
만 여러 가지 문제를 야기할 수도 있다.

(1) 부정적인 정서

청소년은 또래 친구들과의 관계에서보다 이성 친구와의 관계에서 부정적인 경험
을 더 많이 하며, 이러한 부정적인 경험은 사회적 불안과 연관성이 있다. 예를 들어,
사회적 관계에서 친밀감을 느끼지 못하는 것은 여자 청소년의 불안과 관련된 인지
적 취약성과 연관성을 가지게 된다. 또한 여자 청소년이 또래에 비해 남자 청소년과
깊은 이성적 관계를 더 빨리 가지는 경우, 플라토닉한 관계보다 우울증의 증세와 더
높은 연관성을 보였다.

또한 또래 친구들이 이성 친구와의 관계를 허락하지 않는 경우, 청소년의 사회적
지위가 낮아질 수 있으며 그로 인해 부정적인 정서를 느낄 수 있다(곽금주, 2013). 특
히 헤어지고 난 후에는 그 슬픔을 이겨 내기 위한 시간이 필요하며, 주위의 부정적
시선으로 인해 사회적 관계망이 무너질 수도 있다.

(2) 성적인 위험

이성관계에서 성적인 부분을 합의하는 것은 청소년들에게 어려운 과제일 수 있
다. 이성교제에서 어떤 경우에는 원하지 않는 임신이나 성적 질병들을 유발할 수 있
을 뿐만 아니라 성적 행위들은 우울증, 폭력, 약물남용, 가정의 불화, 낮은 성적, 낮
은 관계의 질 등의 문제와 관련이 있다(Collins, Welsh & Furman, 2009). 청소년들은
성 행동 이후 행위에 대한 책임의식이나 피임, 임신 등의 성 지식이 매우 부족하며
이성교제 시 접촉이나 성관계를 하나의 과정으로 보는 경향이 있었으나 이후 이러
한 경험으로 인해 발생되는 문제에 대처할 수 있는 정보나 태도 등에서 준비가 매우
부족한 것으로 나타났다. 특히 성관계 후 헤어지고 난 후에 자괴감이나 후회감으로

힘들어 하며 강제적인 성관계 요구로 심각한 정신적 · 신체적 문제를 호소하는 사례도 있었다(한국청소년상담복지개발원, 2013).

(3) 데이트 폭력

데이트 폭력(dating violence)이란 결혼 이전의 데이트 관계에서 초래하는 정서, 신체 및 성 폭력을 일컫는다.

정신폭력은 심리 · 정서 폭력이라고도 하며 학자들에 따라서는 언어적 폭력을 포함하여 욕을 하거나 모욕적인 말을 하는 것, 위협적인 고함이나 괴롭힘, 비난 등을 말한다.

신체폭력은 밀어내거나 손바닥 혹은 주먹으로 때리는 행동, 발로 차거나 목을 조이는 행동, 물건을 집어 던지거나 흉기로 위협하는 행동 등 신체를 사용하여 이성 친구에게 상해를 입히는 모든 행동을 말한다(정소영 · 임채영 · 이명신, 2011). 한국여성의 전화(2009)를 통해 서울지역 청소년들을 대상으로 조사한 보고서에 따르면, 데이트 경험이 있는 여대생들 중 77.8%가 데이트 폭력을 겪은 것으로 나타났다. 이러한 남녀 간의 데이트 폭력은 신체적인 상해뿐만 아니라 정서적 손상까지도 가져오며 이는 향후 생활 적응에 부정적인 영향을 주게 된다(안귀여루, 2006). 데이트 폭력은 신체폭력이나 성폭력 없이 정서폭력만으로도 피해자에게 그 과정에서 정신적 피해를 입히는 것으로 나타났다(이정은 · 이미경 · 현명호, 2012). 따라서 데이트 폭력은 불안, 우울, 자살에 대한 생각, 그리고 외상 후 스트레스 증세를 유발할 수 있다는 점에서 위험하다(Furman et al., 2008).

마지막으로 성폭력이란 「성폭력범죄의 처벌 등에 관한 특례법」 제22조제1항에 규정된 죄에 해당하는 행위를 말하며, '성폭력 피해자'란 성폭력으로 인하여 직접적으로 피해를 입은 사람을 말한다.

3) 이성교제 실태와 데이트 폭력 실태

(1) 이성교제 실태

10대 청소년 1,266명을 대상으로 한 설문조사(아하서울시립청소년성문화센터 · 서울특별시, 2010)에서는 청소년들의 연애경험 유무에 대해서 응답자의 60.6%가 '경험이 있다'고 대답해 응답자의 과반수 이상의 십대가 이성교제나 연애를 경험했음을 알 수 있다.

한국여성정책연구원(2009)의 연구에 따르면, 남녀공학을 기준으로 하여 중학생의 경우, 이성친구와 사귀고 있다는 비율이 남녀공학생이 15%로 남녀별학생 9.9%보다 높게 나타났다. 그러나 고등학생의 경우 중학생과는 다소 다른 양상을 보였는데, 이성친구가 있다고 응답한 비율은 남녀공학생 12.5%, 남녀별학생 12.6%로 거의 동일하게 나타났고, 이전에는 이성친구와 사권 경험이 있으나 지금은 없다는 비율도 남녀공학생 16.0%, 남녀별학생 16.8%로 나타났다. 이와 같은 결과는 남녀공학 교육환경이 학생들의 이성교제를 활발하게 할 가능성이 높다는 보통의 통념과는 다르며, 중학교에서는 남녀공학에서 이성교제 비율이 더 높으나 고등학교에 이르면 이성교제의 범위가 개별 단위 학교에 한정되지 않는다는 것을 보여 준다. 즉, 이성교제의 범위가 개별 단위 학교에 한정되지 않게 되므로 남녀공학의 여부보다는 개인의 선택이나 관심이 더 크게 작용된다고 볼 수 있다.

(2) 데이트 폭력 실태

2014년 6천 675명이었던 데이트 폭력 사범은 2015년부터 지속적으로 증가하여 2017년에는 하루에 28건 꼴로 발생한 것으로 집계됐다.

경찰청에 따르면 2017년 전국에서 일어난 데이트 폭력 사건(폭행 · 상해, 체포 · 감금 · 협박, 성폭력, 살인 등)은 1만 303건이었다. 데이트 폭력은 연인 관계에서 발생하는 신체적 폭력, 정신적 폭력, 언어적 폭력, 성폭력 등을 의미하는 것으로 가장 많이 발생하는 폭력은 연인을 때리거나 목을 조르고 흉기로 위협해 상해를 입히는 경우로 나타났다(연합뉴스, 2018. 02. 17.).

데이트 폭력 피해 후유증을 조사한 한 종단연구(Exner-Cortens, Eckenrode, & Rothman, 2013)에서 폭력 이후 5년이 경과한 데이트 폭력 피해자들을 조사하였는데, 이들은 피해를 겪지 않은 사람들에 비하여 과도한 음주 및 우울증상, 자살사고, 반사회적 행동, 마리화나의 사용이 더 증가하였음을 보고하였다. 또한 피해자들은 데이트 폭력의 피해를 반복해서 경험하는 악순환적인 측면을 보여 주었다. 이와 같

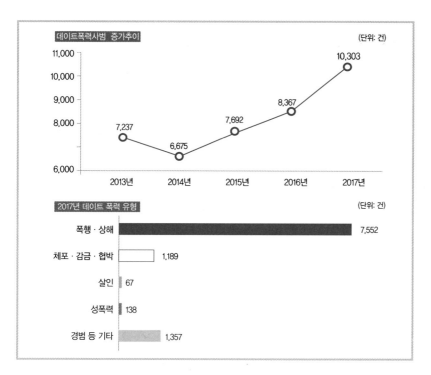

[그림 10-4] 데이트 폭력사범 증가 추이 및 데이트 폭력 유형

* 출처: 연합뉴스(2018. 2. 17.).

은 데이트 폭력은 단순히 연인 간의 사랑싸움이 아닌 심각한 사회문제로 이해되어야 할 것이다.

데이트 폭력은 청소년기부터 발생되는 경우가 많으며, 청소년들의 데이트 폭력 가해 및 피해 경험은 매우 심각한 수준이다(서경현·이영자, 2001). 그 강도가 심각할 경우 목숨을 위협하는 수준까지 이르기도 한다.

전 세계적으로 데이트 폭력은 3커플 중 1커플로 발생하고 있다(Stappenbeck & Fromme, 2010; White & Smith, 2009). 뿐만 아니라 데이트 폭력은 심각한 신체 부상을 입히지 않은 폭력이라도 심한 정신적 문제를 발생시킬 수 있다(서경현, 2011). 따라서 데이트 폭력이 개인과 사회에 얼마나 큰 위협을 가져오는지를 인식하도록 해야 한다.

따라서 상대방에게 공격적으로 행동하게 하는 성역할에 대한 고정관념에 변화를 주고, 데이트 폭력을 정당화하는 신념을 논박하며, 청소년이 긍정적 관계를 맺는 사회성 기술을 습득하도록 도와야 한다(Theriot, 2008).

04 주체적 성문화를 만드는 청소년

1) 존중, 대화, 협력과 배려의 사회적 기술을 습득하는 성문화

청소년들의 건강한 성문화와 이성교제는 그들이 존중, 대화, 협력, 배려 등 다양한 사회적 기술을 습득할 수 있는 기회의 과정이 된다. 이러한 발달과업을 통해서 청소년기의 이성교제는 상대방의 표현에 대한 이해와 공동생활을 하는 방법, 문제 발생 시 논의와 협력을 통해서 해결하고 관계를 지속적으로 유지하는 방법을 습득하게 되는 중요한 경험이 되어야 한다. 건강한 청소년 성문화를 이루기 위해서는 성에 대한 관심이 청소년기 발달 과업에 있어 필요한 과정임을 인식하는 것이다. 따라서 타인에 대한 존중, 배려, 절제 등이 무엇보다 중요하다.

2) 자연스러운 현상으로서의 이성교제에 대한 시각 확대

청소년들의 이성교제는 이제 특별한 것이 아니다. 발달 특성상 자연스러운 현상이며 청소년의 심리적 · 사회적 발달에 중요한 영향을 미치는 경험이 된다. 그럼에도 불구하고 학교, 가정, 지역사회에서는 청소년들이 이성교제하는 것을 학업이나 진로를 등한시하는 것처럼 인식하고 문제시한다. 이제는 이러한 시각에서 벗어나 청소년들의 건강한 이성교제를 지지하는 사회적 문화가 필요하다.

청소년들이 이성교제의 긍정적 측면과 부정적 측면을 모두 인식할 수 있도록 하고, 가정과 학교에서는 이성교제가 갖는 중요성 속에서 다양한 갈등과 고민들이 발생할 때 이를 존중하고 함께 지지할 수 있는 분위기를 조성해야 할 것이다.

3) 청소년의 성주체성의 인정과 책임감 향상

청소년들의 성과 성주체성은 자연스러운 발달 과업 중 하나로 청소년기에 신체적인 성, 심리적인 성 그리고 사회적인 성이 어떻게 균형관계를 이루고 있으며 청소년이 성을 어떻게 받아들이고 표현하며 어떻게 충족하는가를 배우는 것은 성정체감 형성은 물론 자아정체감 형성에 영향을 미친다(홍봉선, 2002). 따라서 청소년들에게 성적 결정 능력이 없다고 무시하고 회피하기보다는 청소년들이 성주체성을 가지고 그에 따른 책임을 키워 나갈 수 있는 환경과 인권의식을 갖도록 도와주어야 한다.

4) 타인의 권리를 인정하고 사회적 지지망을 확충하는 청소년 성문화

청소년들의 이성교제는 주요한 삶의 한 영역으로 인정해야 한다. 따라서 청소년들의 이성교제가 사회적 관계망과 지지망을 확장하고 또래관계에서의 사회적 지지를 향상시키는 데 있어 기여하는 점들을 중요하게 바라보아야 한다. 다만 청소년들의 이성교제를 통한 타인과의 관계 향상에 있어 무엇보다 중요한 것은 타인의 권리를 인정하고 존중하는 것이며, 긍정적인 격려와 존중을 통해 건강한 관계망을 확장하는 것이다.

5) 실질적 성교육과 성평등적 관점에서의 성교육의 확대

우리나라의 성교육은 생물학적 성에 치우친 성교육을 지향하고 있다. 순결주의를 강조하거나 성에 대한 관심을 금기시, 터부시하는 문화가 팽배하다. 이러한 문화적 배경과 교육적 환경은 남성과 여성에 대한 이중적 잣대를 적용하게 하여 건강한 성문화를 왜곡하게 만든다. 특히 연령이 증가함에 따라 성적 접촉이나 경험이 증가하고 있고 많은 청소년이 이성교제를 한다는 점에서 성적 자기결정권 교육과 인권교육으로의 성교육 프로그램이 실시되어야 한다. 그리고 고정된 성역할을 강요하고 끊임없이 재생산하는 문화에서 벗어나 사회적 성, 다양한 성에 대한 관점과 가치를 갖도록 하고 성평등적 성역할 태도를 함양할 수 있는 교육이 이루어져야 한다. 이를 통해 진정한 자신을 찾아나가도록 돕는 성교육이 확대되어야 하겠다.

요약

1. 청소년의 성지식과 성행동은 급격한 변화를 겪고 있다. 생리적으로는 성기능이 갖춰졌음에도 불구하고 사회적으로는 성적 자기결정권을 금지당하는 데서 비롯되는 갈등으로 인해 성문제가 발생하기도 한다.

2. 청소년의 건강한 성문화 조성을 위해서는 비공식적인 성 담론들을 수면 위로 끌어올려야 하며, 왜곡된 성 인식과 지식, 행동이 낳고 있는 다양한 문제 앞에 건강한 성적 주체로 살아갈 수 있도록 실질적인 성교육이 이루어져야 한다.

3. 성의 개념에는 섹스(sex), 젠더(gender), 섹슈얼리티(sexuality)가 있다.

4. 청소년은 성역할 사회화에 따른 불평등과 성차별을 인식하고, 자신의 의지와 판단에 의해 자율성과 책임성 있는 성주체성을 가져야 하며, 타인의 자유와 권리를 침해하지 않으면서 성적 자기결정권을 가져야 한다.

5. 첫 성관계 시작 연령은 평균 13.1세로 매년 점차 빨라지는 추세이다. 특히 성관계 경험이 있는 중·고등학생의 9.7%가 성관계로 인해 성병 등 성매개 감염(임질, 매독, 클라미디아, 성기 단순포진, 성기사마귀, 요도염, 골반염, 에이즈 등)의 경험이 있는 것으로 나타났다. 성관계 시 피임실천율 또한 낮은 것으로 나타났다.

6. 연간 성교육 경험률은 높은 데 비하여 그 내용은 지나치게 피상적인 것으로 나타났다.

7. 청소년기에 급격한 신체 변화와 성적 성숙을 통해 이성에 대한 호기심이 증가하면서 이성교제는 하나의 청소년문화가 되었다.

8. 이성교제는 사회화의 기능, 자아정체감 형성의 기능, 인격 형성의 기능, 성적 정체감과 성역할 형성, 자신감과 정서적 안정을 주는 순기능을 가지고 있는 반면, 부정적 정서, 성적인 위험, 데이트 폭력 등의 문제점도 가지고 있다.

9. 청소년들에게 존중, 대화, 협력과 배려의 사회적 기술을 습득하는 성문화를 갖도록 지원하고, 자연스러운 현상으로서의 이성교제에 대한 시각의 확대, 청소년의 성주체성의 인정과 책임, 타인의 권리를 인정하고 사회적 지지망을 확충하는 청소년 성문화, 실질적 성교육과 성평등적 관점에서의 성교육의 확대 등이 요구된다.

곽금주(2013). 청소년의 이성교제 문화. 서울: 한국청소년상담복지개발원.

권미영 · 정수경(2018). 청소년의 성매개 감염에 영향을 미치는 개인, 가족 및 학교요인: 제
　　10~12차(2014-2016년) 청소년 건강행태온라인조사 자료분석. 한국학교보건학회지 31(1),
　　48-58.

권이종 · 김천기 · 이상오(2010). 청소년문화. 서울: 공동체.

권혁남(2017). 데이트 폭력 문제: 젠더 역할과 파워 관계에 관한 연구. 아시아문화학술원, 인문
　　사회 218(4), 1141-1157.

교육부(2015). 학교 성교육 표준안. 서울: 교육부.

교육부 · 보건복지부 · 질병관리본부(2016). 제12차(2016년) 청소년건강행태온라인조사 통계. 서
　　울: 교육부 · 보건복지부 · 질병관리본부.

교육부 · 보건복지부 · 질병관리본부(2017). 제13차(2017년) 청소년건강행태온라인조사 통계. 서
　　울: 교육부 · 보건복지부 · 질병관리본부.

김대군(2015). 윤리교육에서 성희롱 예방교육. 한국윤리학회, 102, 303-330.

김은영 · 김혜림 · 서은숙 · 임경선 · 최한나(2003). 학생이 말하는 청소년문화: 연애문화: 청
　　소년들의 이성교제. 한국청소년문화연구소, 1, 86-100.

김윤정 · 이창식(2003). 청소년들의 사랑과 성태도: 남학생과 여학생의 지각차이를 중심으
　　로. 청소년학연구, 10(1), 277-296.

김윤정 · 이창식(2005). 부모의 성교육이 청소년의 성행동에 미치는 영향. 청소년학연구.
　　12(2), 250-268.

김원중(1998). 중부 경남 지역 청소년의 이성교제 실태 조사 연구. 경남대학교 경남지역문제연
　　구원연구총서 3, 21세기 경남도민의 삶의 질, 332-464

김제한(1999). 청소년의 이성교제 태도에 관한 연구. 학생생활연구, 25, 31-56.

박은하(2016). 한국과 네덜란드 청소년의 성의식 및 성행동에 관한 비교연구. 청소년학연구,
　　23(4), 345-366.

박지현 · 김태현(2005). 대학생의 성 행동에 관한 연구: 부모와의 의사소통 특성과 대학생의
　　성태도 및 성에 관한 의사소통을 중심으로. 한국가족관계학회지, 10(1), 75-101.

백혜정 · 김은정(2008). 청소년 성의식 및 행동 실태와 대처방안 연구. 서울: 한국청소년정책
　　연구원.

부산대학교 여성연구소(2011). 왜 아직도 젠더인가?. 부산: 부산대학교 출판부.

237

서경현(2011). 데이트폭력과 가정폭력 경험에 대한 국가 간 비교 연구: 한국, 몽골, 필리핀, 러시아 대학생을 중심으로. 청소년학연구, 18(5), 219-243.

서경현·이영자(2001). 고등학생들의 연애폭력에 대한 예측변인. 한국심리학회지: 문화 및 사회문제, 7(2), 91-106.

아하서울시립청소년성문화센터·서울특별시(2010). 서울시청소년성문화연구조사. 서울: 아하서울시립청소년성문화센터. 서울특별시.

안귀여루(2006). 대학생의 성적 강요 경험과 성격특성, 태도 및 성장기 폭력 검험의 관련성. 한국심리학회지: 건강, 11(1), 47-61.

여성조선(2017. 01. 27.). 10대를 위한 성교육.

연합뉴스(2018. 2. 17.). [디지털스토리] 데이트 폭력으로 한 달 평균 8명 숨진다… 해결책 없을까.

에듀프레스(2018. 3. 23.). 교육부 '미투'대책 학교 성교육 인권·양성평등 중심으로 개편

이나영(1999). 포르노섹슈얼리티 그리고 페미니즘. 서원, 14.

이명신(2009). 청소년의 이성교제 경험이 사회적 관계에 미치는 영향에 관한 연구. 광운대학교 석사학위 논문.

이윤애(2013). 여성과 콤플렉스. 열린전북, 167, 30-32.

이은주(2014). 여학생의 이성교제 경험에 관한 근거이론 연구: 어머니의 태도를 중심으로. 학교사회복지, 29, 535-559.

이은진(2015). 성적 자기결정권에 대한 심리학 연구. 한국심리학회지: 여성, 20(3), 427-441.

이재경·조영미·민가영·박홍주·이박혜경·이은아(2007). 여성학. 경기: 미래원.

이재영(2017). 성경험 여자 청소년의 피임실천에 영향을 미치는 요인. *Child Health Nurs Res*, 23(3), 259-267.

이정은·이미경·현명호(2012). 한국판 수용인정척도의 타당화: 데이트폭력 피해 여대생을 대상으로. 스트레스연구, 20(3), 164-167.

이창식·김용미·박미자(2006). 청소년 이성교제 허용수준에 대한 청소년과 부모세대 간 차이. 한국지역사회생활과학회지, 17(4), 127-135.

정소영·임채영·이명신(2011). 대학생의 데이트폭력 편견이 데이트폭력 가해행동에 미치는 영향. 사회과학연구, 27(4), 127-151.

주간경향(2017. 2. 21.). 한국 성교육, 위험한 10대 섹스 부른다.

채규만·정민철(2004). 한국대학생의 성에 대한 태도와 행동 및 피해 경험에 관한 연구. 한국심리학회지: 건강, 9(4), 869-886.

하상희 · 이주연 · 정혜정(2006). 성과 관련된 부모역할이 대학생의 성태도 및 성행동에 미치는 영향. 한국가정관리학회지, 24(1), 271-286.

하수정(2011). 부산시 초등학교 5, 6학년의 이성교제 실태와 성지식, 성태도에 관한 조사연구. 울산대학교 대학원 석사학위논문.

한국여성연구소(2014). 젠더와 사회. 서울: 한국여성연구소.

한국여성의전화(2009). 서울지역 대학생 데이트 폭력 실태조사 보고 및 토론회자료집. 서울: 여성의전화.

한국여성정책연구원(2009). 남녀공학 중등학교에서의 성별 교육실태와 향후과제. 서울: 한국여성정책연구원.

한국여성정책연구원(2012). 성인지적 관점에서의 청소년 건강실태와 정책과제. 서울: 한국여성정책연구원.

한국일보(2018. 05. 10.). 중고생 5% "성경험 있다"… 성관계 이를수록 성병 감염률도 높아.

한국청소년상담복지개발원(2013). 청소년의 사랑: 감춰진 10대의 이성교제. 서울: 한국청소년상담복지개발원.

한상철(2004). 청소년학. 서울: 학지사.

홍봉선(2002). 청소년 성 주체성에 관한 연구. 청소년학연구, 9(3), 79-117.

Collins, W. A., Welsh, D. P., & Furman, W. (2009). Adolescent Romantic Relationships. *Annual Review of Psychology, 60,* 631-652.

Exner-Cortens, D., Eckenrode, J., & Rothman, E. (2013). Longitudinal associations between teen dating violence victimization and adverse health outcomes. *Pediatrics, 131*(1), 71-78.

Furman, W., & Collins, W. A. (2008). Adolescent romantic relationships and experiences. In K. H. Rubin, W. Bukowski, & B. Laursen (eds.), *Handbook of Peer Interactions, Relationships, and Groups.* New York: Guilford. In press.

Giddens, A.(2009). 현대 사회학(5판) [Sociology(5th, ed.,]. (김미숙 · 김용학 · 박길성 · 송호근 · 신광영 · 유홍준 · 정성호 역). 서울: 을유문화사.

Stappenbeck, C. A., & Fromme, K. (2010). A longitudinal investigation of heavy drinking and physical dating violence in men and women. *Addictive Behaviors, 35*(5), 479-485.

Steinberg, L. (1993). *Adolescence.* NY: McGraw-Hill.

Theriot, M. T. (2008). Conceptual and methodological consideration for assessment and

prevention of adolescent dating violence and stalking at school. *Children & Schools,*
30, 223-233.

White, J. W., & Smith, P. H. (2009). Covariation in the Use of Physical and Sexual Intimate
Partner Aggression Among Adolescent and College-Age Men A Longitudinal Analysis.
Violence against Women, 15(1), 24-43.

제11장

청소년참여-새로운 구별 짓기

학습개요

    오늘날 세계의 청소년들은 다양한 방식으로 사회에 활발히 참여하고 있다. 이러한 현상은 청소년의 존재에 대한 사회적 인식을 변화시키고 있으며, 사회 구성원으로서 청소년의 지위 변화를 이끌어 낸다. 이에 우리나라 청소년참여문화는 어떠한지 살펴볼 필요가 있다.

    이 장에서는 청소년참여 논의의 배경과 청소년참여 정의를 확인하고, 제도적으로 보장된 청소년참여기구와 비영리 조직 형태로 운영되는 청소년참여단체를 소개하면서 청소년참여 현황을 살펴본다. 마지막으로 '시민'의 개념을 활용하여 청소년참여의 확장에 대해 논의한다.

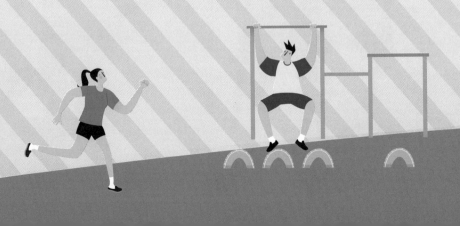

01 청소년참여, 세상을 흔들다

'Youthquake'. 미국 『옥스퍼드 사전』이 꼽은 '2017년 올해의 단어(2017 word of the year)'이다([그림 11-1] 참조). 『옥스퍼드 사전』은 이 단어를 "한 잡지에서 1965년 처음 쓴 용어로, 당시 음악, 대중문화, 패션 산업의 판도를 바꾸어 놓은 청소년문화를 통해 영감의 원천을 찾는 활발한 움직임을 가리킨다. 최근에는 젊은이들의 행동이나 영향에서 비롯되는 중요한 문화적 · 정치적 또는 사회적 변화를 의미한다."고

[그림 11-1] 2017년 올해의 단어 'Youthquake'

* 출처: The Guardian(2017. 12. 15.)

설명하고 있다.

청년(young people)들의 활발한 정치적 참여가 두드러진 한 해를 묘사하는 단어인 'Youthquake'는 '청소년행동주의(Youth Activism)'를 설명하는 단어이기도 하다. 청소년행동주의는 사회 변화를 위한 공동체에서의 청소년들의 참여를 가리킨다. 사회 변화에 대한 청소년참여는 반전(anti-war) 행동주의, 반범죄(anti-crime)와 정부 부패, 정부검열 반대(anti-government censorship), 교육적 접근 확대, 대중교통 접근과 같은 대중 시위나 옹호에서 주도적으로 발견된다([그림 11-2] 참조). 즉, 최근의 청소년참여는 전통적인 당파적 정치나 선거 정치보다 이슈 지향적인 행동주의에 더욱 초점을 둔다.

오늘날 세계의 청소년들은 기술 발전과 디지털 미디어에 매우 익숙한 세대로 이전과는 다른, 그리고 다양한 방식으로 사회에 참여하고 있다. 이러한 현상은 청소년의 존재에 대한 사회적 인식을 변화시키는 동시에 사회 구성원으로서 청소년이 지니는 사회적 지위의 변화를 이끌어 낸다. 이처럼 세계 각국 청소년들의 사회적·정치적 참여가 활발한 가운데 우리나라 청소년참여문화는 어떠한지 살펴볼 필요가 있다.

[그림 11-2] 청소년행동주의 관련 이미지

*출처: 구글 홈페이지[1]

---

1) https://www.google.com/search?q=Youth+Activism&rlz=1C1QJDB_enKR779KR779&source=lnms&tbm=isch&sa=X&ved=0ahUKEwiu7tDZ7LffAhVJBIgKHeS7AOcQ_AUIDigB&biw=1242&bih=597 (2018. 11. 12. 검색)

02 청소년참여란

1) 청소년참여의 배경

참여는 주권재민과 민(民)의 자치를 본질로 하는 민주주의의 핵심적인 요소이다 (김영인, 2017). 바버(Barber, 2004)는 사회 구성원이 주체로서 자신이 속한 공동체에 참여하고 그러한 참여의 일상화를 통해 민주주의와 사회 위기가 극복되고, 동시에 시민성이 회복된다고 보았다. 참여는 공동체의 주체인 시민이 자신의 주체성을 드러내 보일 수 있는 경로인 동시에 자신의 요구를 공동체 운영에 투입할 수 있는 도구로, 건강한 민주주의 공동체 형성을 위해 시민으로서 갖추어야 할 핵심적인 덕목이다(Foster-Fishman, Pierce, & Van Egeren, 2009).

유엔(United Nations: UN), 유네스코(UNESCO) 등과 같은 국제기구와 미국, 유럽의 선진국들은 청소년이 우수한 역량을 지닌 독립적인 인격체이며 사회발전에 책임을 지닌 사회 구성원이자 동반자라는 점을 강조하고 있다(최창욱 · 전명기, 2013). 이처럼 전 세계적으로 청소년의 사회참여에 대한 관심이 증가하고 있다. 이에 세계 각국에서는 청소년참여를 청소년의 기본 권리로 보장할 것을 국제적 규범으로 제정하였고 이를 보장하기 위해 다양한 제도적 장치를 마련하고 있다(윤민종 · 정은진 · 정건희, 2016). 이처럼 과거 성인들의 보호를 필요로 하는 수동적 존재로 인식되었던 청소년은 이제 지역사회에 필요한 정책과 사업을 직접 제안하여 지역사회 발전에 기여하는 능동적 존재로 고려된다(황여정, 2018).

대한민국 「청소년헌장」(1990. 5. 선포, 1998. 10. 개정) 전문에는 청소년이 삶의 주체로서 자율과 참여의 기회를 누릴 수 있음을 명시하고 있다. 이를 통해 청소년은 현 시대 민주주의 공동체의 주체이며 시민으로서 청소년의 권리를 가진다는 것을 알 수 있다.

청소년에게 참여는 민주주의라는 이념적 차원을 비롯하여 도덕적 차원에서도 그 의미를 지닌다. 김영인(2017)에 따르면, 첫째, 청소년은 그 자체로 인격적이고 도덕적 존재이기 때문에 자신의 삶과 관련된 영역이나 문제에 주체적으로 관여하고 참

청소년은 자기 삶의 주인이다. 청소년은 인격체로서 존중받을 권리와 시민으로서 미래를 열어 갈 권리를 가진다. 청소년은 스스로 생각하고 선택하며 활동하는 삶의 주체로서 자율과 참여의 기회를 누린다. 청소년은 생명의 가치를 존중하며 정의로운 공동체의 성원으로 책임 있는 삶을 살아간다. 가정, 학교, 사회 그리고 국가는 위의 정신에 따라 청소년의 인간다운 삶을 보장하고 청소년 스스로 행복을 가꾸며 살아갈 수 있도록 여건과 환경을 조성한다.

여할 수 있어야 한다. 둘째, 성장 세대인 청소년은 참여를 통해 시민성을 함양하고 성장에 필요한 다양한 교육적 경험을 할 수 있기 때문에 참여가 더욱 필요하고 가치 있다고 볼 수 있다.

이러한 청소년참여를 보장하기 위해 국내외 법적 · 제도적 노력이 활발히 진행 중이다. 청소년참여의 근간이 되고 있는 「유엔아동권리협약」 제12조의 '아동과 청소년의 의사 존중의 원칙'은 유엔, 유네스코 등 각종 국제기구의 청소년참여 보장을 위한 제도적 노력을 이끌어 내고 있고 이에 따라 세계 각국에서 실정에 맞추어 청소년참여 보장 및 증진을 위해 정책적 지원을 기하고 있다. 국내에서는 「청소년 기본법」 제2조에서 청소년의 참여 보장을 위한 청소년정책 추진 방향을 설정하고 있고 제5조의2에서 청소년의 자치권에 대해 명시함으로써 청소년참여에 대해 법적으로 보장하고 있다.

「청소년 기본법」의 청소년참여 보장 관련 조항

제2조(기본이념) ① 이 법은 청소년이 사회구성원으로서 정당한 대우와 권익을 보장받음과 아울러 스스로 생각하고 자유롭게 활동할 수 있도록 하며 보다 나은 삶을 누리고 유해한 환경으로부터 보호될 수 있도록 함으로써 국가와 사회가 필요로 하는 건전한 민주시민으로 자랄 수 있도록 하는 것을 기본이념으로 한다.

② 제1항의 기본이념을 구현하기 위한 장기적 · 종합적 청소년정책을 추진할 때에는 다음 각 호의 사항을 그 추진 방향으로 한다.

1. 청소년의 참여 보장
2. 창의성과 자율성을 바탕으로 한 청소년의 능동적 삶의 실현

3. 청소년의 성장 여건과 사회 환경의 개선

4. 민주·복지·통일조국에 대비하는 청소년의 자질 향상

제5조의2(청소년의 자치권 확대) ① 청소년은 사회의 정당한 구성원으로서 본인과 관련된 의사결정에 참여할 권리를 가진다.

② 국가 및 지방자치단체는 청소년이 원활하게 관련 정보에 접근하고 그 의사를 밝힐 수 있도록 청소년 관련 정책에 대한 자문·심의 등의 절차에 청소년을 참여시키거나 그 의견을 수렴하여야 하며, 청소년 관련 정책의 심의·협의·조정 등을 위한 위원회·협의회 등에 청소년을 포함하여 구성·운영할 수 있다.

③ 국가 및 지방자치단체는 청소년과 관련된 정책 수립 절차에 청소년의 참여 또는 의견 수렴을 보장하는 조치를 하여야 한다.

④ 국가 및 지방자치단체는 청소년 관련 정책의 수립과 시행과정에 청소년의 의견을 수렴하고 참여를 촉진하기 위하여 청소년으로 구성되는 청소년참여위원회를 운영하여야 한다.

⑤ 국가 및 지방자치단체는 제4항에 따른 청소년참여위원회에서 제안된 내용이 청소년 관련 정책의 수립 및 시행과정에 반영될 수 있도록 적극 노력하여야 한다.

⑥ 제4항에 따른 청소년참여위원회의 구성과 운영에 필요한 사항은 대통령령으로 정한다.

2) 청소년참여의 정의

청소년참여는 다양한 표현으로 정의되고 있다. '청소년참여 사다리 모델'을 제안한 하트(Hart, 1997)는 "청소년이 자신의 삶에 영향을 주는 의사결정을 공유하는 과정"이라고 보았다. 윈터(Winter, 1997)는 "청소년이 능동적으로 자신의 생활환경에 참여하는 과정"으로 정의하였고, 체코웨이와 구티에레즈(Checkoway & Gutierrez, 2006)는 "자신의 삶에 영향을 미치는 제도와 의사결정에 청소년이 관여하는 과정"으로 정의하면서 참여로 인한 실질적 영향력을 언급하였다.

최창욱과 전명기(2013)에 따르면 청소년참여는 다른 사람에게 영향을 받아 참여하는 것이 아니라 청소년 자신들의 판단에 따라 주체적으로 참여하는 능동적 특성을 가지며, 참여를 통해 자기 자신이 속한 사회에 영향력을 행사함으로써 변화를 도출하고, 주로 의사결정의 공유와 연관되어 있다. 이러한 특성을 고려하여 황여정(2017)은 청소년참여를 "청소년들이 자신이 속한 사회에 관심을 가지고 구체적인 영향력을 발휘하며 의사결정을 공유함으로써 공동체 발전을 추구해 가는 사회적

표 11-1	청소년참여활동 분류
유형	내용
정책 참여활동	정부나 지방자치단체의 위원회 활동, 청소년시설·단체에서 운영 중인 위원회 활동, 국제기구 위원회 활동 등
교육현장 참여활동	학교 동아리활동, 학생회 자치활동, 학교 운영 과정 등에 참여
사회적 참여활동	자원봉사활동, NGO 활동, 자치기구 활동, 국제교류 활동 참여 등
정치적 참여활동	인터넷을 통한 정치활동, 정치집회 참여, 인터넷, 언론매체 등에 정치관련 의견 투고, 정당활동, 1인 시위활동 등
문화적 참여활동	문화행사의 기획, 공연 등 참여, 각종 문화행사 관람, 문화축제 모니터링 활동, 지역축제 기획 참여 등
경제적 참여활동	아르바이트, 직장체험 프로그램, 진로교육, 경제교육 참여 등

* 출처: 최창욱·전명기(2013).

행위를 의미"하며 "청소년들이 의사결정과정에 실질적인 영향력을 행사하고 의사결정을 공유함으로써 변화를 도출해 가는 것"으로 정의하였다. 청소년참여는 정책참여활동, 교육현장 참여활동, 사회적 참여활동, 정치적 참여활동, 문화적 참여활동, 경제적 참여활동 등의 유형으로 실시되고 있다(최창욱·전명기, 2013).

03 청소년참여 현황

1) 청소년참여기구

(1) 청소년참여위원회

청소년참여위원회는 여성가족부 및 지방자치단체에 설치·운영 중인 청소년참여기구로 청소년정책의 형성·집행·평가 과정에 청소년이 주체적으로 참여할 수 있도록 제도화한 것이다. 청소년정책에 대한 청소년참여를 통해 청소년친화적 정책을 구현하고 청소년의 권익증진을 도모하고자 도입되었다.

표 11-2 2019년 청소년참여위원회 운영 현황   (단위: 개)

구분	청소년참여위원회 수	구분	청소년참여위원회 수
여성가족부	1	강원	19
서울	22	충북	12
부산	15	충남	16
대구	9	전북	15
인천	10	전남	23
광주	6	경북	24
대전	6	경남	21
울산	6	제주	1
세종	1	합계	239
경기	32		

* 출처: 여성가족부(2019).

청소년참여위원회는 1998년 「제2차 청소년육성 5개년계획」 중 '청소년의 정책참여 기회 확대' 세부사업으로 시작되었고, 당시 문화관광부 내 청소년위원회가 설치되면서 전국적으로 확산되었다. 이후 2012년 청소년자치권 확대 근거 법령을 「청소년복지 지원법」에서 「청소년 기본법」으로 이관했는데, 이는 청소년참여를 복지의 차원이 아닌 모든 청소년이 직접 참여할 수 있는 기본적인 권리로 인식하여 청소년자치권의 중요성을 부각한 변화라 할 수 있다.

청소년참여위원회는 위원회별로 10~30명으로 구성되고, 2019년 현재 공개모집과 추천을 통해 선발된 4,500여 명의 청소년이 활동 중이다(여성가족부, 2019). 2019년 현재 전국 청소년참여위원회 운영 현황은 〈표 11-2〉와 같다.

(2) 청소년운영위원회

청소년운영위원회는 「청소년활동 진흥법」 제4조에 근거를 두고 있는 청소년자치기구로 청소년수련시설(청소년수련관, 청소년문화의집 등)의 사업, 그리고 프로그램 운영과 관련된 의사결정 과정에 참여하는 것을 주요 내용으로 한다. 2000년부터 청소년수련시설에 청소년운영위원회를 설치 · 운영할 것이 권장되었고, 이후 2004년

표 11-3	2019년 청소년운영위원회 운영 현황			(단위: 개)
구분	청소년운영위원회 수	구분	청소년운영위원회 수
서울	44	강원	32
부산	14	충북	15
대구	9	충남	13
인천	12	전북	16
광주	6	전남	14
대전	10	경북	13
울산	7	경남	15
세종	1	제주	22
경기	62	합계	305

* 출처: 여성가족부(2019).

「청소년활동 진흥법」제정으로 법적 근거가 마련되면서 급속도로 확대되었다.

청소년운영위원회는 청소년수련시설의 '청소년 중심 운영'을 위한 목적으로 운영된다. 따라서 청소년수련시설의 심의 · 평가 등을 통해 시설 운영 전반에 대해 참여하고, 프로그램을 직접 기획 · 운영하기도 하며, 청소년대표로서 각종 지역사회 청소년 관련 행사에 참가하는 등의 활동을 한다.

청소년운영위원회는 위원회별로 10~20인으로 구성된다. 임기는 1년이며, 재임 규정에 대해서 별도로 마련하고 있다. 2019년 현재 전국 305개소에서 총 5,000여 명의 청소년들이 청소년운영위원회에서 활동 중이다(여성가족부, 2019; 〈표 11-3〉 참조).

(3) 청소년특별회의

청소년특별회의는 17개 시 · 도 청소년과 청소년 분야의 전문가가 토론과 활동을 통해 청소년이 바라는 정책과제를 발굴하고 정부에 제안하여 정책화하는 전국 규모의 청소년참여기구이다. 2004년 시범사업을 거쳐 2005년 「청소년 기본법」에 설치 · 운영에 관한 근거 규정이 마련되면서 매년 정기적으로 개최되고 있다.

청소년특별회의는 매년 선정된 정책의제에 따라 지역청소년의 의견을 수렴하고,

정책영역선정	구 성	정책영역선정	정책영역선정
• 온라인 투표 실시	• 전국 17개 시·도 특별회의 구성	• 정책의제 선정	• 정책의제에 따른 세부 정책과제 발굴

본 회 의	구 성	정책영역선정	연구 및 모니터링
• 정책과제 제안 소관부처 답변	• 정책과제에 대한 소관부처 협의진행	• 최종 정책과제 협의 및 선정	• 과제 개발 및 체계화 • 전년도 정책 추진현황 모니터링

[그림 11-3] 청소년특별회의 추진 절차

* 출처: 여성가족부(2018).

관련 의제에 대한 토론, 워크숍, 캠페인 등을 통해 정책의제에 대한 정책과제를 발굴하는 것을 주요 활동으로 진행한다. 이렇게 선정된 정책과제에 대해 연구하고 모니터링 과정을 거쳐 체계화한 후 최종적으로 본회의에서 이를 정부에 보고·제안하는 과정으로 이루어진다([그림 11-3] 참조).

2017년 현재 청소년특별회의에는 청소년위원 포함 250여 명이 참여하였다. 4월부터 9월까지 지역회의별 논의 활동을 거쳐 선정된 3개 영역 30개의 정책과제를 본회의에서 보고하였다. 역대 청소년특별회의의 정책의제 및 과제 제안 현황은 〈표 11-4〉와 같다.

표 11-4 연도별 청소년특별회의 정책의제 및 과제 제안 현황

연도	정책의제 및 과제	비고
2004	• 청소년 인권·참여(13개 과제 제안) −시범사업: 청소년특별회의 연 1회 개최 정례화	−
2005	• 청소년참여기반 확대 −청소년정책에 청소년참여 등 6개 영역 35과제 제안	31개 수용 (88.6%)
2006	• 청소년성장의 사회지원망 조성 −위기청소년을 위한 지역사회 안전망 확대 등 5개 영역 37개 과제 제안	33개 수용 (89.2%)
2007	• '제4차 청소년정책기본계획' 제안 −청소년자원봉사·체험활동의 다양화 등 18개 과제 제안	15개 수용 (83.3%)

2008	• 청소년의 복지와 권익이 보장되는 사회 －리틀맘에 대한 정책 마련 등 6개 영역 35개 과제 제안	29개 수용 (82.9%)
2009	• 청소년, 자신의 꿈을 찾을 수 있는 사회 만들기 －청소년 직업체험 프로그램 활성화 등 4개 영역 20개 과제 제안	14개 수용 (70.0%)

2010	• 자기주도적 역량 개발, 존중받는 청소년
	  －체험활동을 통한 자기주도적 역량 개발 인프라 확대 등 3개 영역 53개 과제
	   제안
		49개 수용
		(92.4%)

2011	• 우리 사회의 건전한 성문화, 건강하게 성장하는 청소년 －유해매체로부터의 청소년 성보호 등 3개 영역 41개 과제 제안	36개 수용 (87.8%)
2012	• 자유로운 주말, 스스로 만들어 가는 청소년활동 －청소년체험활동 여건 조성 등 3개 영역 30개 과제(89개 세부과제) 제안	81개 수용 (91.0%)
2013	• 꿈을 향한 두드림, 끼를 찾는 청소년 －진로체험활동 등 3개 영역 29개 과제 제안	28개 수용 (96.5%)
2014	• 안전한 미래, 청소년의 권리와 참여로 －청소년참여로 만드는 안전 등 4개 영역 31개 과제 제안	28개 수용 (90.3%)
2015	• 청소년의 역사 이해, 미래를 향한 발걸음 －역사교육 질적 강화 및 역사 인재 양성 등 3개 분야 23개 과제 제안	20개 수용 (87.0%)
2016	• 틀림이 아닌 다름, 소수를 사수하라 －학교 밖 청소년대상 프로그램 다양화 및 활성화 등 4개 분야 29개 과제 제안	28개 수용 (96.5%)
2017	• 청소년, 진로라는 미로에서 꿈의 날개를 펼치다 －진로체험 프로그램 지역사회 연계 활성화 등 3개 분야 30개 과제 제안	24개 수용 (80.0%)
2018	• 참여하는 청소년, 변화의 울림이 되다 －청소년 참정권 확대 등 3개 분야 22개 과제 제안	20개 수용 (90.9%)

* 출처: 여성가족부(2018).

(4) 청소년참여예산제

청소년참여예산제는 2011년 주민참여예산제가 「지방재정법」 개정을 통해 의무화되면서 지역사회 예산 편성 과정에 대한 청소년의 적극적 참여를 이끌어 내고자 경기도 수원시를 시작으로 인천시, 시흥시, 아산시 등의 지방자치단체(이하 지자체)에서 도입·운영되기 시작한 제도이다. 지자체를 중심으로 청소년참여예산제가 확산되던 가운데 여성가족부는 「5차 청소년정책기본계획(2013~2017)」에 '청소년의 참여

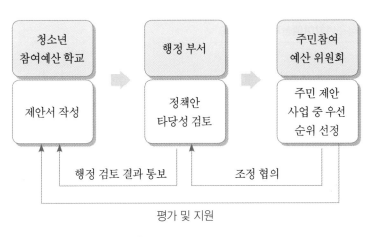

청소년
참여예산 학교

제안서 작성

행정 부서

정책안
타당성 검토

주민참여
예산 위원회

주민 제안
사업 중 우선
순위 선정

행정 검토 결과 통보

조정 협의

평가 및 지원

[그림 11-4] 청소년참여예산제 추진 체계

* 출처: 윤민종 외(2016).

활성화' 중점과제 중 하나로 청소년참여예산제 도입을 제안하였다(윤민종 외, 2016).

청소년참여예산제는 청소년의 의사와 이익을 개진할 수 있는 새로운 정책참여 통로로 지자체의 예산편성에 청소년이 직접 참여할 수 있는 기회를 부여하는 것을 목적으로 한다. 이 제도를 통해 청소년은 지역사회에 필요한 정책과 사업을 제안하고 정책들의 우선순위를 평가해 지자체 예산 편성 과정에 참여할 수 있는 권리를 부여받게 된다. 청소년참여예산제 추진 체계는 [그림 11-4]와 같다. 이 제도는 청소년으로 하여금 지역사회 재정의 민주주의적 절차의 정당성을 강화하는 데 직접 참여하게 함으로써 건강한 시민사회 구성원으로 성장할 수 있는 경험을 하게 한다. 즉, 청소년참여예산제는 청소년의 정책참여를 활성화하기 위한 다양한 시도 가운데 재정 측면에서의 청소년참여 확대 노력이라 할 수 있다(윤민종 외, 2016).

2015년 청소년참여예산제 세부 추진 계획 및 운영 결과를 토대로 분석한 결과 청소년참여예산제도는 전국적으로 15개의 지자체에서 실시하고 있는 것으로 조사되었다(〈표 11-5〉 참조). 그러나 지자체 예산 편성 과정에 청소년의 참여를 확대하기 위한 정책 논의가 공론화된 이후에도 청소년참여예산제도 운영 현황 파악은 물론 제도의 활성화를 위한 기본적인 운영지침조차 마련되어 있지 않은 등 아직 중앙정부의 주요 청소년 정책 의제로 부각되지 못하고 있는 실정이다(윤민종 외, 2016).

표 11-5 청소년참여예산제 운영 현황

지역	자치구	명칭
서울	서대문구	청소년참여예산 학교
	은평구	청소년 총회
	금천구	청소년참여예산제도
인천광역시	계양구	청소년 주민참여예산 학교
	부평구	부평구 청소년참여예산 학교
경기도	수원시	주민참여예산 청소년위원회
	안양시	청소년참여예산 학교
	안산시	청소년예산 학교
	시흥시	시흥시 주민참여예산 청소년위원회
대전	유성구('16 시범운영)	찾아가는 청소년예산 학교
부산	해운대구('16 시범운영)	청소년예산 학교
충청남도	충청남도	청소년참여예산 및 청소년 예산 선정을 위한 타운홀 미팅
	아산시	아산시 청소년 주민참여예산제
	천안시	청소년예산 학교 및 청소년 정책 제안 대회
경상북도	구미시	청소년예산 학교 및 토론회 (구미시 청소년참여예산 원탁토론회)

* 출처: 윤민종 외(2016).

2) 청소년참여단체

(1) 대한민국청소년의회

대한민국청소년의회는 「유엔아동권리협약」(12조)과 대한민국 「청소년헌장」에서 명시하고 있는 청소년 사회참여 근거를 바탕으로 2003년 출범한 비영리 민간단체이다. 이 단체는 첫째, 사회적 의사결정 구조의 사각지대에 있는 선거권이 없는 18세 이하 청소년들이 자신들의 존재를 상기시키고 이들의 목소리가 사회에 전파될 수 있도록 하고, 둘째, 청소년의 의견이 주장에 그치지 않고 정책에 반영될 수 있도록 다양한 활동을 전개함으로써 청소년의 삶의 질을 제고하며, 셋째, 전자민주주의

(e-democracy)의 실현으로 디지털 시대에 맞는 청소년의 민주적 참여의식을 고양하는 것을 목적으로 하고 있다(대한민국청소년의회 홈페이지).

이 단체는 정치법제, 외교통상, 교육과학기술, 학생권익, 통합위원회로 구성되는 청소년국회의원 프로그램, 청소년국회 캠프(의정체험 프로그램), 사회문제에 대한 토론·토의대회, 자기주장발표대회, 청소년 기자단 및 비평단, 청소년 영상뉴스 및 라디오 제작, 청소년학교 캠프 등 다양한 활동을 통해 청소년들이 사회에 자신의 목소리를 내고, 이러한 청소년의 의견이 정책에 반영되도록 운영하고 있다.

(2) 청소년인권행동 '아수나로'

'아수나로'는 청소년으로 구성되어 대한민국 청소년들의 인권 침해 문제에 대한 비판부터 이를 해결하기 위한 온·오프 라인 활동을 진행해 온 청소년인권단체이다. 2004년 '청소년인권연구포럼 아수나로'에서 시작하여 2006년에 '청소년인권행동 아수나로'로 출범하였다. 아수나로는 2006년에는 두발자유화 운동을, 2007년에는 고등학교에 붙는 명문대 합격자 현수막 철거 운동 등을 진행하면서 당시 제도권 교육이 가진 청소년 인권 침해 요소들에 대해 강하게 비판하고 행동하는 활동을 실시하였다. 이후 0교시, 강제로 진행되는 야간자율학습과 보충학습, 체벌, 교원평가제, 일제고사 등 다양한 교육정책에 대해 청소년 인권 옹호의 관점으로 접근하여 비판적 논의의 화두를 던져 왔다. 이 밖에도 청소년 연애탄압, 청소년 온라인 게임 셧다운제, 청소년 스마트폰 유해 차단 앱 의무 설치 등에 반대하고 청소년 참정권 보장운동을 하는 등 교육제도 외의 분야에 대해서도 비판의 목소리를 높여 오고 있다.

04 청소년참여의 확장—시민으로서의 청소년참여

1) 시민과 시민성

시민이란 "공동체의 관심사를 공유하고, 자유롭고 평등한 주체로 서로 관계 맺으며, 공동의 문제를 함께 숙의하고 해결하는 사람"으로, 1987년 민주화 이후로 우리나라에서 가장 중요한 정치사회적 가치 중 하나이다. 시민은 자유롭고 권력 앞에 당당하고, 만인이 동등하게 존엄함을 믿고 다른 시민들과 기꺼이 연대하며, 평등하고 평화로운 대화와 협동으로 공동체를 함께 만들어 가는 것을 그 이념으로 한다. 참여하는 시민이란 작은 공동체의 이익만을 추구하는 것이 아닌, 자신이 속한 정치 공동체의 주권자로서 공공 사안에 관심을 갖고 다른 동료 시민들과 열린 자세로 대화하는 사람이라고 할 수 있다(신진욱, 2008).

시민이란 공동체의 모든 구성원에게 주어진 지위이며 이 지위를 가진 모든 사람은 국가가 부여한 동등한 권리와 의무를 가진다. 국가와 개인 사이의 관계는 '시민성(citizenship)'이라는 개념으로 표현되며, "국가의 개인에 대한 권리 및 자격 부여" "개인의 국가에 대한 책임 및 의무 이행"을 의미한다(Steenbergen, 1994). 2000년대에 들어서면서 시민성을 개인과 국가 간의 관계로 파악하는 정치적인 시각에서 벗어나 권리와 책임감을 수여받은 개인의 사회에 대한 참여, 즉 일상생활 차원에서 개별 시민과 사회와의 관계로 확대해서 파악하는 것이 필요하다는 입장이 생겨났다(은지용, 2002).

2) 청소년시민성 개념의 필요성

청소년은 20세기 전반까지 미래 국가 사회를 위한 인간자원으로 인식되다가 20세기 후반이 되어서야 이들에게 자유권, 행복추구권, 자기결정권, 사회참여권이 부여된다는 주장이 가능하게 되었다(최윤진·이해주·이미리, 2004). 우리나라에서는 2002년 미국장갑차 여중생 사망사건 촛불시위, 2008년 미국산 쇠고기 수입 반대 촛불 집회 등 2000년대 들어 청소년의 실제적 참여 경향이 두드러지게 나타나기 시작하였다. 정치집회 자체에서 소외되어 있던 계층인 청소년들이 인터넷 커뮤니티와 휴대전화를 매개로 집회를 시작하면서 그 초반기를 주도하였고(이정기, 2009), 다수의 청소년이 자발적으로 꽤 긴 기간에 걸쳐 정기적으로 참여하였으며, 시위 과정에서 직접 발언하고 토론하는 등 숙의적인 과정을 보이기도 하였다(곽한영, 2004).

청년들의 정치 참여 수준이 낮은 문제는 우리나라뿐만 아니라 세계 각국의 정책 입안자와 연구자들이 공통적으로 언급해 온 문제이다. 투표와 같은 공식적인 정치기구와 절차에 대한 젊은이들의 관심과 참여가 지난 수십 년 동안 감소한 것은 사실이지만, 이는 젊은이들의 참여를 선거, 공식 정치 기구 참여 등과 같은 좁은 의미의 정치적 참여로 정의할 때 보이는 경향이다. 이러한 정의를 확대하여 시민 및 자원봉사 단체 그리고 사회 운동에 대한 참여를 포함한다면 다소 다른 경향을 발견할 수 있다. 유럽연합 유럽회의(Council of Europe European Union)는 "유럽의 젊은이들은 지난 수십 년 동안 가장 진보적인 사회 운동의 선봉에 서서 최근 유럽이 겪고 있는 중요한 정치적 · 사회적 변화의 최전선에 서서, 많은 위기 가운데 변화를 위해 적극적으로 행동했다."라고 언급하고 있다. 이 기구의 연구에 따르면, 최근에는 고용 불안정성과 높은 청년 실업률, 주택 부족, 연금 및 복지 예산 감소 등과 같이 젊은이들이 직면하고 있는 사회 문제에 초점을 맞춘 다양한 청년 행동이 세계 곳곳에서 발견되고 있다.

앞서 살펴본 '청소년행동주의'를 포함하여 국내외에서 보이는 청소년참여 경향은 '청소년시민성' 개념의 필요성을 제기한다. 청소년시민성은 "청소년이 속한 다양한 환경, 즉 가족, 학교, 마을, 전 세계 그 어떤 공간이라도 그들이 존재하는 바로 그 공간에 능동적으로 참여하여 그들에게 영향을 주는 모든 의사결정 과정을 공유함으로써 형성 가능한 것"으로, 비고정적이고, 민주주의 공동체에 소속되어 있는 모든 청소년에게 주어진 지위이며, 이에 따르는 권한과 책임으로 규정된다(정건희 · 노자은, 2010). 우리가 제도적인 것에서 일상적 삶에서의 정치적 참여로 시선을 옮길 때 더욱 다양하고 생생한 청소년참여문화가 형성될 수 있다.

요약 ....

1. 참여란 주권재민과 민(民)의 자치를 본질로 하는 민주주의의 핵심적인 요소로, 참여의 일 상화를 통해 민주주의와 사회 위기가 극복되며, 동시에 시민성이 회복된다.

2. 참여는 건강한 민주주의 공동체 형성을 위해 시민으로서 갖추어야 할 핵심적인 덕목이다.

3. 청소년 또한 현 시대 민주주의 공동체의 주체로, 청소년참여는 민주주의 차원을 비롯하여 도덕적 차원에서도 그 의미를 지닌다.

4. 청소년은 성장세대로, 참여를 통해 시민성을 함양하고 성장에 필요한 다양한 교육적 경험 을 할 수 있다.

5. 청소년참여란 청소년들이 자신이 속한 사회에 관심을 가지고 구체적인 영향력을 발휘하며 의사결정을 공유함으로써 공동체 발전을 추구해 가는 사회적 행위를 의미하며, 정책 참여 활동, 교육현장 참여활동, 사회적 참여활동, 정치적 참여활동, 문화적 참여활동, 경제적 참 여활동 등으로 분류된다.

6. 청소년참여의 특성은 능동성, 영향력 행사를 통한 변화 도출, 의사결정 공유와의 연관성을 들 수 있다.

7. 우리나라 청소년참여기구에는 청소년참여위원회, 청소년운영위원회, 청소년특별회의가 있 다. 제도적으로 보장된 청소년참여 외에도 청소년의 사회적·정책적 참여를 위한 단체들이 운영되고 있다.

8. 청소년은 시민으로서 그 권리와 책임감을 수여받아 참여함으로써 정치에 영향력을 미칠 수 있다.

곽한영(2004). 촛불시위 참여가 청소년들의 정치의식에 미친 영향에 관한 연구. 서울대학교 대학원 석사학위논문.

김영인(2017). 청소년참여의 영향요인 탐색. 청소년문화포럼, 52, 37-71.

신진욱(2008). 시민. 서울: 책세상.

여성가족부(2019). 2019청소년백서.

윤민종 · 정은진 · 정건희(2016). 청소년참여예산제 실태 및 발견 방안 연구. 세종: 한국청소년정책연구원.

은지용(2002). 청소년봉사활동 반성 경험이 시민성에 미치는 효과 연구. 서울대학교 대학원 박사학위논문.

이정기 (2009). 광우병 촛불집회에 나타난 '미디어 2.0' 현상에 관한 연구. 한양대학교 대학원 석사학위논문.

정건희 · 노자은 (2010). 청소년시민성 관련 보도 프레임 분석 연구. 시민청소년학연구, 2, 89-90.

최윤진 · 이해주 · 이미리 (2004). 청소년인권론. 서울: 교육과학사.

최창욱 · 전명기 (2013). 청소년참여기구 활성화 방안 연구. 서울: 한국청소년정책연구원.

황여정 (2017). 청소년의 지역사회 참여 모형개발 연구. 세종: 한국청소년정책연구원.

황여정 (2018). 청소년 지역사회 참여의 실태와 방향. 한국교육사회학회 2018년 춘계학술대회, 111-139.

Barber, B. R. (2004). *Strong democracy: Participatory politics for a new age*. Berkeley: University of California Press.

Checkoway, B. N., & Gutierrez, L. M. (2006). Youth participation and community change: An introduction. In B. N. Checkoway & L. M. Gutierrez(Eds.). *Youth Participation and Community Change(pp. 1-9)*. NY: The Haworth Press.

de Winter, M. (1997). *Children as fellow citizens: Participation and commitment*. Oxford: Radcliffe Medical Press.

Fominaya, C. F. (2017). *Youth Participation in Contemporary European Social Movements*. Council of Europe & European Union Youth Partnership.

Foster-Fishman, P. G., Pierce, S. J., & Van Egeren, L. A. (2009). Who participates and why: Building a process model of citizen participation. *Health Education & Behavior*,

36(3), 550-569.

Hart, R. A. (1997). *Children's participation: The theory and practice of involving young citizens in community development and environment care.* New York: UNICEF.

Steenbergen, B. V. (1994). *The Condition of Citizenship.* Sage.

The Guardian (2017. 12. 15.). 'Youthquake' named 2017 word of the year by Oxford Dictionaries.

대한민국청소년의회 youthassembly.or.kr (2018. 11. 1. 검색)

제12장

청소년문화를 위한 정책과 대안

문화의 시대에 살고 있는 청소년들의 문화가 빠르게 변화하고 있다.

　　미래 지향적이고 변화 지향적이며 충동적이고 모방적인 특성을 가지고 있는 청소년문화는 때로는 사회의 지배적 문화에 반대하고 적극적으로 도전하는 반문화적 성격을 보이기도 하고, 사회의 주요 소비 계층으로 부각되고 있다. 더 나아가 이들은 문화 소비자인 동시에 생산 주체로서 자리매김하고 있으며, 새로운 문화에 누구보다도 빠르게 적응하고 있다. 따라서 청소년은 문화세대로서 문화적 자율성을 가진 능동적이고 적극적인 주체라고 할 수 있다.

　　이 장에서는 이러한 가운데 문화공공성과 문화민주주의에 대한 필요성이 높아짐에 따른 청소년정책에서의 문화활동과 문화예술교육 정책들을 살펴보면서 건강한 청소년문화를 위한 정책과 대안을 모색하고자 한다.

01 청소년문화의 정책적 목표

현대는 문화의 시대이며, 문화는 미래 예측의 가장 중요한 모티브 중 하나이다. 청소년들에게 큰 영향을 미치는 제반 문화 환경이 빠르게 변하고 있으나 이를 정확하게 진단하고 미래 사회에 대한 체계적인 예측과 전망을 제시하려는 노력은 상대적으로 부족하다. 저출산·고령화, 입시 위주의 교육환경, 전통적인 가족구조의 해체, 취업의 불확실성 확대 등 도전 요인의 심각성과 변화 속도 등을 감안해 볼 때 문화에 대한 중장기적인 전략을 마련하는 것은 매우 중요하다고 할 수 있다(전상진·김민·최순종·장근영, 2008).

청소년문화도 시대의 흐름에 맞물려 변화를 거듭하고 있다. 청소년문화는 미래 지향적이고 변화 지향적이며 충동적이고 모방적인 특성을 가진다. 청소년은 때로 사회의 지배적인 문화에 반대하고 적극적으로 도전하는 반문화적 성격을 보이기도 하며, 최근에는 특히 새로운 문화 요소에 대한 수용이 빨라 현대 사회의 주요 소비 계층으로 부각되고 있다. 더 나아가 청소년들은 문화 소비자인 동시에 생산주체로서 자리매김하고 있으며 새로운 문화에 누구보다도 빠르게 적응하고 있다. 따라서 청소년은 문화세대로서 문화적 자율성을 가진 능동적이고 적극적인 주체라고 할 수 있다.

청소년문화는 청소년 세대만의 문화로, 하나의 독립된 문화가 아니라 전체 사회의 문화체제 내에서의 사회의 더 큰 문화와 밀접하게 관련되어 있음을 알 수 있고 그 사회의 문화를 반영하고 있다(박진규, 2015). 이렇게 청소년을 위한 문화공공성과 문화민주주의에 대한 필요성이 높아지면서 청소년정책에서 문화활동을 강조하고 있고, 문화예술과 문화예술교육 정책도 2000년대 들어서면서부터 지속적으로 확대되고 있다.

1) 청소년 관련 문화정책

청소년문화정책은 청소년정책적 맥락, 그리고 문화예술 또는 문화예술교육 정책적 맥락으로 나누어서 생각할 수 있다.

청소년정책적 맥락에서는 「청소년활동 진흥법」에 따라 청소년문화활동으로 규정한다. 청소년문화활동이란 청소년이 예술활동, 스포츠활동, 동아리활동, 봉사활동 등을 통해 문화적 감성과 더불어 살아가는 능력을 함양하는 체험활동이다. 청소년문화활동은 청소년이 상시적으로 자율적인 참여를 통해 지역사회 중심으로 청소년 건전문화를 형성하는 데 목적을 두고 있다. 또한 지역사회 내에서 지방자치단체와 지역 내 청소년 단체·기관·시설 등이 협력하여 청소년문화활동을 지원하고 있다.

문화예술과 문화예술교육 정책적 맥락에서는 「문화예술진흥법」에 따라 문화예술을 "문학, 미술(응용미술을 포함한다), 음악, 무용, 연극, 영화, 연예(演藝), 국악, 사진, 건축, 어문(語文), 출판 및 만화를 말한다."(「문화예술진흥법」 제2조 제1항 제1호)라고 정의하고 있다.

문화예술교육 정책적 맥락에서 살펴보면, 「문화예술교육 지원법」 제3조의 기본 원칙은 "문화예술교육은 모든 국민의 문화예술 향유와 창조력 함양을 위한 교육을 지향"한다고 규정하고 있다. 2005년 「문화예술교육 지원법」의 제정과 함께 한국문화예술교육진흥원이 설립되면서 본격화된 우리나라 문화예술교육은 사회문화적 배경과 함께 기존 교육에 대한 대안 모색으로부터 시작되었다. 「문화예술교육 지원법」에서는 모든 국민은 나이, 성별, 장애, 경제적 여건, 거주 지역 등에 관계없이 평생에 걸쳐 문화예술을 학습하고, 교육받을 기회를 균등하게 보장받는다는 원칙을 명확히 하는 한편, 국가 및 지방자치단체가 문화예술교육에 관한 정책을 수립하고 그에 필요한 지원을 하도록 규정하고 있다(문화체육관광부, 2015).

문화예술교육은 크게 '문화예술을 위한 교육'과 '문화예술을 통한 교육'으로 구분될 수 있다. 먼저 '문화예술을 위한 교육'은 인간이 가지고 있는 문화예술적 능력을 연마하는 전문가교육이며, 인간의 능력 중 감각기능을 발달시키고 직접 체험하며 문화예술적 재능을 익히는 것으로 예술가, 즉 창작자를 개발하는 교육과 학교에서 이루어지는 예체능 과목인 예술교육이 여기에 속한다고 할 수 있다. '문화예술을 위한 교육'은 인간이 가지고 있는 문화예술적 능력을 미적 체험으로 표현할 수 있게 하며, 문화예술작품을 제대로 감상할 수 있는 능력을 키워 줄 수 있지만, 학교교육에서 정착된 문화예술교육은 음악, 미술 과목에 국한되어 있어 새로운 예술장르와 표현 형식 등을 포괄하지 못하고 있다. 또한 '문화예술을 통한 교육'은 문화예술교육을 통해 여러 가지 감각작용이 작용하여 인식을 통합하는 능력을 발달시켜 인간의 기본 소양을 기르는 것이다. 따라서 문화예술교육은 스스로 표현하여 문화예술을 창조하고 미적 경험과 감수성을 키우는 교육으로서의 의미를 넘어 더 큰 효과를 창출하기 위한 수단적인 교육을 의미한다(고경화, 2003).

2) 관련 부처의 문화정책 목표

(1) 6차 청소년정책기본계획

최근 「6차 청소년정책기본계획(2018~2022)」에서는 저출산, 고령화, 가족 규모와 형태의 다양화, 청소년 생활환경의 변화와 4차 산업혁명 등 급속한 미래변화에 대응하기 위하여 '현재를 즐기는 청소년, 미래를 여는 청소년, 청소년을 존중하는 사회'라는 비전을 내세우고 4대 정책목표, 12개 중점과제와 144개의 세부 정책과제를 수립하였다. 공정하고 안전한 사회 환경에서 청소년들이 주도적으로 참여하고 활동을 통해 현재를 즐기며, 미래 사회에 필요한 역량을 갖추고자 하는 정책 방향을 강조하고 있다. 이를 통해 청소년 스스로 기획하고 도전하는 수요자 주도의 청소년 활동으로 프로그램을 개편하고 인프라를 구축하고자 한다. 「6차 청소년정책기본계획」의 문화 관련 정책 목표 및 실행 과제는 〈표 12-1〉과 같다.

제
12
장

청
소
년
문
화
를

위
한

정
책
과

대
안

표 12-1	「6차 청소년정책기본계획」 문화 관련 정책목표 및 실행과제

정책목표	실행과제
1. 청소년 주도의 활동 활성화	1-1 청소년참여 확대 　　청소년 동아리, 자원봉사활동을 통한 사회참여 활성화 1-2 아동 · 청소년의 여가권 신장 　　아동 · 청소년의 놀이 · 여가 시간 확보 및 문화 확산 　　청소년들을 위한 놀이 · 여가 유형 다양화 및 공간 제공 1-3 청소년인성 함양을 위한 지원 강화 　　청소년 언어문화 향상을 위한 노력
2. 청소년 주도의 활동 활성화	2-1 청소년활동 및 성장지원 체계 혁신 　　지역사회 기반 청소년활동 연계 기능 강화 　　청소년 주도 프로젝트 활동 활성화 　　수요자 중심으로 청소년활동 인프라 재구조화 2-2 청소년체험활동 활성화 　　청소년문화예술활동 지원 　　청소년스포츠활동 활성화 2-3 청소년 진로교육 지원 체계 강화 　　대상별 맞춤형 진로활동 내실화
3. 청소년 자립 및 보호지원 강화	3-1 청소년 사회 안전망 구축 3-2 대상별 맞춤형 지원 3-3 청소년 유해환경 개선 및 보호지원 강화

* 출처: 관계부처합동(2018).

(2) 문화예술교육 종합계획

2004년 「문화예술교육활성화 종합계획」이 수립된 이후로 여러 차례 문화예술교육 발전계획이 수립되었고, 최근 2014년부터는 문화예술교육 중장기 발전계획에 의거하여 문화예술교육 정책이 실행되고 있다.

「문화예술교육 종합계획(2018~2022)」에서는 삶과 함께 하는 문화예술교육을 비전으로 삼고 있으며, 문화예술교육의 재도약을 위해 문화예술교육의 지속적 성장과 질적 제고를 목표로 하고 있다. 이에 대해 지역기반 생태계 구축, 문화예술교육 기반 고도화, 수요자 중심의 교육 다각화를 추진 전략으로 삼고 있다. 지역기반 생태계구축에서는 지역중심 문화예술교육 추진을 체계화하고 문화예술교육의 협력

표 12-2 「문화예술교육 종합계획」 정책목표 및 실행과제

정책목표	실행과제
1. 지역기반 생태계 구축	1-1 지역 중심 문화예술교육 추진 체계화 1-2 지역문화예술교육 공간 및 지원과의 연계 강화 1-3 문화예술교육 협력망 활성화
2. 수요자 중심 교육 다각화	2-1 생애주기별 맞춤형 문화예술교육 확대 2-2 소외계층 대상 문화예술교육 지속 확대 2-3 문화예술교육 지원 다각화
3. 문화예술교육 기반 고도화	3-1 기획 및 연구역량 강화 3-2 문화예술교육 전문인력 역량 강화 3-3 국제교류 활성화 및 가치 확산

* 출처: 문화체육관광부(2018).

망을 활성화하는 방향을 가지고 있다. 수요자 중심의 교육 다각화에서는 생애주기별 맞춤형 문화예술교육을 확대하고 소외계층 대상 문화예술교육 지속 확대 및 지원 다각화를 정책과제로 삼고 있다. 문화예술교육 기반을 고도화하기 위해서는 기획 및 연구역량 강화, 문화예술교육의 전문 인력 역량 강화, 국제교류 활성화 및 가치 확산을 주요한 정책과제로 제시하고 있다(〈표 12-2〉 참조).

(3) 2018 학교예술교육 활성화 기본계획

최근 교육부에서도 「2018 학교예술교육 활성화 기본계획」을 발표하였다. 예술적 감수성과 조화로운 인성을 갖춘 창의인재 양성이라는 비전하에 예술로 함께 배우고 성장하는 행복한 학교를 목표로 내세우고 있다. 학생들의 인성과 창의성 함양에 예술교육은 핵심 요소이자 행복교육의 토대이며, OECD 주요 선진국은 창조적·협력적 학교예술교육의 기회 확대를 통해 학생들의 창의성 및 공감 능력 함양을 강조하고 있고, 학생과 학부모 등 교육 수요자의 예술교육 필요성에 대한 공감대를 확산하고, 지역사회 예술교육 인프라와 재능 기부 등 다양한 예술교육 관련 자원과의 적극적인 연계를 위한 목적을 가지고 있다. 따라서 학생 누구나 즐겁게 참여할 수 있는 1학생 1예술활동 지원과 다양하고 내실 있는 예술교육 제공으로 행복한 학생 성장 지원, 지역사회와 함께 하는 예술교육으로 학생 맞춤형 예술교육을

표 12-3 「2018 학교예술교육 활성화 기본계획」 중점과제 및 실행과제

4대 중점과제	실행과제
1. 학교예술교육 내실화	1-1 예술교육과정 편성운영 내실화 1-2 학교예술교육지원 인적·물적 지원 내실화 1-3 교원의 전문성 제고
2. 학생들의 예술체험 기회 확대	2-1 1학생 1예술활동 확대 2-2 학생 예술동아리 다양화 2-3 예술로 행복한 학교문화 조성
3. 지역사회와 함께 하는 학교예술교육	3-1 지역연계 학교예술교육 활성화 3-2 교육기부 연계 학교예술교육 활성화 3-3 지역연계 학교예술교육 협력모델 개발 확산
4. 학교예술교육 지원체계 구축	4-1 학교예술교육중앙지원단 운영 4-2 악기지원센터 및 악기뱅크 운영 4-3 학교예술교육 우수사례 확산

* 출처: 교육부(2018).

지원하고자 한다(〈표 12-3〉 참조).

특히, 2008년 교육부와 문체부 간의 문화예술교육진흥을 위한 업무협약 체결 후 학교 문화예술교육은 예술교육 활성화 학교가 확대되고 인성 함양에 긍정적인 효과를 가져왔으며, 일반학교(일반 중·고등학교) 내 특성화된 예술 심화교육을 통해서 학생들의 예술적 소질과 적성을 발현할 수 있는 기회가 되었다. 예술교과와 타 교과 간의 융합수업, 지역 연계예술체험 프로그램 등이 운영되고 학생 오케스트라, 뮤지컬, 연극 등 예술교육지원사업이 내실화됐으며, 예술강사 지원사업을 통한 예술 분야 전문가의 협력수업이 지속되고, 지역사회와 연계한 학교예술교육의 기회가 확대되는 성과를 가져왔다(정경은·임영식·신혜선·조영미, 2018).

02 청소년문화를 위한 정책

청소년에게 문화는 기본적 생존가치를 확인할 수 있는 '밥'과 같은 존재이다. 또한 청소년에게 문화는 결과가 아니라 관계이며, 의사소통이며, 경험이며, 진정한 교육이기도 하다. 결국 문화 산업화를 위한 범국가적인 노력이 힘을 받고 있는 현실들이 다가오고 있다. 이는 청소년들이 국가의 경제력 향상을 위한 문화 잠재력 발굴의 대상이 되어 갈 수 있다는 예측을 가능하게 한다. 청소년문화는 경쟁이 아닌 행복하고 즐거운 삶의 과정으로 스며들 수 있어야 한다. 청소년 개개인의 경험과 체험의 과정, 이를 통한 자기표현 능력의 향상과 다양한 세대 간·계층 간의 의사소통을 가능하게 할 수 있는 지속적인 문화적 환경이 필요하다는 것이다(심한기, 2003).

이는 문제와 비행성, 계몽, 방황하는 청소년들이라는 시각과 함께 하위 문화의 결집된 모습으로 청소년문화를 이해한다. 그러나 청소년문화를 이해하기 위해서는 청소년문화의 관점을 이해하는 다양한 노력이 이루어져야 하며, 청소년문화를 사회발전을 위해 다양하고 대안적인 활력소로 받아들이는 시각을 정립하는 것이 필요하다.

이와 관련하여 앞서 살펴본 바와 같이 청소년문화를 위한 정책은 청소년활동의 관점에서의 청소년문화 정책과 문화예술교육의 관점에서의 학교문화예술교육과 사회문화예술교육 등으로 전개되고 있다.

1) 청소년활동 관점에서의 청소년문화정책에 대한 법적 토대

「청소년활동 진흥법」 제2조에서는 청소년문화활동을 청소년이 예술활동, 스포츠활동, 동아리활동, 봉사활동 등을 통해 문화적 감성과 더불어 살아가는 능력을 함양하는 체험활동으로 정의하고 있다. 제6장 '청소년문화활동의 지원'에서는 국가 및 지방자치단체의 관련 시책 개발, 수립, 시행의 의미를 담고 있다. 제60조 '청소년문화활동의 진흥'과 제61조 '청소년문화활동의 기반 구축' 등을 살펴보면 다음과 같다.

「청소년활동 진흥법」 문화활동 진흥과 활동기반 구축 조항

제60조(청소년문화활동의 진흥) ① 국가 및 지방자치단체는 청소년문화활동 프로그램 개발, 문화시설 확충 등 청소년문화활동에 대한 청소년의 참여 기반을 조성하는 시책을 개발·시행하여야 한다.

② 국가 및 지방자치단체는 제1항에 따른 시책을 수립·시행할 때에는 문화예술 관련 단체, 청소년동아리단체, 봉사활동단체 등이 청소년문화활동 진흥에 적극적이고 자발적으로 참여할 수 있도록 하여야 한다.

③ 국가 및 지방자치단체는 제2항에 따른 자발적 참여에 대해서는 예산의 범위에서 그 경비의 전부 또는 일부를 지원할 수 있다.

제61조(청소년문화활동의 기반 구축) ① 국가 및 지방자치단체는 다양한 영역에서 청소년문화활동이 활성화될 수 있도록 기반을 구축하여야 한다.

② 문화예술 관련 단체 등 각종 지역사회의 문화기관은 청소년문화활동의 기반 구축을 위하여 적극 협력하여야 한다.

제62조(전통문화의 계승) 국가 및 지방자치단체는 전통문화가 청소년문화활동에 구현될 수 있도록 필요한 시책을 수립·시행하여야 한다.

제63조(청소년축제의 발굴지원) 국가 및 지방자치단체는 청소년축제를 장려하는 시책을 수립하여 시행하여야 한다.

제64조(청소년동아리활동의 활성화) ① 국가 및 지방자치단체는 청소년이 자율적으로 참여하여 조직하고 운영하는 다양한 형태의 동아리활동을 적극 지원하여야 한다.

② 청소년활동시설은 제1항에 따른 동아리활동에 필요한 장소 및 장비 등을 제공하고 지원할 수 있다.

제65조(청소년의 자원봉사활동의 활성화) 국가 및 지방자치단체는 청소년의 자원봉사활동을 활성화할 수 있는 기반을 조성하여야 한다.

2) 문화예술교육 지원 관점에서의 청소년문화정책에 대한 법적 토대

문화정책개발원(2000)은 문화예술교육의 목적을 "개개인의 특성을 고려하여 잠재능력을 개발시키고 창조적 통찰력을 표현하게 함으로써 통합적 인격을 형성하고자 하며, 나아가 일정한 훈련과정을 통해 사회와 개인 간의 유기적인 통일과 조화를 이루는 것"으로 보았다.

문화예술교육이라는 용어는 문화, 예술, 교육의 합성어로 최근에 등장한 개념이

다. 이 세 용어가 합쳐져 복합명사로 쓰이는 것에 대해서는 아직까지도 학문적 논란이 많고 교육현장에서도 예술교육·문화교육·문화예술교육이라는 용어들이 혼용되어 사용되고 있다(정경은 외, 2018). '문화예술교육'이란 특정 문화예술 장르에 대한 고유한 이론과 기능을 가르치는 교육이 아닌 지식과 경험, 장르 간의 통합, 타학문과의 융복합을 추구하는 예술, 문화의 경계를 초월한 통합교육으로 구체화할 수 있으며, 분절되어 있는 예술 및 기타 장르들을 교차시키거나 통합하고, 학생 및 일반인들의 예술적 감각과 감수성을 활성화하여 개인의 자율적인 표현과 상상력을 극대화하는 교육이라고 할 수 있다. 이는 곧 문화와 예술 그리고 교육의 융합으로 지식과 경험의 통일성과 학문과의 경계를 초월한 융복합성의 추구를 강조한다. 이러한 관점으로 문화예술교육의 범위를 구분하면, 문화예술교육은 크게 예술적 향유, 생활 속에서의 예술 그리고 예술교육으로 나눌 수 있다. 예술적 향유는 문화예술 작품을 대한 관람, 찾아가는 문화행사 등의 소비활동을 의미하며, 생활 속에서의 예술은 동아리활동 등의 학생 및 일반인들의 예술 창작활동을 의미한다. 예술교육은 학생 및 일반인들을 대상으로 하는 예술교육을 의미한다. 또한 이 속에서의 문화예술교육 장르는 음악, 국악, 미술, 무용, 연극, 문학, 사진 등 순수예술 관련 지원사업과 건축, 박물관, 도서관, 출판, 콘텐츠(영화, 게임 등), 애니메이션, 대중음악 등의 문화산업 등이 포함되어 있다(윤종현·홍성준·조은주·박주만, 2017).

문화예술교육의 사회적 수요와 특히 학교문화예술교육에서 창의성 교육과 더불어 인성교육 측면에서의 중요성이 부각되면서, 2010년 7월에는 문화체육관광부와 교육과학기술부가 공동으로 '창의성과 인성함양을 위한 초·중등 예술교육 활성화 기본방안'을 발표하여 각급 학교에서 문화예술교육지원을 강화하며 예술강사 지원사업, 교과교실의 현대화 등 정책 사업을 더욱 강화하게 되었다. 이 방안은 교과활동에서의 예술교육 강화, 예술체육 중점학교 활성화 및 확대, 각급 교육기관의 지원 확대, 과학과 예술의 통합교육 실시, 학교와 지역사회 연계를 통한 예술교육 강화, 예술교육 지원 협력체계 구축 등으로 정책이 확대되었다(문화체육관광부, 2016).

「문화예술교육 지원법」 제2조에서는 문화예술 및 문화산업, 문화재를 교육 내용으로 하거나 교육과정에 활용하는 교육으로 모든 국민의 문화예술 향유와 창조력 함양을 위한 교육으로 학교문화예술교육과 사회문화예술교육으로 나누고 있다. 학교문화예술교육은 어린이집, 유치원과 학교에서 교육과정의 일환으로 행해지는 문화예술교육으로 정의한다. 사회문화예술교육은 문화예술교육시설 및 문화예술교육단체와 각종 시설 및 단체 등에서 행하는 학교문화예술교육 외의 모든 형태의 문화예술교육으로 정의한다. 그리고 이 법 제3장에서는 학교문화예술교육의 지원을 위해서 국가 및 지방자치단체, 학교의 장의 협조 및 관련 시책 수립과 시행, 지원 등의 내용을 담고 있다. 이에 따른 학교장의 임무, 학교문화예술교육의 지원, 교원의 연수기회 제공 등을 법으로 정하고 있다.

「문화예술교육 지원법」 학교문화예술교육 관련 조항

제14조(학교의 장의 임무) 학교의 장은 문화예술교육에 관한 국가의 시책을 고려하여 학교문화예술교육의 지원을 위한 사업에 적극 협조하여야 한다. 다만, 협조의 내용에 관하여는 학교 교육과정의 운영 등 학교의 교육 여건에 적합한 범위 안에서 학교의 장이 정할 수 있다.

제15조(학교문화예술교육의 지원) ① 국가 및 지방자치단체는 질 높은 학교문화예술교육을 위하여 문화예술 관련 교육과정 및 교육내용의 개발·연구 및 각종 문화예술 교육활동과 이를 위한 시설·장비를 지원할 수 있다.

② 국·공립 교육시설의 경영자는 학교문화예술교육을 위하여 대통령령이 정하는 바에 따라 시설·장비, 문화예술교육사 및 교육프로그램 등을 갖추어야 한다.

③ 민간 교육시설의 경영자 및 교육단체는 학교문화예술교육의 지원을 위하여 시설·장비, 문화예술교육사·프로그램 및 자료 등을 지원할 수 있다.

제16조(교원의 연수기회 제공 등) ① 국가 및 지방자치단체는 질 높은 학교문화예술교육을 위하여 교원을 대상으로 문화예술교육에 대한 연수기회를 제공할 수 있다.

② 국가 및 지방자치단체는 문화예술교육과 관련하여 교원이 수행하는 연구 및 각종 활동을 지원할 수 있다.

제17조(학교문화예술 활동 및 행사의 지원) 국가 및 지방자치단체는 문화예술교육의 일환으로 이루어지는 동아리활동·축제·학예회·발표회 등 학교문화예술 활동 및 행사를 지원할 수 있다.

제18조(지역사회와의 지원체제 구축) ① 국가 및 지방자치단체는 학교문화예술교육을 위하여 학교가 교육시설 및 교육단체를 연계·활용할 수 있도록 지원할 수 있다.

② 국가 및 지방자치단체는 학교문화예술교육을 위하여 문화예술인 및 문화예술단체 등의 학교 공연·전시·상영 등 문화예술교육 관련 활동을 지원할 수 있다.

제19조(경비의 지원 및 보조) 국가 및 지방자치단체는 학교문화예술교육의 지원을 위하여 대통령령이 정하는 바에 따라 예산의 범위 안에서 그 사업비의 전부 또는 일부를 보조할 수 있다.

---

03 청소년문화활동 및 문화예술교육 세부정책사업

1) 청소년정책 과제 중 문화활동 주요정책사업

(1) 청소년동아리활동

청소년동아리활동은 1990년대 이후 청소년의 시민적 참여와 권리에 대한 사회적 관심이 증가하면서 이를 뒷받침하는 자율적인 활동으로 관심을 갖게 되었다(한국청소년정책연구원, 2004). 청소년동아리활동에 대한 개념은 정책적 · 사회적으로 명확하게 합의되지 않았으나 다양한 영역에서 건전한 또래관계 형성 및 자신의 특기 · 소질을 개발할 수 있는 자율적 활동으로 취미나 소질, 가치관 등을 공유하는 청소년의 소집단활동으로 정의할 수 있다(모상현 외, 2012). 이러한 동아리활동은 확실한 구성원의 집합과 구성원 간의 상호작용을 기본으로 하며 집단의식과 공통된 목적의식, 동아리를 규정하는 규범이 공식적 · 비공식적으로 존재하고 상호작용이 활발한 특징을 가진다.

여성가족부는 전국 시 · 도별 청소년시설 및 각 급 학교(초 · 중 · 고 · 대학교)의 동

표 12-4 전국 청소년동아리 지원 현황   (단위: 개)

구분	동아리 지원 수	구분	동아리 지원 수
서울	440	강원	158
부산	139	충북	76
대구	122	충남	97
인천	93	전북	109
광주	74	전남	74
대전	115	경북	160
울산	49	경남	145
세종	14	제주	101
경기	534	합계	2,500

* 출처: 여성가족부(2018).

아리활동의 활성화를 위하여 인근 청소년수련시설과 연계해 우수 청소년동아리를 선정하여 지원하고 있으며 2017년에는 2,500개의 동아리를 선정하여 지원하였다.

(2) 청소년어울림마당

청소년어울림마당은 2004년 청소년문화존으로 시작해 2014년 청소년어울림마당으로 명칭을 변경하였다. 청소년어울림마당에서의 '어울림'은 "두 가지 이상의 것이 서로 잘 조화되는 것"이고 '마당'은 "어떤 일이 이루어지고 있는 곳"을 뜻한다(국립국어원 표준국어대사전). 이는 두 가지 이상의 다양한 청소년활동이 서로 어우러져서 청소년들의 소통이 이루어지고 있는 곳이라는 의미를 가지고 있다. 청소년들의 문화 공간이 부재하여 일상에서 자유롭게 여가활동을 하고 개성과 재능을 건전하게 발산할 수 있도록 하는 기회를 마련하고자 실시하고 있다.

여성가족부(2017)에서는 청소년어울림마당을 "청소년들의 문화적 감성 함양과 역량 개발을 지원하는 시설, 조직, 프로그램 등으로 구성된 지역적 공간으로, 청소년들이 상시적으로 다양한 문화활동을 할 수 있는 지역"으로 정의하고 있다. 따라서 어울림마당은 문화예술, 스포츠 등을 소재로 한 공연, 경연, 전시, 놀이 체험 등 문화체험이 펼쳐지는 장이자 청소년들의 접근이 용이하고 다양한 지역사회 자원이 결합된 일정한 공간(상설공간)으로 자리매김하고 있다. 무엇보다도 청소년들이 주체가 되어 기획·진행하여 청소년의 다양한 문화표현의 장으로 운영하도록 하고 있으며 문화를 자원으로 하고 지역을 토대로 한 문화활동으로서의 의미를 크게 갖고 있다. 청소년어울림마당은 이 외에도 모니터링 활동을 통해 청소년의 욕구가 잘 반영되도록 유도하고 있다. 〈표 12-5〉는 2017년 현재 청소년어울림마당의 전국 운영 현황을 보여 주고 있다.

표 12-5 청소년어울림마당 운영 현황

구분	어울림마당 지원 수		구분	어울림마당 지원 수	
	대표어울림 마당	시·군·구 어울림마당		대표어울림 마당	시·군·구 어울림마당
서울	1	11	강원	1	6
부산	1	6	충북	1	6
대구	1	7	충남	1	6
인천	1	4	전북	1	6
광주	1	5	전남	1	6
대전	1	4	경북	1	8
울산	1	2	경남	1	11
세종	–	1	제주	1	1
경기	1	20	합계	16	110

* 출처: 여성가족부(2018).

2) 문화예술교육 정책에 따른 주요정책사업

(1) 한국문화예술교육진흥원의 학교−지역사회 연계 지원사업 중 청소년 관련 사업

한국문화예술교육진흥원은 학교문화예술교육 사업과 사회문화예술교육사업 그리고 기타 사업을 운영하고 있다(〈표 12-6〉 참조).

학교문화예술교육 사업으로 학교 예술강사 지원사업, 유아 문화예술교육 지원사업, 예술꽃 씨앗학교 지원사업, 고3 수험생 대상 문화예술교육 지원사업 등 청소년을 대상으로 하는 다양한 사업이 전개되고 있다.

사회문화예술교육지원사업은 사회문화적으로 소외된 계층에게 문화예술교육의 기회를 지속적으로 제공하고 체험·학습·창작 활동을 능동적으로 수행할 수 있도록 함으로써 삶의 질을 향상시키는 것을 목적으로 하고 있다. 사회문화적으로 소외된 아동·청소년, 노인, 장애인, 소년원생 및 교도소 수감자, 군인, 산업단지 근로자 등으로 수혜 대상을 세분화하여 각 집단의 특성에 맞는 프로그램을 제공하고 있으며, 문화예술교육 정책의 패러다임이 문화예술 기능전수 및 일회적 체험 차원의 창

의성, 사회성, 문화 공동체성 등을 위한 통합적 차원으로 확대되도록 하고 있다(문화체육관광부, 2015). 여기에는 범부처협력 문화예술교육지원사업이 전개되고 있으며, 기타 사업으로는 꿈다락 토요문화학교 등이 운영되고 있다.

학교문화예술교육은 문화예술교육진흥원의 전체 예산 중 62%를 차지할 정도로 큰 비중을 가지고 있다. 사회문화예술교육 활성화 사업은 전체 예산의 약 26%를 차지하고 있다. 기타 프로그램으로 토요문화학교, 문화예술교육ODA 등의 사업에 12%가 지출되고 있다(한국문화예술교육진흥원, 2018).

표 12-6 문화예술교육진흥원의 청소년 관련 사업

구분	지원사업	내용	관련 기관
학교문화예술교육 지원	학교예술강사지원	문화예술교육 활성화의 정책방향으로 추진	문화체육관광부, 교육부, 한국문화예술 교육진흥원, 16개 시·도 및 광역문화예술교육센터, 국악단체
	예술꽃 씨앗학교 지원사업	전교생 400명 이하의 소규모 초등학교를 대상으로 문화예술교육 프로그램을 운영할 수 있도록 4년간 연속 예산지원	문화체육관광부, 교육인적자원부, 지방자치단체, 교육청, 학교, 문화예술기관 및 단체
	고 3수험생 대상 문화예술교육 지원 사업 '상상만개'	대학수학능력시험을 마친 고3 학생 및 수험생을 대상으로 문화예술교육 프로그램을 통해 진학, 사회진출 등 진로고민 스트레스 완화, 문화예술 함양 기회 제공	문화체육관광부, 한국문화예술교육진흥원, 문화예술기관 및 단체
사회문화예술교육	학교 밖 청소년 문화예술교육 지원사업	가출, 자립, 탈학교 등 학교 밖 청소년에게 문화예술교육 프로그램을 제공하여 심적 치유와 사회성 회복을 도우며 문화예술 돌봄 기능을 확대	여성가족부, 청소년쉼터협의회, 한국청소년상담복지개발원
	복지기관 문화예술교육 지원사업	문화 소외계층인 아동, 노인, 장애인 대상 아동복지시설, 노인복지기관, 장애인복지기관의 문화예술교육 기회 제공	지방자치단체, 문화의집 협회, 보건복지부, 한국노인종합복지관협회, 한국장애인복지관협회

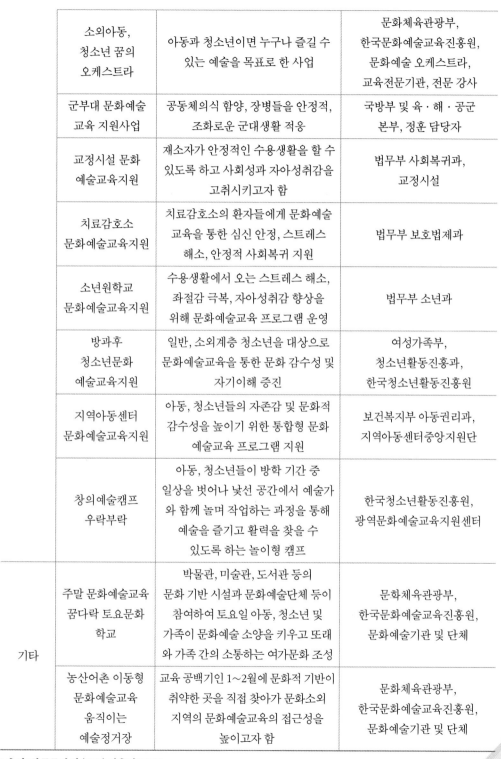

	소외아동, 청소년 꿈의 오케스트라	아동과 청소년이면 누구나 즐길 수 있는 예술을 목표로 한 사업	문화체육관광부, 한국문화예술교육진흥원, 문화예술 오케스트라, 교육전문기관, 전문 강사
	군부대 문화예술 교육 지원사업	공동체의식 함양, 장병들을 안정적, 조화로운 군대생활 적응	국방부 및 육·해·공군 본부, 정훈 담당자
	교정시설 문화 예술교육지원	재소자가 안정적인 수용생활을 할 수 있도록 하고 사회성과 자아성취감을 고취시키고자 함	법무부 사회복귀과, 교정시설
	치료감호소 문화예술교육지원	치료감호소의 환자들에게 문화예술 교육을 통한 심신 안정, 스트레스 해소, 안정적 사회복귀 지원	법무부 보호법제과
	소년원학교 문화예술교육지원	수용생활에서 오는 스트레스 해소, 좌절감 극복, 자아성취감 향상을 위해 문화예술교육 프로그램 운영	법무부 소년과
	방과후 청소년문화 예술교육지원	일반, 소외계층 청소년을 대상으로 문화예술교육을 통한 문화 감수성 및 자기이해 증진	여성가족부, 청소년활동진흥과, 한국청소년활동진흥원
	지역아동센터 문화예술교육지원	아동, 청소년들의 자존감 및 문화적 감수성을 높이기 위한 통합형 문화 예술교육 프로그램 지원	보건복지부 아동권리과, 지역아동센터중앙지원단
	창의예술캠프 우락부락	아동, 청소년들이 방학 기간 중 일상을 벗어나 낯선 공간에서 예술가 와 함께 놀며 작업하는 과정을 통해 예술을 즐기고 활력을 찾을 수 있도록 하는 놀이형 캠프	한국청소년활동진흥원, 광역문화예술교육지원센터
기타	주말 문화예술교육 꿈다락 토요문화 학교	박물관, 미술관, 도서관 등의 문화 기반 시설과 문화예술단체 등이 참여하여 토요일 아동, 청소년 및 가족이 문화예술 소양을 키우고 또래 와 가족 간의 소통하는 여가문화 조성	문화체육관광부, 한국문화예술교육진흥원, 문화예술기관 및 단체
	농산어촌 이동형 문화예술교육 움직이는 예술정거장	교육 공백기인 1~2월에 문화적 기반이 취약한 곳을 직접 찾아가 문화소외 지역의 문화예술교육의 접근성을 높이고자 함	문화체육관광부, 한국문화예술교육진흥원, 문화예술기관 및 단체

* 출처: 한국문화예술교육진흥원(2018).

03 청소년문화활동 및 문화예술교육 세부정책사업

제 12 장 청소년문화를 위한 정책과 대안

(2) 학교예술강사 지원사업

학교문화예술교육지원사업 중 학교예술강사 지원사업은 문화체육관광부가 사업 추진을 맡고 교육부가 지원하여 두 부처 간 협력체제가 유지되는 가운데 사업계획을 수립하고 있다. 한국문화예술교육진흥원이 사업운영 총괄을 맡아 17개 시·도 지방자치단체와 교육청과 재원을 조성하고 16개의 국악운영단체와 16개의 광역문화예술교육지원센터가 전국의 초·중·고등학교를 선정하여 교과 과목과 연계한 문화예술교육 프로그램과 예술강사를 파견하여 다양하고 수준 높은 학교 문화예술교육 프로그램을 매년 지원하고 있다(문화체육관광부, 2016).

학교예술강사 지원사업은 학교의 문화예술교육을 활성화하기 위해 전국 초·중·고등학교에 국악, 연극, 무용 등 8개 분야의 예술강사를 학교 수요에 맞게 지원하고 있다. 2005~2018년 학교예술강사 지원 현황은 〈표 12-7〉과 같다.

표 12-7 학교예술강사 지원 현황 (단위: 개, 교, 명, 시수)

구분	2005년	2010년	2015년	2016년	2018년
참여학교 수	3,214	5,436	8,216	9,027	8,344
참여학생 수	710,000	1,740,000	2,660,000	1,572,232	1,429,549
예술강사 수	1,628	4,156	4,916	5,357	5,282
지원 시수	156,048	1,130,451	1,455,206	`1,572,232	1,429,549

* 출처: 한국문화관광연구원(2016), 한국문화예술교육진흥원(2018).

(3) 예술꽃 씨앗학교

예술꽃 씨앗학교는 전국 50개 소규모 초·중·고등학교 전교생이 문화예술교육을 누릴 수 있는 교육환경을 지원하여 공교육에서의 문화예술교육 효과와 활용도를 높이고 우수모델을 창출, 확산하여 지역의 문화예술교육 거점기관으로 육성하고자 하는 목적에서 운영 중이다. 2015~2018년 선정 예술꽃 씨앗학교 지원 현황은 〈표 12-8〉과 같다.

278

구분	6기 ('15 선정)	7기 ('16 선정)	8기 ('17 선정)	9기 ('18 선정)	합계
지원예산	1,625	1,078	624	612	3,939
학교 수	20	14	8	8	50
전교생	3,423	2,081	908	857	7,269

표 12-8 예술꽃 씨앗학교 지원 현황 (단위: 백만 원, 교, 명)

*출처: 문화체육관광부(2018).

예술꽃 씨앗학교 사례

• 대구 월성초등학교: '문화예술로 바른 인성과 꿈을 가꾸는 월성 행복교육'이라는 교육목표 아래 '예술꽃 씨앗학교' 문화예술교육 프로그램을 통해 학생들이 문화감성을 나누고 자신의 감성을 표현할 줄 아는 문화예술교육으로 2013년부터 4년 연속 학교폭력예방 학교폭력 제로학교에 선정

• 경남 창호초등학교: 전교생 30여 명으로 폐교 위기를 맞았지만 '예술꽃 씨앗학교 지원'으로 전교생 80여 명으로 증가하며 학교는 안정화되었음. 목관 3중주를 운영하였으나 교실 외 연습 공간이 없어 거제시청 및 교육청 지원을 통해 '예술꽃자리' 강당을 건립(2013. 4.)하고 지역주민들을 위한 공연을 펼침

• 전남 현산초등학교: 문화상품권도 사용할 수 없는 전남 해남군의 시골마을에서 '예술꽃 씨앗학교 지원'으로 음악을 통해 즐거운 학교생활을 하고 있는 53명의 어린이들의 모습이 KBS 1TV 〈다큐 공감〉 75회 '나영이의 어느 멋진 날'을 통해 방영됨(2014. 11. 18.)

* 출처: 문화체육관광부(2018).

(4) 학교 밖 청소년문화예술교육 지원사업

여성가족부는 문화체육관광부와 2010년 문화예술교육에 대한 업무협약을 맺었다(한국문화관광연구원, 2016). 관련한 예산은 한국청소년활동진흥원에서 책정하고 있으며, 지원사업은 소외 아동청소년을 대상으로 문화예술교육을 실시하는 것으로 청소년수련시설을 이용하는 청소년과 가출, 학교 밖, 미혼모 청소년 등 학교 밖 시설을 이용하는 청소년을 대상으로 지원하고 있다(문화체육관광부, 2013).

학교 밖 청소년문화예술교육은 한국문화예술교육진흥원과 한국청소년상담복지개발원, 한국청소년쉼터협의회, 학교폭력치유센터(대전해맑음센터) 등에서 주관하고 있고, 참여 대상은 청소년지원센터 꿈드림, 청소년쉼터, 학교폭력치유센터, 비인

표 12-9	여성가족부 협력 학교 밖 청소년문화예술교육 지원 현황			(단위: 명, 개, %)
구분		2012년	2015년	2016년
방과후 청소년	참여자 수	459	765	940
	참여기관 수	37	72	65
	교육단체 수	60	99	70

* 출처: 정경은 외(2018)

가대안학교 등 기타 관련 시설에 속한 학교 밖 청소년을 대상으로 하고 있다. 프로
그램으로는 학교 밖 청소년 대상 자존감 향상 및 관계성 회복을 위한 문화예술 체험
에 초점을 맞추고 있으며 창작 프로그램 등으로 연간 약 30회의 프로그램을 지원하
고 있다(정경은 외, 2018). 2012~2016년 여성가족부 협력 학교 밖 청소년문화예술교
육 지원 현황은 〈표 12-9〉와 같다.

(5) 방과후청소년문화예술교육 지원사업

방과후청소년문화예술교육 상상학교는 일반, 소외 계층 청소년을 대상으로 문화
예술교육을 통해 문화적 감수성 및 자기이해 증진, 창의성 및 인성 함양의 기회를
제공하고자 하는 목표에서 시작하였다. 청소년수련시설을 이용하는 일반 청소년과
소외계층 청소년을 대상으로 진행되고 있다(정경은 외, 2018). 2012~2016년 여성가
족부 협력 방과후청소년문화예술교육 지원 현황은 〈표 12-10〉과 같다.

표 12-10	여성가족부 협력 방과후청소년문화예술교육 지원 현황			(단위: 명, 개, %)
구분		2012년	2015년	2016년
방과후 청소년	참여자 수	457	1,001	647
	참여기관 수	34	80	40
	교육단체 수	45	72	11

* 출처: 한국문화관광연구원(2016), 한국문화예술교육진흥원(2017).

(5) 꿈의 오케스트라 지원사업

문화체육관광부와 한국문화예술교육진흥원은 예술교육의 목적을 실현하기 위하

여 아동 · 청소년이 '상호학습'과 '협력'을 중심에 두는 오케스트라 협주 활동을 통해 긍정적 자존감과 공동체적 인성을 갖춰 건강한 성장을 지원하기 위해 2010년부터 꿈의 오케스트라 사업을 시작하여 현재까지 운영되고 있다. 꿈의 오케스트라는 음악적 재능을 가진 영재를 발굴 · 육성하는 기존의 예술교육과 달리 누구나 즐길 수 있는 예술, 모두가 누릴 수 있는 오케스트라 음악활동을 지향하고 있다. 이는 아동 · 청소년의 성장과 더불어 궁극적으로는 아동 · 청소년의 건강한 성장을 통한 지역사회의 변화를 이끌어 내고자 하며 더 나아가서는 사회통합에 기여하는 것을 목적으로 한다(전수환 · 조은아 · 서지혜 · 신소영, 2015). 2011~2016년 꿈의 오케스트라 지원 현황은 〈표 12-11〉과 같다.

표 12-11 꿈의 오케스트라 지원 현황   (단위: 개, 명)

연도	2011	2012	2013	2014	2015	2016
지역단체 / 수혜기관	9개	19개	30개	35개	39개	42개
지역협력 거점기관	-	-	-	5개	12개	82개
연속지원 거점기관	6개	9개	17개	21개	19개	8개
신규지원 거점기관	3개	10개	13개	6개	2개	6개
예비지원 거점기관	-	-	-	3개	6개	3개
수혜 아동청소년	425명	979명	1,521명	1,920명	2,111명	2,421명

* 출처: 임영식 · 김기헌 · 김인설 · 임승희 · 정경은(2016).

04 청소년문화 주체로서의 청소년문화정책 제안

문화는 개인의 자아개발, 정서발전, 창의적 표현의 발전, 지식발전, 사회문제에 대한 창의적 해결방안 모색과 강력한 책임의식을 향상시킨다(정진옥, 2018). 이러한 문화에 대한 우리나라 청소년문화의 특징으로 우리는 개인과, 지금-여기를 중심으로 문화를 주도하는 특성과 영상세대 문화생비자로서의 영향, 문화적 자율권을 가진 주체로서의 특징을 갖는다고 하겠다. 이러한 청소년문화의 특징과 함께 앞으로 청소년문화정책을 제안하면 다음과 같다.

1) 문화에 대한 향유의 기회를 넓히는 청소년문화정책

청소년문화정책은 문화에 대한 향유의 기회를 넓히는 관점을 견지해야 한다. 청소년들에게 문화는 인간다움의 회복이며 삶을 성찰하는 기제가 되고 공동체를 이루고 창조적인 문제해결력을 키우는 데 매우 중요한 역할을 수행한다. 따라서 청소년문화정책은 포괄적 의미에서 문화를 정의하며, 누구나 일상 속에서 이를 향유하고 참여할 수 있어야 한다. 그리고 청소년의 일상 전반에 대한 문화의 영향력을 인식하고 이들의 참여를 강조하는 방향으로 설정하는 것이 바람직하다.

2) 문화 현상의 다원화와 분화된 시각에서 접근하는 청소년문화정책

오늘날 청소년문화는 학교뿐만 아니라 학교 외의 공간인 또래집단, 종교활동, 동아리활동, 봉사활동, 자기계발활동 등의 비공식적 활동 등도 매우 중요하다(권이종 · 김천기 · 이상오, 2010). 청소년들이 호흡하면서 살고 있는 다양한 활동 공간에서 청소년은 가치관, 생각, 표현을 나누고 공유한다. 따라서 청소년들이 가지고 있는 문화의 다양성과 독특성 그리고 자생적 문화활동을 적극적으로 지원하는 형태의 정책이 수행되어야 한다.

3) 새로운 연결고리를 확대하는 청소년문화정책

오늘날 문화와 문화예술은 사람들의 삶과 존재양식에서 기존과는 다른 방식으로 관계하고 있으며 서로 영향을 주고받는다. 문화와 문화예술은 기계와 인공지능이 대체할 수 없는 인간의 창의성과 사회의 지속 가능한 발전의 측면을 가진다. 따라서 사람들을 교육시키고 기술력과 자신감을 갖게 하며, 사람들을 연결시키고 새로운 파트너십을 만들어 가야 할 필요가 있다. 청소년정책과 문화예술교육 정책도 수요자 중심, 지역화 및 네트워크화, 내용과 방법의 다원화 등을 꾀하고 있으나 이의 실제적 구현에서 어려움을 겪고 있다. 따라서 청소년들 스스로의 주체적인 문화활동을 통해 새로운 연결고리를 확대하는 청소년문화정책이 실현될 필요가 있다.

4) 청소년에 대한 이해를 기반으로 한 문화예술교육 프로그램 정책

청소년 대상 문화예술교육 프로그램을 기획하고 운영하는 데 있어 당사자인 청소년의 의견과 생활양식에 대한 고려가 저조한 것으로 지적되고 있다. 기술의 발달과 확산으로 정보의 공유와 표현의 도구가 온라인 공간으로 확장되고 있으며, 자율성이 확보된 환경에서 참여의 기회가 주어지기를 바라는 청소년의 필요나 의견은 아직까지 청소년문화정책에 적극적으로 반영되고 있지 않다고 볼 수 있다. 따라서 행정 중심, 통제 위주, 정체된 소재의 활용을 극복할 수 있는 문화예술교육 프로그램 환경과 내용을 만들어야 한다(정경은 외, 2018).

5) 문화민주주의 관점에서의 청소년문화정책

마지막으로 청소년문화는 지금까지 살펴본 바와 같이 언어문화, 자기표현문화, 소비문화, 여가문화, 참여문화 등 청소년들이 살아가는 생활방식의 특성을 지칭하는 용어로 사용된다. 때문에 문화의 범위가 매우 포괄적이다. 따라서 문화의 민주화에서 문화의 다양성을 추구하는 문화민주주의 관점으로 나아가야 한다. 청소년이 능동적이고 관용적인 문화역량을 갖추도록 다양한 문화가 공존하는 사회를 조성해야 한다. 더 나아가 문화의 영향력에 대해 정확히 인식하고 정책에 반영하는 것이 중요하다(한국청소년정책연구원, 2015).

문화의 민주화는 주류 문화나 단일 문화를 전제로 많은 사람에게 문화에 대한 향유의 기회를 넓히는 것을 강조한다. 반면 문화민주주의는 주류나 단일 문화에 대해 의심하고 비주류 문화나 대안 문화, 하위 문화 등 문화의 다양성을 실현하는 것을 강조한다(전상진 외, 2007). 따라서 청소년문화정책은 문화민주주의 관점을 취해야 하며, 그렇기 때문에 총체적 협력 과정을 통해서 사회변화를 시도하는 청소년문화에 대한 정책을 마련하고 이를 전개해 나가야 할 것이다.

요약

1. 청소년문화정책은 청소년 정책적 맥락, 그리고 문화예술 또는 문화예술교육 정책적 맥락으로 나누어서 생각할 수 있다.

2. 「6차 청소년정책기본계획」에서는 저출산·고령화, 가족 규모와 형태의 다양화, 청소년 생활환경의 변화와 4차 산업혁명 등 급속한 미래 변화에 대응하기 위하여 '현재를 즐기는 청소년, 미래를 여는 청소년, 청소년을 존중하는 사회'라는 비전을 내세우고 4대 정책목표, 12개 중점과제와 144개의 세부정책과제를 수립하였다.

3. 「문화예술교육 종합계획」(2018-2022)에서는 삶과 함께 하는 문화예술교육을 비전으로 삼고 있으며, 문화예술교육의 재도약을 위해 문화예술교육의 지속 성장과 질적 제고를 목표로 하고 있다. 이에 대해 지역기반 생태계 구축, 문화예술교육 기반 고도화, 수요자 중심의 교육 다각화를 추진전략으로 삼고 있다.

4. 교육부에서는 「2018년 학교예술교육 활성화 기본계획」을 발표하였다. 예술적 감수성과 조화로운 인성을 갖춘 창의인재 양성이라는 비전하에 예술로 함께 배우고 성장하는 행복한 학교를 목표로 내세우고 있다.

5. 「청소년활동 진흥법」 제2조에서는 청소년문화활동을 청소년이 예술활동, 스포츠활동, 동아리활동, 봉사활동 등을 통하여 문화적 감성과 더불어 살아가는 능력을 함양하는 체험활동으로 정의하고 있다.

6. 「문화예술진흥법」 제2조에서는 문화예술 및 문화산업, 문화재를 교육 내용으로 하거나 교육과정에 활용하는 교육으로 모든 국민의 문화예술 향유와 창조력 함양을 위한 교육으로 학교문화예술교육과 사회문화예술교육으로 나누어 정책과제를 수행하고 있다.

7. 청소년정책과제 중 문화활동 주요정책사업으로는 청소년동아리활동과 청소년어울림마당이 있다.

8. 문화예술교육 정책에 따른 주요정책사업으로는 학교문화예술교육사업, 사회문화예술교육지원사업 그리고 기타 사업으로 나누어서 운영하고 있다.

9. 청소년문화 주체로서의 청소년문화정책에 대한 제안으로는 문화에 대한 향유의 기회를
넓히는 청소년문화정책, 문화현상의 다원화와 분화된 시각에서 접근하는 청소년문화정책,
새로운 연결고리를 확대하는 청소년문화정책, 청소년에 대한 이해를 기반으로 한 문화예
술교육 프로그램 정책과 문화민주주의 관점에서의 청소년문화정책이 있다.

 참고문헌

고경화(2003). 예술교육의 역사와 이론. 서울: 학지사.

관계부처합동(2018). 제6차 청소년정책기본계획(2018-2022).

교육부(2018). 2018 학교예술교육 활성화 기본계획. 서울: 교육부.

권이종 · 김천기 · 이상오(2010). 청소년문화론. 경기: 공동체.

노용오(2005). 청소년문화. 서울: 구상.

모상현 · 조남억 · 이진숙(2012). 청소년 수련시설 청소년 동아리 활성화를 위한 운영 모델 및
    매뉴얼 개발 연구. 세종: 한국청소년정책연구원.

문화체육관광부(2013). 문화예술정책백서. 서울: 문화체육관광부.

문화체육관광부(2016). 2015 문화예술정책백서. 서울: 보건복지부 · 한국문화관광연구원.

문화체육관광부(2018). 2018년 예술꽃 씨앗학교 운영 현황. 서울: 문화체육관광부.

문화체육관광부(2018). 문화예술교육 5개년 종합계획(2018-2022). 서울: 문화체육관광부.

박진규(2015). 청소년문화. 서울: 학지사.

심한기(2003). 지역사회는 청소년 문화예술활동의 출발점이다. 문화예술, 2003(5). 15-21.

여성가족부(2018). 2017 청소년백서. 서울: 여성가족부.

윤종현 · 홍성준 · 조은주 · 박주만(2017). 2016 문화예술교육 현황조사 체계 구축 연구. 서울: 한
    국문화예술교육진흥원.

임영식 · 김기헌 · 김인설 · 임승희 · 정경은(2016). 2016 꿈의 오케스트라 아동변화연구. 서울:
    한국문화예술교육진흥원.

전상진 · 김민 · 최순종 · 장근영(2008). 청소년희망세상 비전 2030. 서울: 국가청소년위원회.

전수환 · 조은아 · 서지혜 · 신소영(2015). 2015 꿈의 오케스트라 중장기 운영방안 연구. 서울: 한

국문화예술교육진흥원.

정경은 · 임영식 · 신혜선 · 조영미(2018). 청소년 문화예술교육 현황조사 및 정책방향 연구. 서울:
　　한국문화예술교육진흥원.

정진옥(2018). 4차 산업혁명 시대의 청소년 교육과 문화예술. 청소년문화포럼, 55, 143-150.

한국문화관광연구원(2016). 문화예술교육정책 중장기추진방안. 서울: 한국문화관광연구원.

한국문화예술교육진흥원(2017). 2016 문화예술교육 현황조사 체계 구축 연구. 서울: 한국문화예
　　술교육진흥원.

한국문화예술교육진흥원(2018). 한국문화예술교육진흥원 연차보고서. 서울: 한국문화예술교육
　　진흥원.

한국문화정책개발원(2000). 초등생 문화예술교육 프로그램개발. 서울: 한국문화정책개발원.

한국청소년정책연구원(2004). 청소년학용어집. 서울: 한국청소년정책연구원.

한국청소년정책연구원(2011). 청소년동아리활동 인증방안 연구. 서울: 한국청소년정책연구원.

한국청소년정책연구원(2012). 청소년동아리활동 운영매뉴얼. 세종: 한국청소년정책연구원.

한국청소년정책연구원(2015). 청소년문화론. 경기: 교육과학사.

꿈다락 토요문화학교 http://www.toyo.or.kr/

찾아보기

찾아보기

내용

저자 소개

노자은(Jaeun Roh)

중앙대학교 사회복지대학원 청소년학과 외래교수(사회복지학박사, 청소년전공)

한국사회트렌드학회 대표

청소년지도사 2급

저서 및 논문 『그림과 사진으로 보는 다문화 한국사 이야기』(공저, 선인, 2017)

『한국사회와 다문화』(공저, 경진, 2012)

『한국사회의 소수자들: 결혼이민자』(공저, 경진, 2009)

「A Study on the Establishment of Safe Work Environment for Young Workers」(2018)

「청소년의 신뢰: 구체적 신뢰, 일반신뢰, 공적 신뢰」(2015) 등

김정민(Jungmin Kim)

중앙대학교 사회복지대학원 청소년학과 외래교수(사회복지학박사, 청소년전공)

저서 및 논문 「청소년의 교환관계 특성과 낙관성간의 관계 연구」(2017)

「청소년 자녀와 어머니가 교환자원에 부여하는 가치 일치도에 따른 관계 만족도」(2016)

「청소년 스트레스와 신체화 증상의 관계: 사회적 지지의 조절효과」(2015) 등

조영미(Youngmi Cho)

중앙대학교 연구교수(문학박사, 청소년전공)

여성평화운동네트워크 집행위원장

청소년지도사 1급

저서 및 논문 『청소년 및 지역사회 실천현장에서 이론 활용하기』(공저, 신정, 2019)

「청소년의 문화예술교육 경험 차이와 효과 연구: 학생 청소년과 학교 밖 청소년 비교」(2019)

「국제자원활동과 시민참여의 구조적 관계 분석」(2018)

「소년원학교 문화예술교육 효과분석 연구」(2017)

「집단따돌림 역할자 유형분석 및 학교 영향요인검증」(2015) 등

청소년학총서②

청소년문화
Youth Culture

2019년 6월 25일 1판 1쇄 발행
2022년 8월 10일 1판 3쇄 발행

지은이 • (사)청소년과 미래
　　　　노자은 · 김정민 · 조영미
펴낸이 • 김 진 환
펴낸곳 • ㈜ **학지사**
　　　　04031 서울특별시 마포구 양화로 15길 20 마인드월드빌딩 5층
대표전화 • 02) 330-5114　　팩스 • 02) 324-2345
등록번호 • 제313-2006-000265호
홈페이지 • http://www.hakjisa.co.kr
페이스북 • https://www.facebook.com/hakjisabook

ISBN 978-89-997-1849-6 93370

정가 **17,000원**

이 도서의 국립중앙도서관 출판시도서목록(CIP)은 서지정보유통지원시스템 홈페이지(http://seoji.nl.go.kr)와 국가자료공동목록시스템(http://www.nl.go.kr/kolisnet) 에서 이용하실 수 있습니다.
(CIP제어번호: CIP2019024057)

출판미디어기업 **학지사**

간호보건의학출판 **학지사메디컬** www.hakjisamd.co.kr
심리검사연구소 **인싸이트** www.inpsyt.co.kr
학술논문서비스 **뉴논문** www.newnonmun.com
원격교육연수원 **카운피아** www.counpia.com